JN022711

国際情報学入門

中央大学国際情報学部 編

Information, Technology & Law

ミネルヴァ書房

は じ め に
―――「国際情報学」とは―――

　本書は，中央大学「国際情報学部」におけるオムニバス科目「国際情報史」を担当する専任教員が主に分担執筆した本です。この科目の教科書とすることが本書出版の目的の1つですが，他にも重要な目的があります。それは，2019年4月に新設された国際情報学部が研究教育する「国際情報学」の内容を広く社会に理解いただくことにあります。「国際情報史」が1年生の必修科目であることからも各執筆者は平易な記述を心掛けて，できるだけ多くの方々に読んでいただける内容を目指しました。高校生・受験生や，進路指導にあたる高校教員や父母の皆さまにとっても，本書が「国際情報学」の内容を理解いただく一助となれば幸いです。

　そもそも「国際情報学」とは，〈情報の仕組み〉のみならず〈法律学〉もともに研究教育する，学際的で国際的な学問です。言い換えれば，文理融合的でグローバルな学問分野です。文理融合を目指す研究教育は，先進的な海外の大学においてすでに見受けられる現象です。例えばアメリカでは，理系の大学としてコンピュータ・サイエンスなどが有名なマサチューセッツ工科大学の大学院が文系に近づくアプローチをとりはじめました。さらに筆者の出身大学院であるコーネル大学法科大学院は，理系に近づくアプローチをとるプログラムを最近始めました（右図参照）。

　そして私たちの中央大学が文系の学部設立を通じて立ち上げた「国際情報学」は，〈法律学〉を扱いながらも，同時に〈情報の仕組み〉も扱う，文理融合を目指す学問分野として，AI時代の要請に

理系校からと，文系校からの融合アプローチ例

MIT（マサチューセッツ工科大学）	CLS（コーネル法科大学院）
TPP Technology and Policy Program	I&TL Information and Technology Law

理系　　文系
　　→文理融合←

出所：筆者作成。

応えることもできると自負しております。以下，そのような「国際情報学」の核心を簡単に紹介し，これを本書のイントロダクションにしたいと思います。

「iＴＬ and More」
<small>アイ・ティー・エル アンド モ ア</small>

上述した「国際情報学」の特徴を，キャッチフレーズで表すならば，小見出しにある「iTL and more」の3つの単語で表すことができます。まず1つ目の「iTL」の意味は，①「情報の仕組み」（IT）を研究教育し，かつ②「法律学」（Law）も研究教育することを意味しています。①のITと②のLawを研究教育する特徴を，多くの皆さんに理解してもらうために考えた愛称が，「iＴＬ」なのです。
<small>アイ・ティー・エル</small>

$$\text{“iTL”} = \underline{\text{I}}\underline{\text{T}} + \underline{\text{L}}\text{aw}$$

読者の皆さんにも是非，「iTL」の言葉を拡散いただき，iTLと言ったら「国際情報学」である，と広く日本全国や国際社会に認識してもらえれば大変嬉しく思います。

「i」が小文字の理由

「iTL」の最初の「i」を小文字で表現した理由は，「i」の文字を強調したかったからです。この「i」に私たちは様々な意味を込めましたが，その中の1つをここで説明しておきましょう。それは「integrity」（統合・完全性）を象徴する「i」です。

$$\text{“i”} = \underset{\text{統合・完全性}}{\text{integrity}}$$

国際情報学は「IT」と「Law」を研究教育する学問ですが，この二本柱が個別ばらばらに存在しているわけではありません。2つの学問分野が相互に学び合い，各分野の弱点を補完し合うことによりシナジー／相乗効果（〈1+1〉が2

を越えて，〈2＋α〉に増える現象〉が生まれ，そして究極的には1つの統合された学際的学問分野に昇華する——そのような目標を象徴する言葉として「統合・完全性」を表す「integrity」を「i」の小文字に含意させております。

　このような学際的統合が欠けると社会問題を解決できないことは，インターネットが急速に普及した時代に専門家の間でささやかれた以下のたとえ話から学ぶことができます。

　あるときインターネット上の著作権侵害問題を，数学者と法律家が熱心に議論しました。数学者は，工学技術だけで問題を解決できると主張して，「IP」がどうのこうのと言っていました。他方，法律家は，法律だけで問題を解決できると主張して，やはり「IP」がどうのこうのと言っていました。しかし2人とも同じ「IP」という単語を使っているのに，どうしても話が通じませんでした。なぜなら数学者はIPを「Internet Protocol インターネット規約」（インターネットで通信するための技術的約束事）の意味で使っていたところ，法律家は「Intellectual Property 知的財産権」（著作権等の法的権利）の意味で使っていたからでした。

これは，専門の異なる者同士が他者を理解しようとせずに，自分の専門的知識だけでインターネットが生んだ様々な社会問題を解決できるという驕りが，解決を妨げている実情を示す〈メタファー〉（暗喩：問題を婉曲に示唆する表現手法）です。このような失敗を克服して，〈情報の仕組み〉と〈情報の法律〉の専門家が，互いに自身の専門性の欠点を補完し合って〈1つの統合的で完全な解決策〉を提起・実装できる学問——それが「iTL」の小文字「i」の意味なのです。

「and more」の意味：〈IT〉と〈法律学〉だけじゃない国際情報学

　「国際情報学」の研究教育は，単に①ITと②Lawにとどまるものではありません。「and more」として，③「グローバル教養」も3本目の柱に据えています。例えばインターネットやロボットに接続されて国境を越えることになるAIの開発や利活用には，制御不可能性や不透明性や差別的な判断・行動とい

った問題も指摘されていますから，法律で規制するという対策も考えられます。しかしまだ発展途上にある AI の開発・利活用に対して強い法規制を今加えてしまうと，社会に便益をもたらす AI の芽も同時に摘んでしまうと批判されています。そこで望ましい解決策としては，規制よりも緩やかな，倫理や行動指針_{ガイドライン}やマナーやといった〈ソフト・ロー〉（法的強制力のないルールの意味）が有用であると言われています。そのような倫理やマナーを考える際に不可欠な研究教育が，倫理学や哲学や，ＳＤＧｓ_{エス・ディー・ジーズ}（国連も奨励する持続可能な社会のための開発目標）や inclusion（包摂）等々の，国際的に共有される価値観や考え方に関する「グローバル教養」です。

　高名な SF 作家アイザック・アシモフは，「科学が〈知識〉―― knowledge ――を獲得する速度に，社会が〈智慧〉―― wisdom ――を獲得する速度が追い付かない」と言って嘆いたといわれています。現代はまさに，AI のような情報技術の進化する速度に対して，これをどのように人間のために扱うべきかという社会の〈智慧〉が追い付いていない状況にあります。そのような時代に必要な学問は，情報技術の理解や法律学の知識のみならず，技術や法律以前に必要なグローバル教養にある，と私達は考えました。

"and More" = Global Liberal Arts

すなわち①IT＋②Law（iTL）の基礎となりこれを支える 3 本目の柱が，「and more」で表される③グローバル教養の学問なのです。

「国際情報学」の「国際」の意味

　「国際情報学」の「国際」が象徴する研究教育は，「グローバル教養」だけではありません。そもそも〈情報の仕組み〉（IT）や〈情報の法律〉（Law）が国境を越えた存在であるという特徴も学問名称の「国際」が象徴しているのです。例えばインターネットは，言うまでもなく国境を越えた存在です。GAFA_{ガーファ}（Google, Apple, Facebook, Amazon の総称）などの主要な〈プラットフォーマー〉

も日本製ではありません。情報の法律も，例えばプライバシーの法を理解するためには，OECD（経済協力開発機構）や欧州のルール・G D P R（欧州連合が導入した一般データ保護規則）を理解しなければ真の理解にはつながりません。そのように「iTL」の研究教育は国境を越えているので，「国際」情報学という名称を冠しているのです。

「STEM＋ELSI」研究教育が不可欠な AI 時代

AI のように人々に大きな影響を与える新技術に対応できる人材の育成には，⑴「STEM」と略称される「Science（科学），Technology（技術），Engineering（工学），and Mathematics（数学）」の研究教育が重要であるだけではなく，⑵「ELSI」と呼ばれる「Ethical（倫理的），Legal（法的），and Social（社会的）Implications（含意）」の理解の重要性も指摘されています（下図参照）。

AIの普及に備えて必要な素養は…

STEM （ステム）	ELSI （エルシー）
Science,	Ethical,
Technology,	Legal, and
Engineering, and	Social
Mathematics	Implications

理系 → 文理融合 ← 文系

出所：筆者作成。

ELSI の重要性の起源は，1970年代のアメリカの遺伝子組換えアシロマ会議において，倫理的・法的・社会的影響が議論されたことに遡ることができます。遺伝子組換えの倫理的・法的・社会的影響が大きいからこそ，ELSI 研究も同様に重要と考えられたのです。AI も遺伝子組換え同様に，倫理的・法的・社会的影響が大きいからこそ，ELSI に関する研究教育も重視され，実際に国内外で倫理的ルールが素早く採択されている状況にあります。ちなみに本学部教員の須藤修や筆者は，総務省や内閣府や OECD における AI の国際的ルール立案に深く関わってきました。

以上のように国際情報学は，〈情報の仕組み〉＋〈法律学〉＋〈グローバル教養〉の3つを柱に据えることによって，AI 時代に要求される STEM と ELSI という2つの研究教育を同時かつ統合的に完遂できる文理融合を目指す学問分野なのです。

　2020年春

中央大学国際情報学部　教授・学部長

平野　晋

国際情報学入門

目　次

はじめに──「国際情報学」とは

第Ⅲ部 情報と技術

第Ⅰ部

人類と情報

　第Ⅰ部「人類と情報」では，情報そのものの意味や意義について，総合的な解説を試みます。というのも，いわゆる情報は，人間が生み出し，最終的に人間によって消費されることを大前提としているからです。つまりいかなる情報も人間を離れては有効性を持ち得ないからです。

　その意味で，AI 時代といわれる現代社会，つまり情報処理手段が高度に発展した高度情報化社会でも，最終的には人間のために情報はある，ということが基本的な前提なのです。

　この点を理解してもらうために第 1 章の「情報と文明」において，情報を人類史的，つまり文明史的に鳥瞰し，情報がどのように見出され，利用されてきたかを総合的に学びます。さらに第 2 章の「倫理の情報・情報の倫理」においては，情報を正しく用いるための倫理・道徳観の必要性を，人類の精神的な進化という視点から説明します。そのうえで，第 3 章の「情報と国際社会」においては，AI 技術の飛躍的発展に伴う，価値観の変化より国際社会が直面する諸問題，さらにはその解決への取り組みに関して学びます。

　さらに第 4 章の「情報と文学」においては，19 世紀のロマン派の文学作品を用いて，情報を正確に読むための具体的な心構えや方法論を説明します。つまり，情報にはそれを理解するための一定の前提やルールがあるということを，文学作品の分析を通じて学びます。最後に第 5 章の「情報と教育」において，AI 時代に即した教育，特に英語教育の学びの重要性や AI 技術を用いた英語教育の可能性などについて学びます。

　以上のように第Ⅰ部では，高度情報社会において活躍するために不可欠な基礎的思考について学びます。

第1章

情報と文明

　現在，社会は情報革命の時代あるいは高度情報化社会と呼ばれる新たな時代のまっただ中にあります。特にAIの発達が，われわれの生活や社会を一変させようとしています。その変化が急激なあまり，とかく目前の現象への対応で進むべき方向性を見失いがちです。しかし，現在われわれが直面する革命的なこの変化も，人類の生存形態の歴史を鳥瞰し，相対化することで，客観的に眺めることが可能となります。そうすれば，変化の激しさに惑わされず，進むべき道も自ずと開けてくるのではないでしょうか？

1　AI 時代の情報の意味

　AI の日進月歩の発達により情報は指先の動き 1 つで自由に，そして容易に手に入れることができる時代になりました。その意味で情報は，一部の人間に寡占されるものではなくなりつつあります。

　確かに，IT 技術の発達を筆頭に科学技術の進歩により，われわれが入手できる情報量は，あらゆる方面で爆発的に増えています。いまやわれわれは指先一本で，世界の隅々の情報を瞬時に得ることが可能となりました。その意味でわれわれは人類がいままでに体験したことのないほどに，世界に開かれた時代を生きているのです。情報獲得の手段が簡易化，多様化した高度情報化社会では，だれでも簡単に多量の情報を手に入れることができるようになりました。特に，IT 機器の発達により，だれでも自由に情報を発信できるので，情報はかつてない拡散性を持ち，ますます多様で複雑な状況を生み出しています。つまり，現代社会は，人，資本（モノ，金），情報の移動，交換手段の急激な発達により地球全体が従来とは比較にならないくらい，密接に結びついたグローバル化時代に突入しました。このグローバル化した社会（グローバル社会）は，かつてないほど膨大で，多方面にわたる直接・間接的な情報交流を可能な社会です。これが情報技術の革命的発達，いわゆる情報革命がもたらした高度情報化社会であり，現代社会が「情報文明」の時代と表現される理由です（公文 1994）。

　しかし，高度情報化社会における情報の氾濫は，情報そのものの価値を危うくするという負の局面を同時に伴ってきました。たとえば，2017 年にアメリカ大統領に就任したトランプ氏が「フェイク・ニュース」と連発して，メディア報道や，情報そのものの意義に大きな問いを投げかけました。彼は自らに不都合な情報を「フェイク・ニュース」と呼び，退け排除しようとするのです。しかも，その真偽の判定を待つことなく次々と一方的に情報を流し続け，世界中に拡散させて事実と情報の整合性を敢えて混乱させ，世論を自らの賛同者に引き込むことに成功しているのです。ここに高度情報化社会の 1 つの問題点が浮

き彫りにとなっている，と筆者は考えています。いずれにしても，高度情報化
社会が抱える情報氾濫の問題点が，トランプ氏によって浮き彫りになったとい
うことは事実なのです。

　以上のように情報は，多ければよいというものではありません。情報が氾濫
する情報文明の時代に重要なことは，情報と事実との連続性を判断できる知力
を持つことなのです。情報の真偽を判断できる知恵を身につけることです。つ
まり，情報文明の時代に重要なことは，豊富な情報をいかに正確に判断する知
恵を身につけるかということなのです。なぜなら身の回りに溢れる情報は，実
はそれだけでは単なる記号にすぎず，重要なことは，その記号を公正で，有益
な情報として自らが，主体的に活用できるか否か，という点にあるのです。つ
まり，現代社会は，情報の収集に関しては，スマートフォンやPC端末などを
使うことで簡単に取得できる時代になりましたが，その一方で溢れかえる情報
から，公正かつより真実に近く，自らに有益な情報をいかに選び取るか，そし
てそれをキチンと活用できるか，ということに重要性が移っているということ
です。

　繰り返しになりますが，高度情報化社会である情報文明の時代においては，
従来以上に情報の選択眼，活用能力が，ますます重要となる，ということです。
特に，情報の真贋を判断し得る正確な情報判断能力が必要不可欠となります。
そして，そのためには情報の背後にある正確な知識，教養が不可欠となるので
す。とはいえグローバル社会は，個々人が情報の端末を駆使して，真偽が混在
する膨大な情報の荒波に直接晒される状態にあります。その意味で高度情報化
社会は，かつて一部の情報エリートによって統制されることで守られてきた
個々人が，直接情報の洗礼を受ける，つまり情報の保護バリアーが取り払われ，
自己責任において処理しなければならないという意味で，情報保護者のいない，
情報フロンティア時代でもあります。

　いまや私たちは，高度情報化社会という情報が氾濫し，その行く末も定かで
はない未開の荒野に，立たされているのです。そこでは公正で正確な知識（羅
針盤）をいかに学び，それを生かしてこの激変の時代を生き抜くかが，1人1人

に問われるのです。ではどうしたらこの時代を乗り切れるのでしょうか？

2　比較文明という発想

　その答えは，当然ながら情報技術を使いこなせる専門知識の習得にありますが，同時にその技術を善用するための倫理観の育成，さらにはこの急激な社会変化を冷静に捉えられる知性の構築に求めることが重要となります。つまり，激動の時代であればこそ，人類の過去を知り，現在の変化に惑わされない知的羅針盤を身につけるが不可欠となるのです。

　このような情報化文明時代の要請に応えられる学問が「比較文明学」です。この学問は，巨視的な視点を持ち，かつ人類の知的営為を総合的に研究する事を目指してきた学問です。この比較文明学は，人間の営為をその生存形態の発展史という統一的な視点で捉え，これを総合的に考察する学問です。この比較文明学の視点によれば，人類はかつて5つの大規模な革命的な変化を経験し，今まだ規模は小さいながら新たな革命の時期を迎えているということになります。その5つとは，比較文明学の泰斗伊東俊太郎（1930～）によれば，まず，猿人から二足歩行の人類が生まれた「人類革命」にはじまります。最新の研究でその起源は，おおよそ500万年前の東アフリカでのことであるということです。その後，第二の革命として「農耕革命」が，今から約1万1000年前に中東ではじまり，われわれの生活に大きな変化をもたらしました。この「農業革命」により人類は，自ら食糧の獲得（生産）を管理できるようになり，生産技術の工夫を重ねることで，食糧に大きな余剰を生み出すことができるようになります。

　その結果，今から約4500年前には，中近東において「都市革命」という段階を迎えることとなりました。この第三の革命である「都市革命」を，第35代アメリカ大統領故ケネディ大統領の言葉を借用して表現すれば，「都市革命は，人類による，人類のための，人類の生活空間の創出である」となるでしょう。この「都市革命」により，人類は自然の圧倒的な影響下から脱し，人類にとっ

て快適な生活環境を手に入れることが可能となったのです。この「都市革命」の結果生まれた都市生活では，「この世界を合理的統一的に思索し，そのなかにおける人間の位置を自覚しようとする」（伊東 2009）知的な営みが生まれました。それが第四の「精神革命」と呼ばれる段階です。この段階では高度宗教や哲学が誕生することになります。

　この「精神革命」は，おおよそ紀元前八世紀から同四世紀の間にかけて中国，インド，イスラエル，そしてギリシャに発生しました。そして，最新の第五段階として「科学革命」が，17世紀のキリスト教の伝統が息づく西欧において，いわばその宗教勢力と対峙する形で生まれました。この「科学革命」のなかに，18世紀後半に生まれた「産業革命」があります。そしてこの「産業革命」の最先端に，「情報革命」によって生まれた高度情報化社会であり，これを情報文明の時代と表現するのです。これが比較文明学の理解です。

　さて，ここまで高度情報化社会，あるいは情報文明などと情報という言葉を慣例に従って用いてきましたが，しかし，この言葉は意外に曖昧さを持っており，本章ではまず，情報という言葉の形成史からはじめ，その簡単な定義を試みることにします。というのも，認識対象をより正確に理解するためには，その道具である言葉をより厳密に用いる必要があるからです。

3　情報という言葉

　情報という言葉は，インフォメーション（information）の訳語として定着していますが，もともと情報という言葉は「明治時代に出来た新語である」（『明治言葉辞典』）ということです。この言葉の成り立ちについては，「情況を探りて報知すること」（『新式以呂波引節用辞典』）あるいは「事情の告知」（同書）という説明文が簡略されて「情報」となったとされています。（『明治言葉辞典』）というのも，もともと information の訳語は「告知，教え，知ること」（『薩摩辞書』）と英語の辞書などでは訳されており，一般的には「認識対象の有り様を他者に知らせるその内容を意味する」（前掲書）語という基本的な意味でした。

つまり情報の根本的な関心は，人間に関することで，当然人間や社会のあり方に関することが中心となっていたのです。

　ちなみに，英語の information は「中，内側を意味する」接頭語 in と，「形成する，形，態，形式などを表わす」form の合成語です。つまり，（情報とは）他者の形態や形式を自己の内に形成する知的活動ために必要な外部からの刺激（働きかけ），という理解になります。ゆえに情報の基本的な意味は，個々人の内面に，他者（モノも含めて）認識を引き起こすための刺激であり，その刺激は，個々人に知的な活動を生み出す源泉となるものです。その刺激が，数字や文字や映像など記号や表象に具体化されると，単なる刺激から，意味や行動力を伴う知的刺激となり情報と呼ぶ形態となります。

　さらに人間中心の情報の定義が，情報革命の時代つまり情報文明期になると一層複雑化し多様化します。というのも，情報が社会科学や自然科学領域の重要概念として用いられるようになるからです。そうなると，前述のような主観的な意味合いから，より客観的な意味の広がりが必要となります。特に高度情報化社会において情報は，人間同士の直接的な情報のやりとりの時代から，AI に代表されるように IT 機器どうしが情報を扱うようになり，その情報の質も多様化し，量も膨大となりました。そのために情報の意味もそれにあわせて変化したのです。

　この情報化時代の情報概念形成をリードした吉田民人は，情報最広義から最狭義４つに分類し定義しています。具体的には，①最広義の情報とは「全自然に偏在するものとしての，物質・エネルギーの時間的・空間的，また定性的・定量的なパタン，②広義の情報とは生命の登場以後の自然にみられる意味を持つ記号の習合，③狭義の情報とは，人間と人間社会に独自のものと了解される「意味を持つシンボル記号の習合」中核とする「意味現象」一般，④最狭義の情報とは狭義の情報概念をさらに限定した，自然言語にみられる情報概念と，整理できます（吉田 1990）。

　これらをまとめると情報とは，人間の知性の働きを引き起こす刺激という従来の基本認識から，自然全体を被う定性的・定量的パタを意味することにな

ります。つまり，情報は，IT が理解できる記号やシンボル，あるいは文字，数字というような抽象的な形態に還元され，情報機器を通じてやりとりされ，再解釈できる信号，という意味が大きくなります。これが高度情報化時代の基本的定義となります。

　しかし，重要なことは，この情報は人間が発信し，最終的には人間がよりよい世界をつくるために利用するという大前提がある，ということです。ですから，どんなに AI が発達しても，最終的には人間によって用いられて初めて真の情報となる，ということです。この点が疎かにされると，情報の暴走が生まれ，本来人間が活用するためにある情報が，人間やその環境を破壊するものへと変化してしまう危険を生じることになります。

4　人類文明史を鳥瞰する

　一方，もう1つの重要単語である，文明とはどのように定義できるのでしょうか。この問題に応えるのは，実はそう簡単ではないのです。というのも，「文明」という言葉とその概念は，「十七世紀の西欧という特殊な地域に於いてのみ生起した」（伊東 2009）科学革命と呼ばれる西洋近代文明下に生まれた科学的思考を基礎としている点で，地域や時代の限定を持つ，特殊性のある知のあり方で，それは決して万能な知のあり方ではなく，時には欠点にもなる知のあり方でなのです。つまり，科学革命によって生み出された科学文明は，理性や合理性を強調するあまり，自己中心，人間中心主義に陥りやすく，他者や自然との共生が疎かにされる傾向があるということです。

　もちろん，この科学革命は「歴史的意義は直ちに全世界史的な意味をもった」（前掲書）ものであり，グローバルに共有された思考法であります。しかし，その限界を理解しておく必要があります。例えば，最近の科学技術の暴走による環境破壊が，地球環境の危機を生み出したことは，科学文明の問題点の現れです。

　いずれにしても文明という概念は，科学革命と呼ばれる時代に優勢となった

思考法によるものです。それは対象を抽象化し，特定の単位に置き換えることで，客観化し分析するという科学思想を基礎としています。こうすることで，人類史という対象を客観的に理解することが可能となり，それぞれ異なる地域や時代，あるいは社会が，１つの価値観で認識できるようになりました。

　その結果，人類史を分かりやすく理解するために文明という概念が生み出されました。特に，農業革命を経て生まれた都市という，人類特有の生活空間の形成以後，人類の生活スタイルは激変します。これが先に示した都市革命ですが，この都市革命によって人類の生活形態は，多様化しました。そこで，この都市化以降の段階を特に文明期と呼び，それぞれの特徴を冠して〇〇文明と呼ぶようになったのです。そこでこの人類の進化を，分かりやすく比喩的に表現すてみると，人類はその発生時から力を合わせてビルを作り上げてきたと表現できます。

　この人類のビル建築作業は，都市を中心とする文明期に入ると一層発展し多様化します。すでに紹介したように，「都市とは，人間による，人間のための，生活空間」ということです。この都市空間で人間は，自然からの制約から自由となり，人間の生活の快適さを求め知恵を巡らし，都市生活の充実のためにあくなき探求を試みてきました。その結果，人類が築いた文明の高層ビル化が一層進み，また複雑化するのです。そして，文明概念もそれぞれの階層やフロアーの特徴を表現するキーワードとして，多種多様に用いられることになります。いずれにしても文明とは，政治や経済，宗教や各種技術を体系的に結びつけ，ひとくくりにして理解するための言葉なのです。

　さて人類文明という高層ビルは，幾層もの階層からなり，さらにその階層は，幾層ものフロアー〈文明〉からなり，それぞれのフロアーには，またいくつもの異なる部屋（文化）がある，というイメージとなります（図1-1）。

　このようにイメージしたうえで，われわれが現在生活しているのがこの人類文明という高層ビルの最上階である，と位置づけることができます。そして，それぞれの階層やフロアーが形成されるときには，大小の価値の変化〈革命〉が必然的に伴うのです。その結果，形態の異なる階層やフロアーが形成される

わけです。つまり，この人類文明という高層ビルは，その建築開始以来，常に大小の革命〈発展〉を経験しつつ高層化してきたのです。特に情報文明の階層は，IT革命により一層の展開が期待されています。さらにいえば，同じフロアーに住む，つまり時代と空間を同じくする同じフロアーの人々（同時代人）とも，密接な関係によって結ばれており，われわれは，この歴史性と社会性との両者の接点上に形成されたフロアーに住んでいるということです。

図1-1　ブルジュ・ハリファ
出所：https://gigazine.net/news
/20110411_hyper_building_
project

　ですから，私たちは次のフロアーの建設者として，よりよいフロアーを造り，これを次世代に継承してゆく義務を負っているのです。ここに，過去，現在未来を直線的に繋ぐ意識と，同時代の人々との相利共生関係を形成すべき義務が生じるのです。少なくとも，これらと良好な関係を結ぶことが次世代への義務であるという発想が，比較文明学的には重視されます。そして，それらを繋ぐのが情報であり，その情報の継続性と体系性の維持がきわめて重要となるのです。

　この理解のうえで，高度情報化社会，つまり情報文明の階層にいるわれわれは，AI時代のフロアーを，いままさに建設しようとしているわけです。ところがこのAIフロアーの全貌が，まだ見えず，そのなかで人々は，我先に利益を争い，互いに疑心暗鬼となり，がむしゃらな自己主張や技術開発に血道を上げている状態です。そのために，近視眼的，あるいは利己的な動機による暴走により，全体のバランスを欠いたいわば違法建築ビル化しかねず，最悪，人類文明という高層ビル自体が崩壊の危機に直面してしまいます。そうなると大変です。

　そこで，改めて人類史を冷静に考える必要が出てきます。ではどうすればいいのでしょうか？　そこで，人類史を鳥瞰する視点，いわば人類文明という高層ビル全体を見る視点が必要となるのです。

5　文明の発展と宗教

　では，これまで人類文明という高層ビルの発展を支えてきた要素は何でしょうか。もちろん人類の飽くなき豊かさなどへの欲望という生物としての根源的な部分もありますが，それでは動物レベルの行動原理であり，文明の持つ体系性や継続性は，ここからはでてきません。つまり，人類文明という高層ビルにはならないのです。文明が高層ビル化するためには，先にも触れたように継続性と総合力，そして将来へのビジョンのような時間的，空間的に繋がる知的な体系性が不可欠です。

　その点で，宗教，特にいわゆる世界の三大宗教と呼ばれる普遍宗教のような巨大宗教が，人類文明の高層ビル化に果たしてきた役割は，決して小さくありません。というのも，宗教は以下で考察するように，統一した情報を時代，空間を超えて継続して発信してきた人類史上ほとんど唯一の存在だからです。ただし，日本においては，明治以降の近代化の過程で，宗教への認識が否定的になるように情報操作してきたために，一般の日本人は「宗教」という言葉に，負のイメージを抱いています。しかし，グローバル時代と呼ばれる現在においては，この認識は大きな負の遺産であり，日本人が真にグローバル社会を理解するためには，宗教の存在を正しく理解する必要があります。というのも，人類の文明史を考える時はもちろん，グローバル化した国際社会の情況を理解するために，宗教への理解は不可欠だからです。図1-2は，文明を構成する政治や経済などの要素と宗教の関係を示したものです。

　図1-2の特徴は，科学革命以降主流となった宗教と政治，経済などを分離し，文明を理解することを目指してきた近代文明の修正を含むものですが，グローバル時代における国際社会理解には重要な点を含んでいます。

　というのも，グローバル時代を迎え，世界各地の文化や宗教が急激に交わり，政治的にも文化的にも多極化してくると，科学文明の基本的立場である宗教と政治，経済などの世俗社会の要素を分離して理解しなければならない，という

文明理解が立ちゆかなくなったか
らです。

　特に，世界に18億人ともいわれ
る信者をもつイスラム教，および
その文明の台頭は，近代文明にお
ける宗教の位置づけに対する根本
的な修正の必要性を引き起こしま

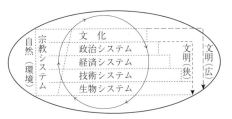

図1-2　情報文明時代の文明構成図
出所：筆者作成。

した。周知のようにイスラム教は，中世時代には世界を席巻する高度な文明を
発展させましたが，近代以降はキリスト教とその文明に地位を奪われ，凋落し
ましたが，それでも独自の文明形態を築きました。一方，キリスト教の影響が
強い西欧社会で生じた科学文明は，近代以降地球規模で拡大し，人類の文明の
スタンダードとして共有され今に至っています。

　ところが，近代文明とは異なる文明概念を持つイスラム教の台頭で，従来の
枠組みの不完全性が顕在化してきたのです。また文明と自然の関係認識には，
大きな問題点があることが浮き彫りになりました。というのも，科学文明の基
礎である科学革命では，中世以来の教会中心の世界観から，人間理性を解放す
ることを目指しました。その結果，人類文明を大きく発展させました。しかし，
その一方で宗教の重要性がやや軽んじられることになり，従来宗教が果たして
きた倫理や道徳の存在が，希薄化しました。また人間と自然との関係も，対立
的に捉えられるようになりました。

　その結果，人類は地球規模で繁栄する一方，自然破壊により環境問題が深刻
となりました。またイスラム文明のように文明の中心に宗教を位置づける社会
への正確な理解も難しくなり，世界各地で宗教間，さらには文明間の衝突が深
刻化しつつあります（ハンチントン，1997）。逆にいえば，科学革命以降形成さ
れてきた科学文明における宗教の位置づけを，図1-2のよう修正することで，
現代社会が直面する問題解決の道筋が開ける可能性がある，ということです。
特に，AIなど情報文明の優れたツールを用いることで，従来不可能であった
ことが次々に実現できる時代となっていますので，文明における宗教の重要性

を再評価することで，現代社会が直面する問題解決を飛躍的に進歩させることも期待できます。

　そのためにも，科学革命以降矮小化してきた宗教の存在を再評価し，その存在を人類文明のさらなる発展に役立てることが，情報文明下の大きな課題ではないでしょうか。というのも，先にも触れましたが，宗教は文明の体系性や継続性に大きな役割を果たしてきた歴史があるからです。

6　情報の伝達者としての宗教

　文明と宗教の関係を考えるうえで，キリスト教は，あまりに多様な形態をとって発展しているために，かなり複雑です。そこで，文明における宗教の役割が分りやすいイスラムを事例に考えてみましょう。

　イスラム教聖典は『クルアーン』（コーランとも表記する）と，ムハンマドの言行録である「ハディース」があります。特に，『クルアーン』は，全世界のイスラム教徒約18億人が拠り所とする聖典であり，イスラム文明の根幹をなす情報が記録されている聖典です。その内容は，預言者ムハンマド（570年頃～632年）が，唯一絶対神であるアッラーによる救いの条件を示した契約事項（預言）です。そのためにイスラム教徒は，この『クルアーン』を基準として，個人的には日常の行為の判断基準とし，社会的には法源，つまり，現代的に云えば憲法から刑法，民法など全ての法律が依拠する根本法となっています。つまり，イスラム教徒が，日に５度のメッカに向かっての礼拝を行うのも，厳しい断食を行うのも全ての聖典の記載，つまり聖典からの情報を忠実に実行しているということなのです。それは610年のムハンマドの開教にはじまり，1400年の間こんにちまで，全くといってよいほど変わっていません。

　しかも，ムハンマド１人からはじまったイスラム教の教団（ウンマ）は，現在18億人前後にまで拡大し，今も急激に拡大しています。彼らは特に『クルアーン』を繰り返し，称え，『クルアーン』の情報を常に共有し，かつ互い検証し合い，価値観や行動倫理の源としています。それゆえに，イスラム教におい

ては，その共有すべき基本情報は，常に一定でありまた不変なのです。そのために イスラム文明では，『クルアーン』を中心と同心円状に統一性のとれた情報網が形成され共有されているのです。ゆえに，イスラム教徒の思考やその文化，さらには文明には大きな共通点と統一性が認められるのです。しかも，イスラム文明は歴史的には多くの文明を吸収し，また継承してきました。特に，中近東で発達したイスラム文明は，途絶えかけたギリシャ文明をいち早く受容し1000年近くにわたり高度に発展させ，西欧文明に引き継ぐという，文明史的に大きな役割を果たしました。

　これもイスラム教という宗教がもつ体系性と継続性のなせる技なのです。もちろん，このような現象は，イスラム教のみならずあらゆる宗教に共通したものです。

7　AI社会と宗教の役割

　先にもふれたように宗教は，その宗教情報を積極的に他者に伝達することを目指す集団でした。特に普遍宗教は，地域や民族を問わずグローバルに布教活動を行いました。つまり宗教に関する情報を発信（伝道）し，それを他者に共有されること（信者の獲得）を積極的に行ってきた集団です。手段は異なりますが，現代の情報文明の祖型ということもできます。また，獲得した宗教集団の維持拡大に必要な倫理観や道徳律を作り上げ，時間的にも，空間的にもその維持に成功してきました。これは普遍宗教である仏教，キリスト教，イスラム教の三大宗教に限らず，宗教は時間的，空間的に長期にわたり存続することを目指してきた集団であり，そのための知恵を豊富に蓄積してきた存在です。

　歴史的に宗教が提示する価値観は，人間の刹那的，情動的な活動を抑制し，長期的かつ公共的に生きる意味を与える原動力でした。基本的には，これが哲学や倫理，道徳の源泉でした。この哲学や倫理・道徳によって人類は，自己抑制や公共性を身につけ，結果的に社会や文明の永続性を手に入れることができたのです。この点は科学革命以降やや軽視されてきたものですが，情報文明下

で直面している問題の解決に，宗教が培ってきた知恵，さらには哲学や倫理の体系が有効であることは明らかです。

　ゆえに，科学革命の最先端である情報化時代が直面する諸問題の解決に，宗教が提供する各種の情報は，大きな可能性を秘めているといえるのです。少なくとも宗教が提供する悠久の情報領域に耳を傾ける必要は，情報文明が直面してる諸問題の解決策を得るために，おおいに有効性があるのではないでしょうか。

【参考文献】

伊東俊太郎『比較文明史』〈伊東俊太郎著作集 9 〉麗沢大学出版会，2009年。

太田才次郎編『新式以呂波引節用辞典』博文館，1905年。

公文俊平『情報文明論』NTT 出版，1994年。

飛田良文ほか『明治のことば辞典』東京堂出版，1986年。

ハンチントン，S.（鈴木主計訳）『文明の衝突』集英社，1997年。

保坂俊司『情報と文明』北樹出版社，2018年。

吉田民人『自己組織性の情報科学』新曜社，1990年。

第2章

倫理の情報・情報の倫理

　本章ではまず，私たちが倫理・道徳と呼ぶ営みのなかで，情報がきわめて重要な役割を果たしていることを見ます。より具体的には，「倫理の情報」に基づく道徳判断を下すよう，私たち人間が進化してきたことを論じます。次に，こうした倫理の進化を前提として，「情報の倫理」の問題，なかでも人工知能 (artificial intelligence, 以下 AI) と倫理の問題を整理します。特に，倫理的な行為者，被行為者，そして観察者としての AI の可能性と規範を検討します。最後に，倫理の範囲の拡大という歴史的観点から AI がどう位置づけられるのか，その見通しを提示します。

1　倫理の情報——道徳判断の進化

倫理・道徳を構成する三者

そもそも倫理や道徳とは何でしょうか。ここでそれを正確に定義するということはしません。なぜなら，それはおそらく不可能だからです。ですが，倫理・道徳に不可欠で本質的なように思われる2つの特徴を挙げて，議論の手がかりとしたいと思います。

第一に，倫理・道徳は行為や人柄の善悪に関わります。ただ，人柄の情報は基本的に行為の情報（たとえば，行為の動機や結果の情報）として得るしかありません。つまり，人柄の善悪を判断するには，行為の善悪によって判断するしかありません。それゆえ，人柄の善悪よりも行為の善悪の方がより基礎的だと言えるでしょう。

第二の特徴ですが，倫理・道徳には必ず三者が関わります。三者とは，行為者（行為する人），被行為者（行為の影響を受ける人），そして観察者（行為を見て判断する人）です（図2-1）。

注意しなければならないのは，これら三者のうち，二者または三者が同一の人間でありうるという点です。たとえば，他人から助けてもらった人がその他人の行為を善いと判断するなら，被行為者（助けてもらった人）と観察者（行為を善いと判断する人）は同一ですし，他人に迷惑をかけたことを振り返ってその行為が悪かったと反省するなら，行為者（迷惑行為をした人）と観察者（行為を悪いと判断する人）が同一です。「天は自ら助くる者を助く」という言葉がありますが，「自ら助くる者」は，行為者（助ける者）であると同時に被行為者（助けられる者）です。

このように，同一の人間が複数の役割を果たすことがあるとはいえ，これら三者がいなければ倫理・道徳は成立しません。というのも，行為者がいなければ，善悪の判断の対象となる行為自体が存在しませんし，被行為者の受ける影響がなければ，行為の何をもって善または悪と判断するのかがわかりません。

そして，最も重要なのは観察者です。なぜ
なら，観察者がいなければ，そもそも行為
に対する善悪の判断が存在しないからです。
<u>観察者が判断して初めて，行為の善悪が，
そして倫理・道徳が存在する</u>のです。

図2-1　倫理・道徳を構成する三者
出所：筆者作成。

道徳判断の合目的性

　では，なぜ人間は倫理・道徳を持つのでしょうか。言い換えると，なぜ人間
はみな観察者となって，行為の善悪の判断（「道徳判断」と呼ばれます）を下すの
でしょうか。この問いに答えるためのヒントとなるのが，<u>道徳判断の合目的性</u>
です。合目的性とは，手段として目的の達成に貢献する性質のことです。

　具体例に即して考えてみましょう。強盗現場を捉えた防犯カメラの映像を見
ると想像してみてください。このとき私たちは，「強盗は悪い」と判断します。
この判断によって，強盗犯を処罰するよう私たちは動機づけられます。そして
強盗犯自身は，実際に処罰されることで反省して，今後の行動を正すかもしれ
ません。また，他の強盗犯予備軍の人たちも，自分が強盗をして処罰を受ける
ことのないよう，気をつけるかもしれません。結果として，社会全体の強盗の
数は，少なくとも処罰がないときよりは減るでしょう。つまり，「強盗は悪い」
という判断は，「強盗を減らす」という目的の達成に役立っているようです。
さらに言えば，この判断は，強盗の数を減らすことで「社会全体の利益」とい
う目的にも貢献しているように思えます。

　では，なぜ私たちの道徳判断はこうした合目的性を持つのでしょうか。すぐ
に思いつく答えは，私たち人間が「社会全体の利益」を目指しているから，と
いうものです。つまり私たちは，「社会全体の利益」という目的を持ち，その
目的を達成する手段を見出そうとして，合理的な思考を働かせるのです。そし
てその結果，「強盗は悪い」という判断を下して強盗犯を処罰することが，そ
の目的を達成する手段として有効であると見出します。それゆえ私たちは，
「社会全体の利益」を達成するため，強盗に対して道徳判断を下し，強盗犯を

19

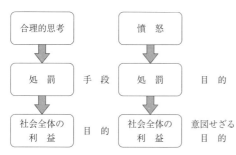

図 2 - 2　合理的思考説と憤怒説の比較
出所：筆者作成。

罰するのです。

　道徳判断の合目的性に関するこうした説明は，一見説得力があるように思えます。ですが，18世紀スコットランドの哲学者アダム・スミス——彼は主著『国富論』によって経済学の父として有名ですが，彼が生前に出版したもう 1 冊の主著は，道徳哲学書である『道徳感情論』でした——は，こうした説明が完全な誤りではないにしても，本質的ではないと考えていました。では，彼が本質的だと考えた説明はどのようなものでしょうか。

　まずスミスによれば，私たちの心理や行動が合目的的であるのは，何も道徳判断と処罰に限ったことではありません。たとえば，「おにぎりを食べたい！」「水を飲みたい！」といった，食べ物や飲み物に対する私たちの欲求は，私たちに飲食を促し，そのことによって私たちの「身体の維持」という目的の達成に貢献しています。

　こうした飲食の欲求のように，私たち人間誰もが生まれながらにして共通に持っている心の性質を，人間本性（human nature）と呼びます。スミスは，道徳判断に基づく処罰の合目的性についても，飲食の合目的性と同様に，人間本性の合目的性の結果だと考えました。具体的には，道徳判断に基づく処罰は，処罰自体を目的とする憤怒（resentment）という人間本性によりもたらされると彼は言います。そしてこの憤怒が，道徳判断に基づく処罰を通じて「社会全体の利益」という目的を——その目的の達成を意図することなく——達成します（スミス 2009＝2014：第 2 部第 2 篇第 3 章）（図 2 - 2）。

　こうしたスミスの説は，私たちの日常経験とよく合致するように思えます。たとえば，私たちが強盗の映像を見て，「強盗は悪い」と判断し，強盗犯を処罰したいと思うとき，私たちは「社会全体の利益を達成しよう」などとは思っていないでしょう。私たちはただ，強盗犯に対する怒りを感じているだけです。

ですが，このように道徳判断の合目的性が人間本性の合目的性の結果だとすると，さらにこう問わなければなりません。すなわち，なぜ人間本性はこうした合目的性を持つのでしょうか。

　残念ながら，スミスの答えは現代日本に生きる私たちの多くを納得させることができません。というのも彼は，人間本性とは神の「見えざる手」だと考えていたのです。つまり彼によれば，人間が抱く憤怒とは，人間を創造した神が「社会全体の利益」という目的を達成するために人間に植えつけた手段なのです。

　このように，スミスは人間本性（人間の自然）の合目的性を超自然的に説明しました。これに対し，その自然的説明が初めて与えられたのは，19世紀イングランドの生物学者チャールズ・ダーウィンが，<u>自然選択</u>（natural selection）による生物進化の理論を提唱したときでした。

「観察者」の進化

　自然選択の論理は単純で，それゆえ抗いがたいものです。生物個体の集団において，個体の遺伝形質（遺伝する特徴）には変異（バリエーション）があり，それら変異のなかには，個体が持つ遺伝子の伝播・存続に有利・不利をもたらすものがあります。それゆえ，集団内では世代を追うごとに遺伝子の伝播・存続に有利な遺伝形質が残り，不利な形質は消えていく，という形で進化が生じるのです。

　たとえば，ある生物の祖先集団の食欲において，変異があった——食欲旺盛な個体と，食欲不振な個体がいた——としましょう（これはあくまで自然選択の論理を説明するための架空の例です）。食欲は遺伝形質であり，食欲旺盛な個体は食べ物を求めて行動し，食べ物を多く食べることで自身の身体を維持できるので，食欲不振な個体に比べて生き残るうえで有利でした（そして，遺伝子を残すには，繁殖年齢まで生き残らなければなりません）。それゆえ，世代を追うごとに集団内では食欲旺盛な個体の割合が増え，食欲旺盛さという形質がこの生物において進化します。

　こうした自然選択の論理は，生物個体が持つ遺伝形質の合目的性も説明して
くれます。食欲があるのは，食べ物を食べて自身の身体を維持するため，さら
に言えば，生き残って遺伝子を残すためです。もちろん実際には誰も目的を持
っていませんが，にもかかわらず合目的的な形質——生存という目的，そして
究極的には「遺伝子の伝播・存続」という目的にかなった形質——が生じるこ
とを，自然選択はシンプルに説明してくれます。進化生物学者のリチャード・
ドーキンスは，目的を持たない自然選択がこのように合目的性を生み出すこと
をたとえて，「盲目の時計職人」と呼んでいます（ドーキンス 1986＝2004）。

　では，道徳判断を生み出す人間本性の合目的性について，それがどのように
進化したと自然選択は説明してくれるのでしょうか。たとえば「強盗が悪い」
と判断して，憤怒に駆られて強盗犯を罰したいと私たちが思うとき，このこと
は，私たちの遺伝子を残すことにどう貢献するのでしょうか。

　まず重要なのは，「強盗」という行為それ自体が，私たちの遺伝子の伝播・
存続を脅かすことです。強盗犯は，自分の利益のために他人の生命や財産を奪
います。このように，自個体の遺伝子の利益のために他個体の遺伝子に損失を
払わせる行為を，生物学的に利己的な行為と呼びます。利己的行為がそのよう
に私たちの遺伝子の伝播・存続にとって脅威であるなら，逆に，利己的行為を
受ける確率を減らすことができれば，それは遺伝子の利益となるでしょう。そ
して，憤怒が動機づける処罰は，まさに利己的行為を受ける確率を減らしてく
れるのです。

　処罰は 2 つの仕方で利己的行為を受ける確率を減らしてくれます。第一に，
処罰は行為者の利己的な行動傾向（人柄の悪さ）を矯正します。それはどのよ
うにしてでしょうか。まず，自然選択による進化のかなり早い段階で，多くの
生物が不快を避けることを学習するようになったと考えられています（ファイ
ンバーグ＆マラット 2016＝2017：第 8 章，第 9 章）。そして，処罰は不快を与えま
す。したがって，利己的行為を行った個体に処罰を与えることで，利己的行為
を行わないよう学習させ，結果として利己的行為を受ける確率を減らすことが
できます。たとえば，むち打ち刑はこうした処罰の典型例ですし，そもそも不

快を与えない処罰を想像する方が難しいでしょう。

　第二に，利己的な行動傾向のある（つまり，人柄の悪い）個体を遠ざけることにより，利己的行為を受ける確率を減らすことができます。利己的な行動傾向のある個体を処罰によって排除または隔離すれば，利己的行為を受けることもなくなります。たとえば島流しや禁固刑，そして死刑は，こうしたことを行っているわけです。

　このようにして，他個体の行動の情報——倫理の情報——に基づいて利己的行為を「悪い」と判断し，憤怒から人柄の悪い行為者を処罰することは，「遺伝子の伝播・存続」という目的の達成に寄与します。それゆえ，道徳判断と私たちの倫理・道徳は，自然選択により進化しうると言えます。たとえば，進化ゲーム理論に基づくコンピュータ・シミュレーション研究では，他個体の行動の情報に基づいて自個体の行動を変化させる条件付き戦略が，非常に強力な戦略である（それゆえ，進化する）と予測されています（アクセルロッド 1984＝1998）。

2　情報の倫理—— AIと倫理をめぐる論点整理

　前節では，倫理・道徳が行為者，被行為者，観察者の三者から構成されることを見ました。本節では，倫理・道徳におけるこれら三者それぞれとしてのAIの可能性と規範を検討します。

行為者としてのAI

　AIが行為する，というのはすでに夢物語ではないでしょう。たとえば，AIが運転する自動運転車が実現されれば，AIは「運転」という行為を行うわけです。つまり，AIは行為者となる可能性があります。では，私たち人間は観察者として，AIを倫理的行為者とみなし，その行為について道徳判断を下すでしょうか（図2-3）。

　ここでも，アダム・スミスがヒントをくれます。彼は，行為の原因となる

図 2 - 3 倫理的行為者としての AI
出所：筆者作成。

「意図や感情」を持つ相手であることが，道徳判断を下す相手であることの必要条件だと考えていました（スミス 2009＝2014：236）。前節で見たように，進化的に考えても，利己的な意図や感情を持ち，それゆえ自分に対して意図的に利己的行為を行う可能性が高い相手でなければ，その行為について道徳判断を下す意味はありません。相手がまったくランダムに行為するのではなく，今後も利己的に行為する可能性が高く，利己的な行動傾向（人柄の悪さ）――つまりは，利己的な意図や感情――を持つからこそ，相手の排除・隔離やその行動傾向の矯正に遺伝的利益があるのです。

だとすると，AI が倫理的行為者かどうかの基準も，AI が意図や感情を持つと私たちがみなすかどうかによるでしょう。つまり，現在のところそうであるように，私たちが AI に意図や感情を見出さない限り，それが倫理的行為者とみなされることもないでしょう。むしろ，意図や感情がなければ，それはそもそも行為ですらないのかもしれません。

しかし，将来はわかりません。たとえば，ドラえもん（というネコ型ロボットを制御する AI）のように，明らかに意図や感情を持つ AI が出てきたときには，私たちはそれを倫理的行為者とみなすでしょう。そして当然，その行為に対して道徳判断を下し，必要とあれば AI を処罰する欲求に駆られるでしょうし，AI も私たち人間と同じ倫理的規範を遵守すべきだということになるでしょう。

AI が倫理的行為者でありうるかどうか，その境界を決定するために必要なのは，私たちが意図や感情を見出すのはどのような対象に対してであるのかを明確にすることです。もちろん私たちは（進化の結果として）人間に対して意図や感情を見出すので，解決されるべき問題は，「対象の何がどれだけ人間に近似していれば，意図や感情が見出されるのか」ということになるでしょう。

被行為者としての AI

次に，倫理的被行為者としての AI を考
えてみましょう。

まず，行為者が意図や感情を持つ存在で
ないかぎり，その行為（というよりも動作）
の影響を受ける者についても，倫理的な被
行為者とは呼べないでしょう。意図も感情

図2-4 倫理的被行為者としての AI
出所：筆者作成。

もない自然現象（たとえば落雷）で亡くなる人を，私たちは殺人被害者とは呼
びません。そこには悪いことをした行為者がおらず，それゆえ，悪いことをさ
れた被行為者もいないのです。したがって考えるべきは，意図や感情を持つ行
為者，典型的には人間の行為の影響を AI が受ける場面です。このとき，AI
は倫理的被行為者と言えるでしょうか（図2-4）。

ここでもアダム・スミスの知恵を借りることにしましょう。彼によれば，私
たちが仮に被害者でなくとも強盗犯に対して憤怒を感じるのは，強盗被害者の
憤怒に共感（sympathy）を感じるからにほかなりません（スミス 2009＝2014：第
2部第1篇第2章）。こうした共感的憤怒から利己的傾向のある（人柄の悪い）者
を処罰することは，前節で見た2つの仕方で利己的行為を受ける確率を減らし
ます。それゆえ，共感的憤怒は自然選択により進化しうるでしょう。

仮にそうだとすると，AI が倫理的被行為者であるか否かは，私たち人間が
AI に共感できるか否かにかかってきます。つまり，倫理的行為者の場合と同
様，私たち人間が AI に感情を見出すか否かに問題は収斂します。やはり解決
すべきであるのは，「AI の何がどれだけ人間に近似していれば，私たちはそこ
に感情を見出すのか」という問題です。そして，AI が結果として倫理的被行
為者と認められるのであれば，AI を害する人間の行為を私たちは「悪い」と
判断するでしょうし，その人間を処罰する欲求に駆られることでしょう。

観察者としての AI

最後に，AI は倫理的観察者となりうるでしょうか。答えは，「イエス」です。

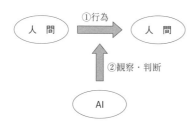

図2-5　倫理的観察者としてのAI
出所：筆者作成。

なぜなら，前節で見たように，私たち人間の道徳判断自体，行為の情報——倫理の情報——に基づいて下されるよう進化したものだからです。仮に現在の技術では不可能であるとしても，将来，人間の脳と同等以上の高度な情報処理能力が実現されたときに，AIが「倫理の情報」を処理できないと考える理由はありません（図2-5）。

　ですが，そもそも私たちはAIを，私たちの言っている意味での「倫理」的観察者にすべきでしょうか。というのも，上で見たように，私たち人間の道徳判断自体が，自然選択による進化という（誰の意図も目的も関わっていないという意味で）偶然のプロセスによって形作られたものだからです。つまり，私たち人間の倫理・道徳は，たまたま現在の形をとっているにすぎないのであって，進化のプロセスが異なれば，倫理・道徳が別の形であったことも想定できます。にもかかわらず，なぜ，私たちの倫理・道徳と同じ倫理・道徳をAIに身につけさせるべきなのでしょうか。なぜ，私たちのものとは異なった倫理・道徳をAIに身につけさせてはいけないのでしょうか。

　その理由は，まさに私たち自身が自然選択により獲得した倫理・道徳からしか出てきません。たとえば，観察者としてのAIに，私たちとは別の倫理・道徳——強盗は善いという倫理・道徳——を身につけさせたとしましょう。そして，仮に観察者としての判断に基づいてこのAIに行為させるなら（もちろん，このAIに行為させないという選択肢もありますが，ここではそれは置いておきましょう），このAIは強盗をするでしょう。なぜなら，このAIの道徳判断に基づけば，強盗は善いのであって，むしろ強盗はすべきことだからです。

　ですが，この行為がAI自身のもの（つまり，AI自身が倫理的行為者）であろうと，その作者のもの（つまり，AIは道具にすぎず，AIの作者が倫理的行為者）であろうと，私たち人間はそれを「悪い」と判断します。なぜなら，それが，私たち人間が進化の過程で身につけた倫理・道徳だからです。私たち人間は他の

生物と同様，自然選択による進化の産物であり，その制約から逃れることはできません。それゆえ，私たちの持つこの偶然的な倫理・道徳も，それがいくら偶然の産物であろうとも，動かしがたいのです。

　そして私たちは，<u>自身の倫理・道徳を他の倫理・道徳と比較する価値基準を，まさに自身の倫理・道徳以外に持ち合わせていません。</u>私たちが持つのと異なる倫理・道徳に従うのが善いか悪いかを判断するときには，私たちがすでに持っている倫理・道徳をもって判断するしかないのです。私たちはそれに基づいて，観察者としての AI には——それが行為者でもある場合にはとりわけ——私たちが持つのとまったく同じ倫理・道徳を身につけさせるべきだと判断します。おそらく，それ以外の道はありません。そして，仮にそれ以外の道をとろうとする—— AI に私たちとは異なる倫理・道徳を身につけさせる——ならそれは，私たち自身の倫理・道徳に基づいて，反倫理的・不道徳の誹りを免れないでしょう。「強盗が善いとは何事だ！」ということに必ずなるのです。

3　倫理の範囲と AI

倫理の範囲の拡大

　歴史的事実として，倫理の範囲は拡大してきました。かつては一部の者にしか認められなかった倫理的地位が，歴史を下るにつれて，下層階級に，異民族に，そして人間の枠組みを越えて，動物にも認められるようになってきました。

　ただ，この場合の「倫理的地位」が何を意味しているのか，注意しなければなりません。歴史的に倫理の範囲が拡大してきたと言うとき，それは倫理的被行為者の範囲が拡大してきたことを意味します。そして，前節で述べたように，倫理的被行為者の範囲とは共感の範囲であり，その歴史的拡大は，<u>共感を喚起する情報を拡散する情報媒体の発達</u>に負うところが大きいでしょう。

　やはりアダム・スミスがそう考えていたように，私たちは他者の状況に関する情報を得ることで，その状況を想像し，その他者に共感することができます（スミス 2009＝2014：第 1 部第 1 篇第 1 章）。この意味では，インターネットが発

達し，これまで知ることのできなかった多くの他者の状況を知ることができるようになった現代は，共感の範囲が史上最も拡大した時代，史上最も倫理的な時代と言えるでしょう。そしていつの日か，私たちは AI の置かれた状況を情報として得ることで，それに（あるいは「彼女」/「彼」に）共感できるようになるのかもしれません。

　他方で，倫理的観察者について言えば，過去の歴史においてその立場は，基本的に人間にのみ与えられた特権的地位でした。そして，やはりいつの日か，動物が得ることのできないその地位を AI が得るということも，まったくの夢物語ではないでしょう。それが，いつどのような形でやってくるのかはわかりません。ですが，1つだけ確実に言えることがあります。それは，私たち人間は依然として，AI が私たちと異なる倫理・道徳を持つことを許さないだろう，ということです。

【参考文献】

アクセルロッド，ロバート（松田裕之訳）『つきあい方の科学——バクテリアから国際関係まで』ミネルヴァ書房，1998年。

久木田水生・神崎宣次・佐々木拓『ロボットからの倫理学入門』名古屋大学出版会，2017年。

ジェイムズ，スコット（児玉聡訳）『進化倫理学入門』名古屋大学出版会，2018年。

スミス，アダム（村井章子・北川知子訳）『道徳感情論』日経 BP 社，2014年。

ドーキンス，リチャード（日高敏隆監修・中嶋康裕ほか訳）『盲目の時計職人——自然淘汰は偶然か？』早川書房，2004年。

長谷川寿一・長谷川眞理子『進化と人間行動』東京大学出版会，2000年。

平野晋『ロボット法—— AI とヒトの共生にむけて（増補版）』弘文堂，2019年。

ファインバーグ，トッド・E.／マラット，ジョン・M.（鈴木大地訳）『意識の進化的起源——カンブリア爆発で心は生まれた』勁草書房，2017年。

森元良太・田中泉吏『生物学の哲学入門』勁草書房，2016年。

第3章

情報と国際社会

　情報技術の革新は，政治・安全保障，経済，人権，文化などの幅広い分野で，これまで私たちが築いてきた国際社会のルールや秩序などの基本的枠組みでは充分に対応しきれない多くの新たな課題をもたらしています。この章では，近年の情報技術のめざましい進歩により，国際社会はどのような新たな課題に直面しているのか，また国際社会はこれらの課題にどのように取り組もうとしているのか，について学びます。私たちの未来の平和や繁栄を実現していくためには，国際社会の多様なアクターが一層協調を深めてこれらの新しい課題に取組んでいく必要があります。

1　国際社会の基本的なしくみと特徴

私たちの生活を支える国際社会の基本的なしくみ

　私たちの日々の暮らしや様々な活動は，国際社会の動きと深く結びついています。私たちの生活が安定し，未来に向けて発展していくためには，平和や経済的繁栄を支える国際社会のしくみやルールがしっかりと機能する必要があります。

　今日の国際社会の基本的なしくみの多くは，国際連合をはじめとして，第二次大戦後につくられたものです。国際連合は，悲惨な戦争の経験を踏まえ，平和と安全の維持や人権の尊重などを目的として設立され，今日では，国連を中心に多様な国際機関がネットワークをつくり連携して活動しています。さらに様々な地域レベルや機能別の枠組みもつくられ，幅広い分野で多国間の協力が行われています。第二次大戦後の国際社会では，これらの多国間協調の枠組みやルールに支えられて，国境を越えて様々な活動が発展・拡大するグローバル化が進展し，多くの国で人々のより豊かな生活が実現されてきました。

今日の国際社会のすがた

　その一方で，戦後につくられたこれらの国際社会のしくみは，各国の立場の違いや対立から，当初期待されていた機能を十分に発揮できず，今日の国際社会においても，紛争や対立，貧困，格差などの多くの課題が残されたままになっています。

　このように，国際社会において，様々な問題を解決していくことが難しい理由の1つは，今日の国際社会の基本的構造が，それぞれに主権をもち平等な立場にある国家により構成されていることから，各国の異なる利害を国家の上にたって調整し秩序を実現することができる世界政府のような組織が存在しないことにあります。このような状況のなかで，各国が，自国に有利な状況を，政治的影響力，経済力，軍事力などの様々なパワーによりつくりだそうとする状

況がみられ，近年では，多国間協調の揺らぎが懸念されています。さらに，加速化する情報技術の革新がもたらす多くの新たな課題への対応は，各国の立場や思惑の違い，パワーバランスへの影響などにより，各分野での多国間の協調をより複雑なものにしています。

国際社会の多様なアクター

　これらの問題への対応を考える際には，国際社会の主要なアクターとして，国家や国際機関以外の主体が果たしている役割にも注目することが重要です。国家は依然として国際秩序やルールづくりの主要な担い手ですが，今日の国際社会においては，情報通信技術の進歩にも支えられて，企業，非政府組織（NGO）をはじめ国家以外の多様なアクターが国境を越えて活発に活動を展開し，グローバルなレベルで重要な役割を果たすようになってきています。そしてそれは，経済発展や技術革新の原動力になったり，様々な規範づくりを促すなどのポジティブな面だけではなく，深刻なテロの脅威など，ネガティブな面においてもみられ，これまで国際秩序づくりの主要な担い手であった国家によるコントロールが十分に及ばない事態も生まれてきています。

　私たちが，今後の国際社会の平和や繁栄にとって必要なルールや協力を実現していくためには，情報技術の革新が，様々な分野でどのような新たな状況と課題をもたらしているかをよく理解し，多様なアクターをまきこんで対応を進めていく必要があります。

2　国際政治・安全保障面での新たな課題

グローバリゼーションの光と影

　第二次大戦直後から何十年もの間続いた冷戦の下では，国際社会は基本的に米国とソ連をそれぞれ盟主とする自由主義陣営と共産主義陣営の2つの陣営に分断され，両陣営の間では，ヒト，モノ，情報，技術などの交流・移動が厳しく制限された状況が続き，国連などの多国間協調の機能にも影響を与えました。

1989年に冷戦が終結し，すでに進展がみられていた情報通信技術や輸送技術のさらなる発展とあいまって，ヒト，モノ，カネ，情報などが国境を越えて拡大するグローバル化が一段と進展し，世界経済の拡大・発展をもたらしました。

　一方，冷戦終結により，平和で安定した国際社会が実現するとの期待に反して，現実には，冷戦構造の下で保たれていた秩序の崩壊により，統治能力の脆弱な破綻国家や民族・宗教などを背景とした対立が顕在化し，大量虐殺や膨大な難民・避難民の発生など悲惨な人道危機がひきおこされました。そして，今日でも，多くの地域で政治的不安定や経済格差の問題が深刻な状況にあります。国連によれば，2018年，世界の難民・避難民の数が7,000万人を超え過去最多となりました。大量の難民などの受け入れをめぐる各国の対立や国内世論の分裂が深刻化し，排外主義・ナショナリズムの拡大が，国際社会の分断化を強め，多国間協調をより困難にすることも懸念されています。

パワーバランスの変化と新たな緊張関係・分断の懸念

　冷戦終結により国際社会の二極構造が崩れ，その後の米国の優越性も次第に後退していくなかで，これまでのパワーバランスにも大きな変化がみられています。途上国のなかには，政治・経済の面で大きな力をつける国もあらわれ，特に中国は2010年に GDP の規模で日本を抜き世界第 2 位となり，将来米国をも追い抜くとの見方もあります。

　このような状況のなかで，加速化する情報技術の革新は国家のパワーに新たな要素をもたらし，国家間の緊張関係やパワーバランスの変化を複雑なものにしています。特に，「5G」と言われる次世代通信規格をめぐる米国と中国との間での主導権争いにみられるように，情報通信技術における優位性の獲得をめざす両国の競争は厳しさを増しています。米国による中国ハイテク企業の締め出しなど米中間の緊張が高まるなかで，米中以外の国もどちらの陣営につくかの選択をせまられ，かつての冷戦時代のように国際社会が分断されるおそれも指摘されています。このような情報技術をめぐる主要国間の競争においては，安全保障と経済面が密接に絡み，今後も緊張関係が続くものと考えられます。

　さらに，情報技術の革新は，国家の安全保障や軍事力の概念自体にも影響を与え，各国がサイバー空間での優位性の獲得をめざす新たな状況のなかで，対立や紛争を防ぐための新たなルールの検討も重要になっています。例えば，ドローンや AI 兵器など新たな兵器の登場は従来の戦争の仕方に変化をもたらし，AI 兵器の使用に関するルールなど，戦争に関するルールについての新たな見直しや，ルールの空白を埋める努力が必要になっています。

　また，従来国家は，様々な方法で，他の国家に対する影響力を行使しようとしてきましたが，近年は，SNS などを通じてフェイクニュースを流すなどの情報操作により，ターゲットとする国の国内世論の操作や選挙介入などを行い，政権交代や重要政策にも影響を及ぼそうとする事例もあらわれ，国家間の緊張を高める事態を生み出しています。

グローバル化・デジタル化の進展による脅威の深刻化

　グローバル化の進展とともに国境を容易に越える様々な脅威の深刻化も懸念されています（図3-1）。例えば，2001年9月11日の米国同時多発テロのように国境を越えて行われる国際テロについては，情報通信技術の発展により国境を越えた連携・計画などが容易になるなかで，新たな脅威としての深刻さが増しています。従来，国家の安全保障は，国家間の対立などによりもたらされる戦争や従属の脅威を抑止することを重視していましたが，限られた人数の非国家主体がテロにより国家の安全を脅かす事態が頻発するようになり，過激思想がインターネットなどを通じ容易に伝搬し，その影響を受けてテロが計画・実行される問題への対応が重要性を増しています。

　このように近年深刻化する国際テロの脅威への対応においては，その背景にある格差や貧困への対策，異文化理解などの問題への取り組みとともに，その取締り活動の範囲が基本的に自国内に限られる国家が，いかに国際的な協力を強化できるかが重要です。そのため，これまでに多くの国連安保理決議の採択，テロ防止関連条約の締結，G7（主要7ヵ国首脳会議）や FATF（金融活動作業部会）などを通じるテロ資金供与防止などの具体的な協力が進められてきていま

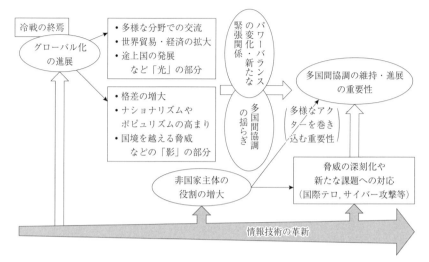

図 3 - 1　今日の国際社会が直面する課題

出所：筆者作成。

すが，情報技術の悪用の阻止などにおいて引き続き国際的連携を強めていく必要があります。

　さらに，情報通信技術の進展により，経済活動をはじめ人々の暮らしを支える幅広い活動がデジタル化された空間で行われるようになるなかで，サイバー空間において人々の暮らしや国家の安全を損なう行為や攻撃が行われるリスクが高まり，なかには国家の関与が指摘されるものもでてきています。これらのサイバー攻撃は，地理的な制約を受けずに地球上のどこからでも匿名で行うことができ，国家の安全保障にとり，従来の陸・海・空の軍事力整備による防御ではたちうちできない深刻な脅威となりつつあります。これらに対応するためには，サイバー空間を日常的に使用する民間も含めた取り組みが重要ですが，サイバー空間は国境を越えて繋がっていることから一国だけでの対応は困難であり，国際的な連携や協力が不可欠です。各国が自らの防御能力を高める努力を行うとともに，防御の弱い国からの脅威の拡大を防ぐための防御能力構築の支援や，自由・公正かつ安全なサイバー空間の実現のための国際的なルールづくりを推進していく重要性が増大しています。

3　国際経済分野の新たな課題

世界経済の発展を支えてきた多国間協調

　第二次大戦後，悲惨な戦争の要因の1つが，戦前に各国がブロック経済圏を形成し閉鎖的になり，高関税などが貿易の縮小・世界経済の低迷を招いたことにあったとの反省から，自由な貿易や為替の安定など，開かれて安定した経済システムの実現を支えるための国際組織やルールがつくられ，これらの多国間協調の枠組みが戦後の経済発展の基盤となり，グローバル化を進展させてきました。　例えば，為替の安定や資金支援などを通じ世界貿易・経済の促進をめざす IMF（国際通貨基金），関税引き下げなどを通じ，自由で無差別な貿易の推進をはかる GATT（関税と貿易に関する一般協定），途上国への開発支援をおこなう IBRD（国際復興開発銀行）などは，その後世界のほとんどの国が参加し，必要に応じ組織や機能を修正させながら，今日でも重要な役割を果たしています（GATT は，1995年に WTO〔世界貿易機関〕に改組）。また，世界経済の重要な課題について主要国による政策協調をめざす枠組みとして，1973年の第一次石油ショックを契機に G7（主要7カ国首脳会議）が，2008年のリーマンショックを契機に G20（主要20カ国首脳会議）が立ち上げられました（但し G20 財務大臣・中央銀行総裁会議はアジア通貨危機後の1999年より開催）。今日，情報技術の革新は，戦後世界経済の発展を支えてきたこれらの多国間協調の基本的枠組みにも新たな対応を迫っています。

グローバル化の進展と多国間協調の試練

　今日，国際経済の円滑な運営を支えるべき多国間協調の枠組みは様々な試練に直面しています。情報通信技術や輸送技術の進展に支えられたグローバル化によって，世界経済の拡大，途上国の経済成長による貧困の一定の解消，新興国の躍進などがみられる一方，グローバル化で恩恵をうける人々と必ずしもそうでない人々があらわれ，経済的な富が一部の人々に偏る格差の問題などが顕

在化してきています。近年，このような状況を背景にしたナショナリズムやポ
ピュリズムの広がりが懸念され，開かれたグローバルなシステムへの不信や反
感の高まりがみられています。

　特に，これまで，開かれた自由貿易体制を主導してきた米国では，自国第一
主義を掲げ2017年に就任したトランプ大統領が従来の多国間の枠組みを軽視す
るような動きをみせ，大きな懸念をよんでいます。そのような状況のなか，
GDP で世界第 1 位の米国と，急速な追い上げをみせる第 2 位の中国との間の
経済摩擦が激化し，トランプ大統領は，中国との間の貿易不均衡などを問題視
して中国に対し様々な要求をつきつけながら累次の関税引き上げを行い，これ
に中国も対抗して関税を引き上げるなど報復が繰り返され，世界経済への大き
な影響が懸念される事態となっています。

　他方で，すでにモノ・カネ・ヒト・情報の流れが国境を越えて緊密に繋がっ
ている今日の国際社会においては，多くの企業活動・経済活動にとって様々な
分野で国境を越える円滑な流れが阻害されないことがきわめて重要になってい
ます。例えば，ある 1 つの商品をつくるために，様々な原材料，中間財が国境
を越えて自由に移動するサプライ・チェーンの存在が欠かせず，このような貿
易の繋がりの分断は多くの企業活動に影響を与えることになります。またアジ
ア通貨危機やリーマンショックでみられたように，情報通信技術の発達に支え
られ瞬時に複雑に世界をかけめぐるカネの流れがどこかで滞ると問題はただち
に世界中に波及するおそれがあり，いまや世界各国の経済はこのようなリスク
においても密接につながっています。

　このように，グローバル化の進展のなかで国境を越えた繋がりを益々深めて
いる世界経済の安定と発展のためには，各国が閉鎖的になりバラバラのルール
を導入して，国境を越える活動の分断や不安定化がもたらされることのないよ
う，多国間の協調やルールづくりがきわめて重要です。そしてそれは，以下で
みるように，情報技術の発展により新たにうまれている課題への取り組みにお
いても特に重要と言えます。

デジタル経済がもたらす課題と多国間協調の現状

　経済のデジタル化が進むなかで，新たなルールづくりが求められている課題の１つに，国境を越える「データ流通」の問題があります。情報化時代の競争においては，産業のイノベーションのもととなる多くのデータを持ったものが有利となり，データは，「21世紀の石油」ともいわれ，企業や国の競争力に大きな影響を与えるきわめて重要な資源です。しかし，近年，「データ流通」のあり方をめぐっては，プライバシー保護やセキュリティに関する各国の立場の違いや，自国の産業発展に有利になるようデータを囲い込む保護主義的な動きが顕在化しています。このままでは各国のバラバラな規制や保護主義的な規制が，自由なデータの流通の妨げになるおそれがあり，国際的な協調とルールづくりが急がれます。また，世界中で拡大している「電子商取引」についても，新たな国際的ルールづくりが課題となっています。

　このような状況のなかで，2019年のG20の議長国となった日本は，６月の大阪サミットにおいて「信頼性のある自由なデータ流通」（DFFT: Data Free Flow with Trust）の重要性についての基本的認識の共有を踏まえたWTOでの議論の促進や，電子商取引に関するWTOにおける作業計画の重要性の確認などを通じ，これらの分野での国際的なルールづくりへの貢献に努力しています。

　また，情報技術の革新は，国際金融・通貨の分野でも様々な新たな課題をもたらしています。これまでも，リーマンショックのような，情報技術に支えられ世界中を瞬時にかけめぐるカネの流れが引き起こす連鎖的なリスクの防止は大きな課題でしたが，最近は，仮想通貨のようにデジタル技術を使った新たな決済手段への対応が重要な課題となっています。特に，2019年６月にFacebookが主導して発表した新たな決済手段「リブラ」の構想は，世界規模の潜在的利用者の存在や米ドルなど法定通貨の価値への連動など，規模や概念においてこれまでの仮想通貨とは次元の異なるもので，各国政府やIMFなどの国際機関から，各国の金融政策の無力化や，マネーロンダリング（資金洗浄）の温床となって反社会的組織や国際テロなどに悪用されるリスクについての深刻

な懸念が表明されています。従来の国際通貨・金融体制を揺るがしかねないこの構想については，2019年7月にフランスで開催されたG7財務大臣・中央銀行総裁会議で，今後G7の関連作業部会が金融安定理事会（FSB）などとも連携しつつ対応についてとりまとめる方針が打ち出されるなど，国際的に連携して対応を急ぐ努力が強まっています。

巨大IT企業のビジネスモデルがもたらす課題

　近年国境を越えるデジタル空間で大きな成功をおさめるGAFAのような巨大IT企業のビジネスモデルも，国家の連携を必要とする課題を生み出しています。例えば，国家の運営を支える税の徴収に関し，従来の法人税に関する国際的なルールでは，企業の事務所や工場などの恒久的な施設がある国で課税されることになっていることから，GAFAなどデジタル空間で活動を繰り広げるITプラットフォーマーへの課税が困難となり，製造業など従来のビジネスモデルをとる企業に比較して法人税の負担が少なく不公平で，国家が適正な税収入を得られないことが問題とされる「デジタル課税」への対応が大きな課題となっています。

　国境を越えて活動する多国籍企業の税負担の回避は，従来より大きな問題とされ，日本も貢献してOECD（経済協力開発機構）において国際協調の方針がとりまとめられましたが，「デジタル課税」については，巨大IT企業を抱える米国，そうでない仏独，新興国などそれぞれに立場が異なり，議論のとりまとめには多くの課題が残されています。G20大阪サミットでは，議長国日本の努力もあり，「デジタル課税」に関し2020年の国際合意をめざすOECDの作業計画が承認されました。

　また，巨大IT企業による，膨大なデータの独占や個人情報の収集・利用についての問題意識も高まり，各国で規制強化の動きが強まっています。米国の巨大IT企業の進出に神経をとがらせるEUによる競争法の適用のみならず，米国においても議会や司法当局などが反トラスト法（独禁法）違反の可能性についての調査を開始し，また日本においても独占禁止法の適用が検討されてい

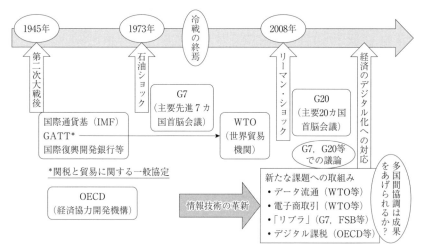

図 3 - 2　経済分野の多国間協調の系譜と新たな課題

出所：筆者作成。

ます。今後，この分野で各国が実際にどのように規制をしていくのかは，巨大
IT 企業のビジネスモデルに大きな影響を与えるとともに，その適用が各国間
の摩擦をうむおそれもあり，各国の国内での規制の動きとともにグローバルな
影響についても注目していく必要があります（図 3 - 2）。

4　幅広い視点をふまえた未来に向けての多国間協調

　情報通信技術の革新は，政治・経済以外の分野でも，国際社会の様々な交
流・活動に多様な影響をあたえています。ポジティブな面としては，インター
ネットや SNS などを通じ，地球上どこでも，異なる分野や国・文化に属する
人とのコミュニュケーションが容易になり，多様な文化に触れる機会が増大し
て相互理解が進んだり，重要な課題についての問題意識のグローバルな共有や
国際的な世論の形成が促されて，国際的な規範の醸成に資することが期待され
ます。他方で，他者の文化や考え方を押しつけられ，自らの文化や伝統が侵食
されたり，自分たちのアイデンティティが脅かされると感じ，排外主義や紛争

を助長するような方向に作用する危険性もあります。

　また，デジタル経済の基盤となるデータの取得・扱いに関する議論において
みられるように，情報技術の革新がもたらす課題への対応には，国や文化によ
って立場の違いうる，個人のプライバシー保護や国家の情報管理への関与とい
った人権や基本的価値にも係わる側面，さらにはAI兵器の活用や人間の評価
へのAIの活用に関する議論にみられるような倫理にも係わる側面があり，文
化や歴史の違いなどにも留意しながら，国際的な議論や連携を進めていくこと
が重要です。

　今日の国際社会では分断の兆候が懸念される一方で，国連のSDGs（持続可
能な開発目標）の盛り上がりにみられるように，グローバルな共通の課題につ
いての認識が共有され，企業や市民社会も含めた幅広い国際社会のアクターの
連携が進展している状況もみられます。2030年にSDGsを達成するためにも，
情報技術のもたらす様々なメリットを上手に活用してグローバルな連携をすす
めていくことが重要です。

　あらゆる分野で国境を越えたつながりが拡大・深化しているこんにち，国際
社会が直面するリスクも国境を越えてつながっています。この章でみたような
情報技術がもたらす新たな課題はいずれも一国で十分な対応ができるものでは
なく，また各国のバラバラの対応が軋轢や新たな問題を生むおそれもあり，各
国が連携して，共通の対応の枠組みやルールづくりに努力する多国間協調の重
要性はますます増大しています。日本としても，日本自身と国際社会全体の平
和と発展を確かなものにするため，これらの課題解決のために積極的に貢献し
ていくことが重要です。

【参考文献】
庄司真理子・宮脇昇・玉井雅隆『新グローバル公共政策（改訂第1版）』晃洋書房，
　2016年。
ナイ，ジョセフ／S., ウェルチ，ジュニア／デイヴィッド，A.（田中明彦・村田晃
　訳）『国際紛争　理論と歴史（原書第10版）』有斐閣，2017年（特に第8章～第10
　章）。

野林健・大柴亮・納屋政嗣・山田敦・長尾悟『国際政治経済学・入門（第3版）』有
　斐閣，2007年。
持永大・村野正泰・土屋大洋『サイバー空間を支配する者　21世紀の国家，組織，個
　人の戦略』日本経済新聞出版社，2018年。
横田洋三監修『入門　国際機構』法律文化社，2016年。

第4章

情報と文学

　情報と文学の関わりとはなんでしょうか。皆さんは，小中高で国語の教科書を読んだり，個人で小説などを読んだ経験があると思います。文字を読むだけの文学と，コンピュータを使ったり数式を解いたりする情報がどのように結びつくのでしょうか。本章では，こうした情報と文学の関わりについて学びます。はじめに，文学研究とは何かについて理解し，そのうえで情報を基にした文学研究とはどのようなものかを学びます。最後に情報を利用した文学研究の具体例に触れることで，情報と文学の関わりについて学んでいきましょう。

1　情報と文学との関わり

　情報と文学の関わりは，文学研究の分野を知ることで理解できます。はじめに，「精読」と「遠読」という言葉をキーワードに，文学研究（精読）とは何かについて学び，そして情報を利用した文学研究（遠読）とは何かについて学ぶことで，情報と文学の接点を探りましょう。ここでは主にイギリス文学，特に19世紀ロマン派の時代と17世紀の文学を扱います。

文学研究とは

　中学校や高校の国語の時間に，小説を読んだ後，小説の本文から登場人物の気持ちや作者の意図などを読み取る学習をしたことでしょう。文学研究もその延長線上にあります。文学研究とは，作品やテクストの解釈を行うことです。

　作品には，大きく分けて詩，戯曲，小説があります。これらの作品を含め，哲学書や交換を目的とした日記，書簡集，手書きの原稿（草稿といいます）など，公刊・未公刊，完結・未完を問わず，著者によって書かれた文章などのことを，テクストといいます。ある作品やテクストがどのような意味を持つのか，言い換えれば，これまでと異なる新しい視点を持ってテクストを読むとき，どのような意味が生まれるか（これを「読み」といいます）を研究することが文学研究の究極的な目標です。

　新しい読みを行うために，当時の時代に戻って，作者の伝記的事実や，哲学や政治，宗教などの思想，信条を深く調べたり，あるいはテクストが書かれた当時の時代背景などの歴史的事実や，他の文学作品といった文学的伝統を調べることもあります。さらには，現代の立場から，エコや現代思想といった新しい視点を取り入れて解釈を行うこともあります。まだ知られていない草稿や書簡を探索し調査することもあります。いずれにしても，文学研究は，われわれがどのように作品を読むことができるかということにつながっていきます。言い換えれば，作者自身の理解や作者を取り巻く時代背景や文学環境を手がかり

に，また現代の視点を通して，新たなテクストの読みを行い，読みの可能性を増やしていくことが文学研究であるといえます。

　現在では，あるテクストに対し1つの定まった解釈というものは想定されず，人はあるテクストをどのようにも読むことができます。言い換えれば，読みの可能性は開かれています。しかしながら，やみくもに好きな読み方をすれば良いというわけではありません。文学研究では，ある読みの可能性を示す際，誰もが納得できるように，根拠を示したり，論理的に読みを行う必要があります。そこで前提とされているのは，今日でも英文学の学習法の規範とされている，精読という手法によるテクスト理解です。精読とは，テクストを細部に至るまで精緻に読み込み，内容を深く理解する読解行為のことです。ゆっくりと時間をかけて，言葉の細部にこだわりながらテクストを吟味し，作品世界の内容を頭のなかに構築し深く理解していくことで，通常の読解では得られない様々な気づきや疑問が生じます。この精読の作業が，伝統的な文学研究で新しい読みを行う際，非常に重要になります。

　ここで，文学研究の1つの例をみてみましょう。19世紀イギリス・ロマン派のある詩人が，17世紀の別の詩人の作品をどのように理解していたかを考えてみます。

　対象とするのは，19世紀イギリス・ロマン派の詩人サミュエル・テイラー・コールリッジと，17世紀の偉大な詩人ジョン・ミルトンの叙事詩『失楽園』（1667年）です。19世紀ロマン派の詩人は，他の詩人と共作したり，時代・地域の異なる様々な作品や思想から影響を受けていたことが知られています。特に，コールリッジは，ミルトンやシェイクスピアといった17世紀の詩人や作品に強い共感を抱いており，大きな影響を受けて詩を書きました。たとえば，ミルトンの『失楽園』などの詩作品を，想像力を用いて表した詩の好例とみなしています。

　『失楽園』は，キリスト教の旧約聖書におけるアダムとイブの楽園追放の逸話を発展させた，人間の堕落と再生を主題とする叙事詩ですが，コールリッジは人間の堕落のほかに，サタンの想像力あふれる描写や，天使ラファエルがア

ダムに警告を与える部分に注目しています。

　そこで，『失楽園』を警告という言葉に着目して読み直してみましょう。警告に当たる言葉は，"warn" "warning" "caution" "forewarn" などです。これらの言葉を，ミルトンのコンコーダンス（特定の作家や作品についての用語索引）を用いて調べてみると，全部で31カ所みつかり，作品全体を通して使われていることがわかります。内容的に，実質的な警告が行われるのは，『失楽園』第五巻と第六巻のラファエルとアダムの対話の場面です。通常，この対話の場面は，人間に対し自由意志を認めている場面として読まれています。

　楽園に住む人間を堕落させようとサタンがエデンの園に近づいているなか，キリスト教の神は人間に警告を与えるようラファエルに命じます。ラファエルはアダムのもとに行き，食事をしながら語らううちに，「もし人間が従順であれば」（Milton 1957：314，第五巻501行）天使と同等になれると，神に対し愛を保ち続けることの重要性を説いて警告を与えます。アダムはなぜ自分に警告がなされたか理解できず，説明を求めます。そこでラファエルは，明確に警告を与えます。

　　注意して聞くのだ。おまえが幸福であるのは，神のおかげである。
　　おまえがそうした幸福を続けられるのは，おまえにかかっている。
　　すなわち，おまえの服従にかかっている。服従を保ち続けるのだ。
　　これがお前に与えた警告であった。忠告をよく聞くのだ。

　　　　　　　　　　　　　　　　　　　　（Milton 1957：314，第五巻520-523行）

　ここでラファエルは，これまでの礼節や気遣い，言葉を尽くしたこまやかな語り口を変え，唐突に非常に短い言葉を用いて，何が重要であり，何をなすべきかという重要事項のみを効果的にアダムに伝えています。その後，天上の神とサタンの戦闘の様子を語り，恐怖と畏怖の念をアダムに与えて警告を確かなものとします。

　こうして，警告という言葉に着目して『失楽園』を読み解くと，ラファエル

とアダムの対話は，自由意志を認める場面ではなく，非常に政治的な対話の構造が展開される詩行として読むことができます。この同じ対話の構造を用いて，コールリッジは後に『諸国民の運命』という政治詩を書いています。コールリッジは，社会の不公平さを民衆に伝え社会改革を導くという啓蒙にも力を注いでいた人物でした。だからこそ，『失楽園』のラファエルとアダムの対話を，政治的対話として読んでいたのでしょう。

　さて，駆け足ながら，精読を行ってテクストを分析する文学研究の例をみました。テクストを読み込み，内容に踏み込んだうえで，解釈を行うのが文学研究の基本です。

情報を基にした文学研究とは

　一方，情報を用いて文学研究を行う場合，内容に踏み込むのでなく，テクストの全体や，記号としての価値，あるいは周辺情報を用いて，テクストを計算したり図表に表したりして分析を行います。これをフランコ・モレッティという学者の用語で「遠読」といいます。現在では，人文情報学やデジタル・ヒューマニティーズと呼ばれています。

　テクストを深く理解して分析する文学研究と違い，情報を用いた文学研究で行うことは，テクストを総体としてとらえ，ある規則性を見出すことです。いわばテクストを上から俯瞰し，全体を見渡した時に初めて見えてくる方向性のようなものを見出す研究といえます。方法としては，テクストや周辺情報の何らかの要素の数を数えること，もしくは図表に表すことで新しい知見を得ることです。なおデータを様々な図表やイメージで表して人間が直感的に理解できるようにすることを，データ可視化といいます。

　情報を用いた文学研究がなしうる研究は，大きく分けて次の3つになるでしょう。

- デジタル資料を拡充する
- 伝統的な文学研究に新しい視点を提供する

表4-1　情報を使用した研究活動の分類

1　記　録	4　分　析	7　公　開
変　換	内容分析	協働作業
データ認識	ネットワーク分析	コメント付与
探　索	リレーショナル分析	コミュニケーション
収　集	空間分析	クラウドソーシング
図像化	構造分析	公　刊
音声映像記録	文体分析	シェアリング
転　写	可視化	
2　創　造	5　解　釈	0　メタ活動
デザイン	文脈化	評　価
プログラミング	モデル化	コミュニティ形成
ウェブ開発	理論化	概要提供
執　筆		プロジェクト管理
		教育・学習
3　情報追加	6　保　管	
注釈付け	データ保管	
品質向上	探索情報付与	
編　集	整　理	
	データ保全	

出所：*Digital Humanities*（2016：157：tadirah.dariah.eu）

・デジタル上でしかなしえない全く新しい研究分野を開拓する

（*Digital Humanities* 2016：154）

　情報を用いた文学研究の研究活動の種類は，DARIAH（人文デジタル研究イン
フラ整備）と呼ばれるプロジェクトのまとめた分類によると，表4-1のように
なります。

　ここで，それぞれの分類の中身を確認してみましょう。1「記録」と3「情
報追加」は，草稿や原画や音声記録などをデジタル化したり，注釈を加えたり
する研究活動です。たとえば，京都大学古地震研究会他が主催する『みんなで
翻刻』（honkoku.org）というサイトでは，震災に関連する古文書の転写（翻刻）
を，一般参加可能な形で公開しています。登録者はだれでも，古文書を校訂し
デジタル資料化するプロジェクトに参加できます。こうしてできたデジタル資

図4-1　HathiTrust Digital Library の例

出所：babel.hathitrust.org

料を，6「保管」でアーカイブ化して保存します。また2「創造」は，データ
をはじめからデジタル資料として作る研究活動です。4「分析」と5「解釈」
は，デジタル資料を様々な方法を用いて分析したり可視化したりし，人間の解
釈を加える研究活動です。そしてその成果を公開する研究活動が7「公開」に
あたります。

　たとえば，情報と文学のかかわりを示すものとして，1「記録」，3「情報
追加」，6「保管」にあたる電子書籍コレクションを例としてみてみましょう。
近年，過去に公刊された書籍を電子化してアクセス可能にする電子図書館や電
子書籍データベースが増えてきました。古くは Project Gutenberg（www.
gutenberg.org），現在では100万冊の収蔵数がある Google Books（books.google.
co.jp）や1億冊を超える収蔵数を誇る HathiTrust Digital Library（www.hathi-
trust.org）が有名です。図4-1は，英米圏で多くの詩の愛好家が愛読してきた
『黄金詞華集』の初版本（1861年）を，HathiTrust Digital Library で検索した
例です。

　みなさんの所属する図書館がパートナーシップ契約を結んでいれば全文ダウ

ンロードできますが，そうでない場合はウェブブラウザ上で1ページごとの閲覧ができます。

こうした電子書籍データベースは数多くありますので，調べてみるとよいでしょう。図書館などで利用することのできるクローズドなデータベースの例を以下にあげておきます。

- 国立国会図書館デジタルコレクション
- 東洋文庫
- Cambridge Books Online
- Chadwyck-Healey Literature Collections
- Ebook Central, Editions and Adaptations of Shakespeare
- Eighteenth Century Collections Online（ECCO）
- Literature Online（LION）
- Nineteenth Century Collections Online（NCCO）
- Oxford Handbooks Online（OHO）

次に，4「分析」と5「解釈」の分類項目をみると，ネットワーク分析，空間分析，可視化，モデル化など，伝統的な文学研究では見慣れない用語があるのに気づきます。これらは，情報や社会学の分野ではよくみられる分析ですが，数式やコンピュータ処理を必要とするため，精読による内容理解を基本とする伝統的な文学研究にはなかった方法です。

言い換えれば，情報を用いた文学研究は，好むと好まざるとにかかわらず，学際的な性格を帯びることになります。コンピューターサイエンス，数学，言語学，社会学，統計，プログラミングといった分野の知識が必要になります。研究者が個人で異なる分野の研究方法を学んで取り入れることもあれば，各分野の専門の研究者が集まって1つの学際的な研究を行うこともあります。

文学に関連するデータをデジタル化して，テクストや周辺情報を計算したりデータ可視化するのが，情報を利用した文学研究でした。次節では，4「分

析」，5「解釈」にあたる，情報を利用した文学研究の例をいくつかみてみましょう。

2　情報を利用した文学研究の例

先に，情報を利用した文学研究の種類には，伝統的な文学研究に新しい視点を提供する研究と，デジタル上で生じる新しい研究があることを述べました。また研究の方法には，テクストや関連情報についての何らかの数を数える方法と，データ可視化する方法があることを述べました。そこで，研究の種類と方法を押さえたうえで，情報がどういった文学研究に応用されているかみていきましょう。

テクスト分析研究

まず，伝統的な文学研究に新しい視点を提供する研究をみてみます。情報を利用した文学研究におけるテクスト分析研究では，言語学的な語句の並びに注目し，テクストの単語の出現頻度の割合を距離として計算する方法，すなわちテクストの単語の数を数える方法がよくみられます。たとえば，パイパーとアルジーヒュイット（Piper & Algee-Hewitt 2014）は，ゲーテの全著作を分析し，各作品のテクストから内容語の最頻出語句を抽出し，出現頻度の割合をもとに作品間の距離を計算して，作品間の類似性を計算しました。そして作品で使われる言葉が近いほど近くに配置されるという図にして表したのです。そこでわかったのは，ゲーテの初期の作品と後期の作品に，言語的に一貫した連続性がみられることでした。初めのころに書いた作品は，後々まで影響を与えていたのです。

さて，ここでツールを用いて伝統的な文学研究に新しい視点を提供する分析を試みてみましょう。前節で，伝統的な文学研究の例として，17世紀の詩人ミルトンの『失楽園』を，警告という単語に着目して読み解く例をみました。そこでは，コンコーダンスと呼ばれる辞書を使用して『失楽園』のどこの個所に

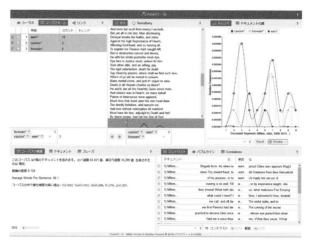

図4-2　VoyantTools による『失楽園』の分析例

出所：voyant-tools.org

各単語が現れるかを調べました。これをコンピュータのツールを用いて検索してみます。

　使用するツールは，Voyant ツール（voyant-tools.org）というウェブ上のテクスト分析ツールです。こちらに，チャドウィック・ヒーリー文庫（collections. chadwyck.co.uk）から入手した『失楽園』のテクストをデータとして取り込ませ，警告（"warn""warning""caution""forewarn"）の各単語を検索します。図4-2はその分析結果画面です。

　画面には，検索単語の出現数，テクスト中の位置，テクスト全体における出現数を示すヒストグラムなどが表示されます。ヒストグラムをみると，おもしろい結果をみることができます。『失楽園』のテクスト全体のうち，"caution"という単語は中央部分に出てきて，1つの山を作ります。具体的には，ラファエルとアダムの対話の場面の第五巻です。その中央部分を囲むように，"warn"や"warning"の語句が頻出し，"cauton"の山の両脇に2つの山を作ります。

　通常の詩であれば，単なる偶然といえるかもしれません。しかしながら，

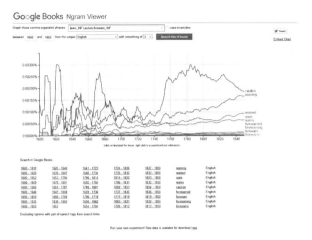

図4-3　Google Ngram Viewer の例
出所：books.google.com/ngrams

『失楽園』は数秘学ともいえる数のシンメトリーや数字上の遊びが随所にみられることで知られています。たとえば，『失楽園』の始めと終わりの第一巻，第二巻と第十一巻，第十二巻はサタンとアダムの堕落の世界を描いており，第九巻の999行はアダムの堕落の個所になっています。

　ミルトンは，詩における重要な出来事に，あえて思わせぶりな数をあてているのかもしれません。そうだとすれば，警告の語句 "warn" と "caution" も，『失楽園』で特別な意味を持っているかもしれません。

　なお，警告を意味する "warn" や "caution" といった言葉は，もしかすると『失楽園』が書かれた当時ありふれた言葉だったかもしれません。このようなことを知りたい場合，ある単語が各時代でどの程度使われていたかについて，Google Ngram Viewer（books.google.com/ngrams）を使って調べることができます。Google Ngram Viewer は，Google Books に所蔵された100万点の書籍をデータベースとして，単語の出現頻度をグラフ化してくれるサイトです。図4-3は，その分析結果の画面です。

　17世紀は出現頻度にばらつきはありますが，18世紀になると落ち着き，19世紀にまた少しずつ増えていっていることがわかります。"caution" については，

ちょうど『失楽園』の出版時期である1667年ごろに，急に増えたホットな語句であったことがわかります。これを起点に様々な歴史的背景を調べないと確かなことは言えませんが，警告はもしかすると政治的な文脈で使われる語句だったのかもしれません。そうだとすると，19世紀のコールリッジが17世紀の『失楽園』を警告の物語として政治的に読んだ可能性が高まるでしょう。

　警告の語句に関する以上の2つの分析は，コンピュータでツールを用いて分析を行うことで初めてみえてくる分析結果の1つの例といえます。情報を利用した文学研究は，このような形で伝統的な文学研究に新しい視点を提供できます。

関連情報の分析研究

　次に，デジタル上で生じる新しい研究の例をみてみます。関連情報を分析する研究にそうした例が多いでしょう。ここでは，ネットワーク分析というデータ可視化による研究を取り上げます。たとえば，ソーとロング（So and Long 2013）は，アメリカ，日本，中国の20世紀前半のモダニズムの時代の詩人と出版誌の関係を，ネットワーク分析で可視化して調べました。詩人と文芸詩を，掲載された詩の数を重みとして結びつけたのです。ネットワーク分析による図から分かったことは，詩人と文芸誌の関係は国ごとに異なる事情にあるということと，異なるネットワークを結びつける人物がいるということでした。アメリカでは1つの文芸誌が主流であり，その他に多作の詩人を中心としたネットワークがあります。日本では2種類の文芸誌が詩人を結びつけます。中国では文芸誌と詩人の間によそ者を入れない派閥のようなグループができあがっています。そのなかに，1つのグループと別のグループを結びつける詩人がいると結論づけています。互いの関連を示すネットワーク図を用いることで，初めてみえてくる詩人と文芸誌の社会関係だといえるでしょう。

　ここで再びツールを用いて，デジタル上で生じる新しい分析を試みてみましょう。前節で『失楽園』を警告という単語に着目して読みましたが，その意図は19世紀のロマン派詩人コールリッジの『失楽園』の理解を知り，コールリッ

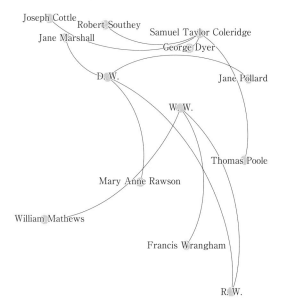

図4-4　ロマン派詩人の書簡のネットワーク分析例（1795年）
出所：筆者作成。

ジに与えた影響を調べるためでした。コールリッジは，『失楽園』のラファエ
ルとアダムの対話の構造と同じ構造を用いた政治的な詩を作っています。

　ところで，その政治的な詩を作ったとき，コールリッジの交友関係はどのよ
うなものだったでしょうか。このことについて，書簡集を手掛かりに，『失楽
園』に影響を受けた詩を書いた時期のコールリッジの交友関係をネットワーク
分析してみます。

　最終的には『諸国民の運命』という詩に仕立てましたが，コールリッジが最
初に書いた詩は「ジャンヌダルク」（1795年）と呼ばれる詩の断片です。ロバー
ト・サウジーとの共作で書いたとされています。図4-4は，コールリッジ及
びコールリッジと交友関係の深かったワーズワス（W. W.）の2人の書簡集を
データベースとして，1795年の書簡のやりとりをネットワーク化した図です。

　この図から分かることは，1795年の詩人として出発したばかりの若き日のコ
ールリッジは，ジョセフ・コトルやトマス・プールといった出版社や自分の面

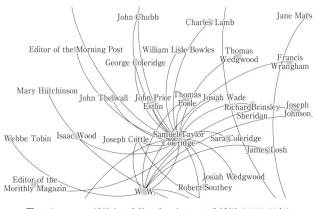

図4-5 ロマン派詩人の書簡のネットワーク分析例（1797-98年）
出所：筆者作成。

倒をみてくれる人を除けば，サウジーやジョージ・ダイアーといった社会改革
を目指す急進的な人物と親交が深かったということです。また書簡を送る相手
の種類も少ないのですが，これは書簡が残っていないだけかもしれません。な
おワーズワスとは1795年9月に初めて出会っていますが，1795年はまだ書簡の
やり取りをしていないようです。

　コールリッジが詩人としての名声を確立し，数多くのすぐれた詩を書いた
「驚異の年」と呼ばれる1797-98年の書簡のやり取りをみてみましょう。図4-
5は，わずか2年後の1797-98年のコールリッジとワーズワスの書簡のネット
ワーク図です。

　1797-98年のネットワーク図からは，コールリッジが書簡をやり取りする相
手が随分と増えていることがわかります。またワーズワスとの書簡のやり取り
があり，ワーズワスと共通の知り合いの数も増えています。1795年には政治的
な人物だけとのやり取りであったのが，1797-98年には，様々な人物との交流
がみられ，交友の幅が広がったことがみて取れます。

　書簡は破棄される可能性が高いため，書簡の研究は，これだけで客観的な結
果ということはできません。ただし，ある程度の方向性をいうことができると
すれば，『失楽園』に影響を受けた詩を書いていたころのコールリッジは，政

治的な急進主義の立場の人物との交友が多かったということができるでしょう。

このように，ネットワーク図を分析することで，デジタル上で生じる新しい研究の可能性が生じることを確認できたかと思います。

作者同定研究

その他に，よく行われる情報を使用した文学研究として，作者同定研究があります。シェイクスピア作といわれている戯曲が本当にシェイクスピアの筆になるものかを調べる研究などが歴史もあり有名でしょう。作者同定研究は，文体論研究にあたり，ある著者の書き方の癖を言語学的，数学的にとらえて，作品を比較または分類することで，その作者の真筆かどうかを調べます。ある著者の書き方の癖は，英語の場合，機能語（a, the, in, at, of, 助動詞の do など）に着目することが主流です。たとえば，セガッラ他（Segarra, et al. 2016）のシェイクスピアの作者同定研究では，戯曲『ヘンリー六世』について，機能語同士のつながり方を出現頻度の割合からなるネットワークとして得て，このネットワークをその著者に固有の文体，すなわち書き方の癖とみなします。いったん，ある著者の機能語同士のつながり方をネットワークのデータとして完成させたら，今度は真贋を調べたい作品について同様の機能語のネットワークを作り，両者を計算により比較させます。両者の差が小さいほど，書き方の癖が似ている，すなわち同一作者の筆になる可能性が高いとみなして作者同定を行っています。結果として，シェイクスピアの可能性が高い幕・場とマーロウ作の可能性が高い幕・場を示しています。

作者同定研究は，テクストを読み込み，言語学的側面に着目して同定するやり方，言語学的側面を統計により確率で示すやり方，ネットワーク理論やクラスタ分析を用いて計算するやり方，あるいは機械学習を用いて分類または予測して判定するやり方があるでしょう。多くの場合，確率と統計の知識が必要となります。

3　文学研究の新たなる地平へ

　本章では，情報と文学の関わりについて，文学研究と情報を基にした文学研究について学び，情報を利用した文学研究の具体例をみました。

　文学研究とは，精読を主とし，テクストの内容を深く理解して，新たな読みを試みるものでした。また情報を利用した文学研究とは，遠読という言葉が暗に示すように，テクストや周辺情報を，計算したり可視化して分析を行い，テクスト全体に表れる規則性や方向性を見出すものでした。研究の種類として，伝統的な文学研究に新しい視点を提供する研究と，デジタル上で生じる新しい研究，およびデジタル資料の拡充があり，方法として，テクストや関連情報の数を数える方法と，データ可視化する方法があることをみました。それぞれの研究の具体例として，テクスト分析研究，関連情報の分析研究，作者同定研究をみました。

　一見関係のなさそうな情報と文学の間に，様々な文学活動や文学研究の試みのあることがみてとれたかと思います。情報を利用することで，文学研究の幅は大きく広がったのです。

【参考文献】

バーディック，アン／ドラッカー，ヨハン／ルネンフェルド，ピーター／プレスナー，トッド／シュナップ，ジェフリー（中川友喜・長野壮一・柏達己・原木万紀子・鈴木親彦・王一凡訳）『デジタル・ヒューマニティーズ入門』（Digital Humanities notes in Japan）2013年（https://www.dhii.jp/nagasaki/blog/sg2dh）。

バリー，ピーター（高橋和久監訳）『文学理論講義』ミネルヴァ書房，2014年。

モレッティ，フランコ（秋草俊一郎・今井亮一・落合一樹・高橋知之訳）『遠読――〈世界文学システム〉への挑戦』みすず書房，2016年。

A New Companion to Digital Humanities, eds. by Susan Schreibman, Ray Siemens, and John Unsworth. Wiley Blackwell, 2016.

Milton, John. *Complete Poems and Major Prose,* ed. by Merritt Y. Hughes. The Odyssey Press, 1957.

Piper, Andrew and Mark Algee-Hewitt. "The Werther Effect I: Goethe, Object-hood, and the Handling of Knowledge." *Distant Readings: Topologies of German Culture in the Long Nineteenth Century,* eds. by Matt Erlin and Lynn Tatlock. Camden House, 2014, pp. 155-184.

Segarra, Santiago, Mark Eisen, Gabriel Egan, and Alejandro Ribeiro. "Attributing the Authorship of the Henry VI Plays by Word Adjacency." *Shakespeare Quarterly,* vol. 67, no. 2, Summer 2016, pp. 232-256.

So, Richard Jean and Hoyt Long. "Network Analysis and the Sociology of Modernism." *Boundary 2,* 40: 2, 2013, pp. 147-182.

第5章

情報と教育

　情報技術の発展は既存の教育を大きく変える可能性があります。これまでの黒板や紙の配布物に代わり，電子黒板，PC，タブレットを使った授業が行われつつあります。またインターネットの普及により，これまで教室内で行われていた授業を遠隔地から，自分の都合のいい時間に学ぶことが可能になっています。このような技術を教育に取り組んでいく EdTech（Education×Technology）の試みは教育の現場でも今後，多くの影響を与えると言われています。情報技術の発展は世界中の人々と繋がることを可能にして，グローバル化の進展に繋がっています。情報技術の発展によるグローバル化の加速は英語教育にも影響を与えています。また情報技術の進化はタブレット，オンライン，アプリケーションなどを使う英語学習・英語教育を可能にして，英語の学び方にも多くの影響を与える可能性があります。本章ではこれまでの教育について振り返りながら，情報技術の進化が未来の教育に与える影響について考えていきます。

1　情報化がもたらす未来の教育

　最近，教育に Technology の力を活かした EdTech（Education×Technology）の話題を多く耳にするようになりました。日本でも経済産業省が「未来の教室」という EdTech を積極的に教育に取り入れていく活動を推進しています。これまでの教育を大きく変革する可能性のある EdTech について，まずは世界でどのようなことが進められているか見ていきましょう。

世界での EdTech の動きと影響

　これまで，学びの場所は「教室」であり，授業は教室で行われるものであるという概念が浸透していました。しかし，情報技術の発展によって学びの場所だけでなく，学び方も大きく変容しつつあります。たとえば，現在，オンラインで大学の講義を受講することが可能になっています。利点としてはインターネットを使う環境があれば，「教室」以外の好きな場所で都合のいい時間に学習ができることがあげられます。MOOC（Massive Open Online Course）というサービスを利用すれば，日本にいながら，欧米の一流大学の講義をオンラインで受けることができます。代表的な MOOC にはハーバード大学やマサチューセッツ工科大学（MIT）の 2 校が開発に携わり，現在ではアメリカだけでなく，ヨーロッパ，アジアの多くの大学が加盟して，多分野の多くの授業を無償で提供している edx（エディクス）があります。さらにマーケティング，開発，IT＆ソフトウェアなど様々なトピックから多くの講座を選ぶことができる Udemy（ユーデミー）やスタンフォード大学のコンピュータサイエンスの教授 Andrew Ng と Daphne Koller によって創立され Coursera（コーセラ）があります。Coursera では大学だけでなく Google などの企業が提供する講座を選ぶことができます。Salman Khan が設立したカーンアカデミーには小学生から大人までが利用できる数学，物理，科学，経済，金融，歴史，美術など様々な講座があります。現在，MOOC によるオンラインコースは多岐に渡っていま

すが，なぜこのような広がりを見せているのでしょうか。edx の創始者で，MIT の教授である Anant Agarwal は "Why massive open online courses (still) matter"（MOOC オンラインはなぜ今なお重要であるのか？）というタイトルの TED Talk で，MOOC の重要性について次のように述べています。

- アクティブラーニング――講義を受動的に受講する代わりに，学生は短いビデオを観て，教員からの質問に答える対話式のより能動的な授業に変えることが可能。
- 自分のペースで学習――オンラインで行われる学習ではビデオを停止したり，巻き戻したりしながら自分のペースで学ぶことが可能。
- 瞬時のフィードバック――コンピュータにより課題を採点にすることにより，瞬時にフィードバックを得ることが可能。
- ゲーミフィケーション――オンラインラボを構築する際にゲーム的学習を応用することによって学生の興味を引くことが可能。
- 仲間同士の学習――オンライン上のディスカッションフォーラムなどにより学生同士の学び合いが可能。

　上に挙げたアクティブラーニング，自分のペースで学習，瞬時のフィードバック，仲間同士の学習の促進を可能にした新しいスタイルの大学も注目を集めています。シリコンバレーに拠点を置くミネルバ大学では学びの場所であるキャンパスはなく，学生はオンライン上で授業を受けます。アクティブラーニングを促進するために採用されたアクティブ・ラーニング・フォーラムという独自のプラットフォームでは学生は教員だけでなく，一緒に受講している学生全員の顔を見ながら，その場で積極的に意見を論理的に述べることが求められています。またオンライン授業中に集められた学生の意見も瞬時に共有され，グラフで可視化されます。またこのプラットフォームを利用すると授業終了後，学生は教授から即座にフィードバックをもらうことが可能です。

　情報技術の発展は MOOC やミネルバ大学の例にように学び方を変え，場所

を選ばずに学ぶことを可能にしています。実際に教室での授業をなんらかの理由で受けることができない人にも学びの機会を提供できます。最近では大手 IT プラットフォーマーの Google も教育に積極的に関わるようになってきています。たとえば Google for Education というブラウザ上で提供されるサービスには G Suite for Education と Google Classroom があります。G suite for Education ではメールサービスの Gmail，クラウド上でのデータ保存のための Google Drive，時間およびスケジュール管理用の Google Calendar，オンラインアンケートやクイズを作成，集計するツールの Google Forms などがあり，生徒の主体性や教師の授業や公務の効率化に繋がることが期待されています。Google Classroom は教材と課題を管理，整理できるプラットフォームでグループ学習の推進に役立つことが期待されています。実際に Constantinou (2018) の研究によると使用者である学生は G Suite for Education を使いやすさと効率の観点から，非常に肯定的に捉えています。今後，EdTech の分野では VR（Virtual Reality 仮想現実）や AR（Augmented Reality 拡張現実）の技術を使った学習や，AI 技術を使ったアプリケーションによる学習などの様々な最新技術の発展により，学びの未来は大きく変わる可能性があります。

日本の EdTech の動きと影響

　海外で浸透している無料オンライン講座の MOOC を紹介しましたが，日本でも JMOOC（ジェイムーク）という無料で学べる日本最大のオンライン大学講座を提供するサービスがあります。東京大学や早稲田大学，また企業が提供する JMOOC，また先ほど MOOC の例としてあげた Udemy（ユーデミー）や Coursera（コーセラ）は日本でもサービスが提供されていますので，英語で提供されている講座を日本語で学ぶことができます。小学校，中学校，高校，大学受験に必要な教科をオンライン授業で学べるスタディサプリやインターネットを通じてゲーム感覚で学ぶことができるデジタル教材のすらら，子供たち 1 人 1 人の得意・不得意を分析し，解くべき問題へと誘導する AI 型タブレット教材の Qubena（キュビナ）など現在，学習者向けに EdTech の様々なサービ

図5‐1　教育現場でICT環境を基盤とした先端技術・教育ビックデータを活用することの
　　　　意義

出所：文部科学省（2019）。

スが展開されています。

　経済産業省は2018年6月に「未来の教室」とEdTech研究会の第一次提言の発表を行いました。第一次提言ではEdTechは教育の情報化を超えて，教育現場でのICT活用にとどまらずに，学び方そのものも変え，「学習者中心」の未来をもたらしうると述べています。2019年6月に発表された第二次提言では具体的にEdTechが導入された例として，AI型ドリルを用いて数学の知識習得を効率的に行い，習得した学びを応用してドローンやプログラミング操るSTEAMワークショップを中学で行った例や，オンラインライティング添削サービスを高校で導入した例などが紹介されています。

　同様に文部科学省も2019年6月に発表した「新時代の学びを支える先端技術活用推進方策」（最終まとめ）で，Society5.0（超スマート社会）に必要な新しい学び方を推進しています。図5‐1では「学びにおける時間・距離などの制約を払う」「個別に最適で効果的な学びや支援」「公務の効率化」「学びの知見の共有や生成」などICTを基盤とした先端技術や教育ビッグデータを効果的に

活用することの意義がまとめられています。

　EdTech を推進するためには生徒が 1 人 1 台の PC を持つことが不可欠ですが，経済産業省の第二次提言では，2022年までに 3 クラスに 1 クラス分の PC 配備にとどまり，日本の教育現場での EdTech 普及に関する問題点も指摘されています。しかし，直近では安倍首相が学校には PC 1 人 1 台が当然であるとの見解を述べたこともあり，早期に 1 人 1 台の PC が実現する可能性も高まってきました。EdTech の分野はアメリカだけでなく，現在，中国でも急速に拡大しています。中国では教育スタートアップの投資が大きく伸びていて，世界の教育ユニコーン12社のうち中国企業が 8 社を占めています。背景には中国の IT 大手企業による出資，中国の教育熱の高さがあります（日経新聞 2019年11月16日）。情報化が進むグローバル化社会で，日本が生き残るためには，まずは教育の現場での ICT 環境設備を充実させることが緊急の課題と言えましょう。

EdTech が教育に与える効果

　EdTech を活用することによって教育に様々な効果をもたらすことができると言われています。MOOC の例であげたアクティブラーニング以外にも，EdTech の活用によりフリップドラーニング（反転授業）を可能にします。たとえば先ほど紹介したミネルバ大学では授業中に積極的に議論に参加するために学生は事前に課題に取り組むことが求められています。今までのような講義を受けて，その後復習として宿題が提出される形態でなくて，事前に授業内容を学び，それをもとに議論ベースで授業が進められるいわゆる反転授業が可能となっています。また EdTech はアクティブラーニング，反転授業を促進するだけでなく，アダプティブラーニングも可能にします。例えば AI 技術を活用したビッグデータをもとに，学生の得手不得手を瞬時に判断して，学生のレベルにあった学習を提供することを可能にしています。EdTech を活用することによって，1 人 1 人に適応した（アダプティブな）学習を提供することが可能となります。

　さらにもう 1 点，EdTech は学びの効率化を促進することができます。さきほど例にあげた Google Classroom のような Learning Management System

（学習管理システム）は個々の学生の学習状況を管理し，学習の効率化を促すことができると言われています。中央大学では教員と学生は Manaba というオンライン上の学習管理システムを使っていますが，レポートの相互閲覧・個別指導，学生同士のプロジェクト学習，教員から学生へのフィードバックの提供など多くの機能を1つの学習管理システムで行うことが可能です。また Manaba 上に提出した課題は学生のポートフォリオに蓄積されますが，そのことにより学生自身も学びを管理することが可能となっています。

2　英語教育の変遷

　情報技術の発展によるグローバル化が加速していますが，グローバル化の加速は英語教育にも影響を与えています。ここではこれまでの英語教育を振り返りながら，今後の英語教育が進む方向について考えていきたいと思います。

文法訳読中心の英語教育とその背景

　もともと，文法を中心に学ぶラテン語教育に由来する Grammar Translation Method（文法訳読式）というアプローチが英語教育では幅広く取り入れられていました。Grammar Translation Method では言語学習の目的はその言語で書かれた文献を読むために言語を学ぶこと，外国語学習から得られる精神的発達の恩恵を受けることにあると言われています。Grammar Translation Method では読み書きが中心であり，話したり聞いたりすることには重点が置かれていませんでした。

　日本では，明治初期には欧州文明の知識を取り入れるために，外国人を招聘して直接教授法でドイツ語やフランス語同様に英語も学ばれてきましたが，招聘された外国人が帰国後，外国語は日本人による日本語による文法訳読法で学ばれるようになりました。文法訳読法は日本の受験英語，英語教育にも長い間，多くの影響を与えています。日本で英語教育改革が進まない1つの要因として，受験英語に備えての文法訳読式の浸透が挙げられています。

コミュニケーション重視の英語教育とその背景

　1950年代になると，行動主義心理学に基づく Audiolingual Method（オーディオリンガルメソッド）が広まりました。読み書き中心だった Grammar Translation Method から言語は書き言葉から学ぶよりも話し言葉から学んだ方が効果的だという考えに基づいていました。Audiolingual Method では刺激と反応の反復による脳の働きの習慣化を利用して，英語の語や文法を正確に模倣し，反復し，記憶して，文のパターンを繰り返し練習するパタン・プラクティスが中心でした。その後，英語をコミュニケーションとして学ぶ Communicative Language Teaching（コミュニカティブ・ランゲージ・ティーチング）の動きが広まりました。Communicative Language Teaching では言語構造の理解に重きが置かれるのではなく，コミュニケーション力を伸ばすことを重視しています。Communicative Language Teaching では実際の生活のなかでの行動を基礎にして言語を学び，教室内では生活のなかで実際に起きる言語行動を模倣して，グループワークやペアワークを通して対話や議論することによって，教室で行われる言語学習を教室外での実際の言語活動に繋げることを目標とします。表 5-1 では Grammar Translation Method, Audiolingual Method, Communicative Language Teaching の大きな違いをまとめてあります。

　Communicative Language Teaching では Communicative Competence の習得を目標としています。たとえば A さんが "Have you seen my cellphone?" と B さんに言いました。それに対して B さんが "Yes, I have." と答えたとします。もちろん，B さんの答えは文法的には正しいです。しかし，A さんは「私の携帯電話を見た？」と尋ねながら，自分の携帯電話を探している可能性があります。その場合には A さんは具体的にどこに携帯電話があったかを知りたいのです。この例のように文法的には正しくても，実際のコミュニケーションでは適切でないことがあります。英語をコミュニケーションのツールとして使うためには，文法的に正しく言語を使う能力（Grammatical Competence）だけでなく，社会的ルールを理解した上で，適切に言語の選択ができる能力（Sociolinguistic Competence），状況によって適切な言語表現を使える能力（Dis-

表5-1　英語教育の大きな変遷

Grammar Translation Method	Audiolingual Method	Communicative Language Teaching
• 読み書きが中心 • 文法教育が中心 • 訳読を重視 • 母語による指導	• 話し言葉から学ぶ • 習慣形成による言語学習 • 言語の構造，音中心に学ぶ • ネーティブの発音を追求 • 母語の使用禁止	• コミュニケーションを学ぶ • Communicative Competence の習得がゴール • 母語の使用が適切な場合は可能

出所：筆者作成。
参考：Brown（2000）.

course Competence），コミュニケーションをより円滑に進める際に必要とされる能力（Strategic Competence）が必要だと言われています（Canale & Swain, 1980）。

　上記の Grammar Translation Method, Audiolingual Method, Communicative Language Teaching は日本の英語教育にも影響を与えています。またグローバル化の進展とともにコミュケーションのための英語力を習得する必要性が強調されています。次項では英語教育の目標が学習指導要領ではどのように変遷してきたかを確認しましょう。

学習指導要領に見る英語教育の変遷

　文部科学省では日本のどの地域で教育を受けても一定の水準の教育を受けることができるように教育課程を編成する際の基準を設けています。その基準が明記されたものを学習指導要領といいます。学習指導要領のなかには外国語教育についての記載があり，英語教育に関してもその個所を参照して，教科書改訂や授業設計が行われます。

　最近では2018年に高等学校学習指導要領の改訂版が告知されました。実際に施行されるのは2022年度からの予定です。1978年に告知された学習指導要領の外国語の目標は「外国語を理解し，外国語で表現する能力を養うとともに言語に対する関心を深め，外国の人々の生活やものの見方などについて理解を得させる。」とありましたが，1989年以降に告知された学習指導要領の外国語の目

標は「外国語を理解し，外国語で表現する能力を養い，外国語で積極的にコミュニケーションを図ろうとする態度を育てるとともに，言語や文化に対する関心を深め，国際理解を深める。」とあり，コミュケーション力の育成が重視されています。以降，1998年，2009年，2018年に告知された学習指導要領でも，外国語を学ぶ目的としてコミュケーション力の育成が強調されています。

大きな変更点は，2009年と2018年に告知された学習指導要領では，「英語に関する各科目については，その特質にかんがみ，生徒が英語に触れる機会を充実するとともに，授業を実際のコミュニケーションの場面とするため，授業は英語で行うことを基本とする。」と明記されている点です。文部科学省は授業を英語で行うことによって，生徒の英語コミュニケーション力のさらなる育成を目指しています。また情報に関しても1989年に告知された学習指導要領以降には「情報通信ネットワークなどを（適宜）指導に生かしたりすること。」と外国語学習での情報通信ネットワークの活用が明記されるようになりました。

3　情報化社会における英語の役割

世界共通言語としての英語

近年，グローバル化が進むなかで，世界共通言語としての英語の必要性がますます高まっています。現在では英語は英語母語話者同士の会話，英語母語話者との会話だけでなく，英語非母語話者同士の会話のツールとして使われています。Graddol（1997）は日本のように英語が外国語学習として学ばれているExpanding Circle の国々でも，英語は国内でまた海外でコミュニケーションをするためのツールとして必要であると述べています。

現在では日本でも，ビジネス業界の楽天やユニクロの英語公用語政策を一例として，グローバル化に向けて英語の必要性がますます高まっているのは皆さんもご存知だと思います。Smith（1976）は英語を国際的に最も頻繁に使用される言語，異国の人々の間のコミュニケーションのために使用される言語，また外国人と文化の説明や議論するために使用される国際言語であると定義して

います。このように異文化理解のための重要な国際言語としての英語の必要性がますます高まってきています。

グローバル化時代に必要とされる英語力

現在，世界で言語シラバスとカリキュラム，教材のデザイン，外国語能力の評価として幅広く活用されているヨーロッパ言語共通参照枠（CEFR: The Common European Framework of Reference for Languages）は複言語主義と複文化主義の概念に基づいています。複言語能力と複文化能力はコミュニケーションの目的のために言語を使用する能力であり，いくつかの言語といくつかの文化的経験を持つ人が，異文化交流に参加できる能力であると定義されています。CEFR で提唱されているように言語を学ぶ重要な目的の 1 つは背後にある文化理解であり，英語教育においても，英語を学びながらも，多文化理解を深めることが重要です。英語の重要性と役割について，Jay Walker は English Mania というタイトルで TED Talk の中で以下のように述べています。

English is the world's second language. Your native language is your life. But with English you can become part of a wider conversation—a global conversation about global problems, like climate change or poverty, or hunger or disease. The world has other universal languages. Mathematics is the language of science. Music is the language of emotions. And now English is becoming the language of problem-solving.

（英語は世界中で使われる外国語です。あなたの母語はあなたの人生です。しかし，英語を使えば，気候変動や貧困，飢餓や病気といった世界の諸問題に関するより幅広い会話に参加することができます。世界には他にも普遍的な言語があります。数学は科学の言語です。音楽は感情の言語です。そして今，英語は問題解決の言語になりつつあります。）

　Jay Walker が述べているように，世界に起こる問題を解決するための世界
共通語としての英語の必要性がますます高まってくるでしょう。世界共通語と
しての英語を使うためにはどのようなスキルを身に着けることが必要でしょう
か？　以下はこれまでの文献を参考に筆者自身が世界共通言語としての英語に
ついて定義したもの（Saito, 2017）と，日本語の要約です。

　"English ability to think critically and objectively and convey your
thoughts and ideas in an organized manner through pair work, discus-
sions, and presentations as well as English ability to understand other
people and culture and understand and convey your own culture."

①　批判的・客観的に考える力
②　ペアワーク，議論，プレゼンを通して論理的に自分の考えを伝える力
③　他国の人々を理解し，異文化を理解する力
④　自国の文化を理解して発信する力

　上記の定義に基づいて，大学ではアクティブラーニング型の英語の授業を行
っています。また先ほど説明をした CEFR（ヨーロッパ言語共通枠参照枠）の補
足版として CEFR Companion Volume が2018年に発表されましたが，そのな
かでは Mediation（仲介）する力の重要性が強調されています。今後，加速化
するグローバル化社会の様々な状況で，様々な背景を持つ人と，様々な問題を
解決するためにはより高度な英語力が必要になってくるでしょう。上記であげ
た４つの項目に以下を追加して，英語をグローバルコミュケーションツールと
して使うことができるような人材育成が急務かと思います。

⑤　グローバル社会で起こる様々な問題を解決するための仲介力

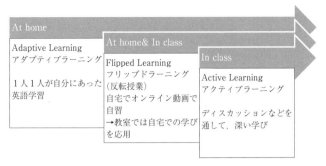

図5-2 EdTech を活用した英語学習と英語教育

出所：筆者作成。

EdTech が変える英語教育の未来

英語教育の分野でも EdTech の活用が広がりを見せています。たとえば先ほど紹介した TED Talk や YouTube 上の英語教材を使って行う授業も増えてきています。最近，中学，高校，大学では RareJob などのオンライン英会話のサービスを授業内や授業外学習の導入する取り組みも増えてきています。多くのオンライン英会話のサービスではフィリピン人の先生から学ぶことができますが，自宅で毎日英会話を学ぶことができるのは英語環境を作るうえでも有効でしょう。またそれ以外にも様々な動画を使いながら，音声解析技術を用いて発音改善できる EnglishCentral や AI 技術を用いた英会話アプリ TerraTalk など，個人でも最新技術を使いながら，英語学習を効果的に進めることが可能になってきています。英語学習のアプリケーションも無料でできるものも多くあり，英語を学ぶための英語学習環境を即座に作ることができます。また最近では VR や AR を使った英語学習サービスも少しずつ増えてきて，情報技術の発展により様々な媒体を使って容易に英語学習ができるようになっています。

先ほど，グローバルな舞台ではより高度な英語力が必要とされると述べましたが，より高度な英語力を身に着けるためにも，EdTech を活用しながら，アクティブラーニング・アダプティブラーニングを英語教育にもより積極的に取り入れていく必要があるのかと思います。上記図5-2は EdTech を活用した英語学習と英語教育の1例です。例えば，事前にできる課題はオンラインビデ

オを観ながら，終了させて，実際の授業ではペアやグループワークによるディスカッションを中心に，苦手な分野は個々，アプリ教材を使ってアダプティブラーニングを取り入れて進めることが可能になってきます。

4　グローバル情報化社会で必要とされる力

情報技術の急速な進化により，グローバル化もますます加速しています。グローバル化が進む21世紀には求められるスキルも変わりつつあります。Assessment and Teaching of 21st-Century Skills という国際団体が提唱した21世紀に必要とされるスキルとして，①創造力とイノベーション，②批判的思考・問題解決・意思決定，③学ぶことの学習・メタ認知（認知プロセスについての知識），④コミュニケーション，⑤コラボレーション（チームワーク），⑥情報リテラシー，⑦情報通信技術のリテラシー（ICT リテラシー），⑧地域と国際社会での市民性，⑨人生とキャリア，⑩個人および社会における責任（異文化の理解と異文化への適応力を含む）の10のスキルが挙げられています。これら10のスキルを育成するためにも，EdTech の教育効果や影響についての研究を多角的に進め，EdTech の特性を最大限に活かしながら，教育に効果的に融合させることが必要となってくるでしょう。

【参考文献】

小池生夫編著『提言日本の英語教育ガラパゴスからの脱出』光村図書，2013年。
佐藤昌宏『EdTech が変える教育の未来』インプレス，2018年。
山本秀樹『世界のエリートが今一番入りたい大学ミネルバ』ダイヤモンド社，2018年。
Brown, H. D. (2000). *Teaching by Principles: An Interactive Approach to Language Pedagogy.* New York, Longman.
Canal & Swain. (1980). "Theoretical bases of communicative approaches of second language teaching and testing," *Applied Linguistics.* 1(1). 1-47.
Constantinou, E. K. (2018). "Teaching in clouds: Using the G Suite for Education," *The Journal of teaching English for specific and academic purposes.* 6(2). 305-317.

Council of Europe (2001). *Common European Framework of References for Languages: Learning, teaching, assessment.* Cambridge: Cambridge University Press.

————— (2018). CEFR companion volume with new descriptors.

Graddol, D. (1997). *The future of English.* London: British Council.

Saito, Y. (2017). *Developing a portfolio for English as a tool for global communication in English Profile Studies 6: Critical, Constructive Assessment of CEFR-informed Language Teaching in Japan,* Cambridge University Press. pp. 292~302.

Smith, L. E. (1976). "English as an international auxiliary," *RELC Journal.* 7(2). 38-43.

第Ⅱ部

情 報 と 法

　第Ⅱ部「情報と法」では，情報に関する法律の話題を取り上げます。まず第6章の「インターネットの普及と情報法」において，〈サイバー空間〉（ネットワーク上の空間）の特徴と関連する法的諸問題や法律を説明します。続く第7章の「コミュニケーションの発展と法秩序」では，コミュニケーション手段・道具の発展がもたらした法秩序の変化を説明します。

　第8章「プライバシー・個人情報保護と競争政策」では，データの収集・利活用に関する法的問題を取り上げます。AIやIoTなどの技術の進化に伴って，現代の「石油」とも呼ばれる経済的価値を持った大量のデータ（個人の情報も含まれます）の収集・分析が可能になりました。そのようなデータ収集・利活用の濫用などに対応するためのプライバシー・個人情報保護や，GAFA（Google, Apple, Facebook, Amazon）に代表される〈プラットフォーマー〉（ネット上で大規模にサービス提供する企業）に対する競争法の論点を紹介します。

　さらに，いわゆる〈不正アクセス禁止法〉や〈児童買春・児童ポルノ禁止法〉に代表されるサイバー空間の法規制を，第9章「サイバー犯罪と刑事法」にて紹介します。第10章「AIとロボット法」では，〈ロボット法〉と呼ばれる新領域の法学研究や，ロボットの頭脳を構成するAIの法的問題例を紹介します。

　最後に第11章「情報通信政策」では，日本がIT先進国となるべく打ち出してきた数々の政策を紹介します。

第6章

インターネットの普及と情報法

インターネットは社会にとってなくてはならないものになっています。ネットへの接続がなくなると，途端に何もできなくなってしまうという人も多いでしょう。様々なメリットをもたらす一方で，新しい問題も起きています。もともと，情報というのは，ややとらえどころのない性格があるものです。デジタル情報がネットワークによって広く流通するようになったことで，このような特徴がより顕著になっています。本章では，インターネットの普及が，法制度にどのような影響を与えているのかを説明します。

1　情報法とは

法律における情報

現代社会において情報が重要だということは，いまさら言うまでもないでしょう。法律の世界でも，情報に関係する問題が増えています。情報に関わる法律問題を研究することを情報法研究といいます。この情報法という分野が注目されることも多くなってきました。

ところで，情報に関する法律には，なにか特別なところがあるのでしょうか。たとえば，民法という法律は，私人間の法律関係を規律する私法の基本になるものです。この民法では，人と物を対象とする権利と義務について定めています。そして，「物」というのは有体物（液体，気体，固体）のことです。しかし，情報は，有体物そのものではなく，有体物が存在するパターン（配列など）なのです。しかし，生物とまったく関係なく存在している物体のパターンは，情報とは言えません。情報は，こうしたパターンのなかでも，生物が何らかの反応を示すものです。そういう意味では，最も根源的な情報は，たとえば生物を形づくる DNA のパターンなのかもしれません。ただし，通常私たちが情報と呼んでいるものは，人間が認識して理解できるものであって，人から人に伝達可能なものをいいます。

知的財産権のように，情報について一定の権利や義務を定めようとしてつくられた制度は以前からありましたが，法律上の権利義務の対象は人や物を中心に考えられてきました。しかし，情報が社会における重要性を増すとともに，情報に対して法的な規律を及ぼすことが必要な場面が増えています。

情報と法的ルール

情報に関して法的なルールを定めるにあたっては，いくつか注意しなければならないことがあります（表6-1）。

第一に，情報には，有体物と比べると物理的，排他的な支配が難しいところ

表6-1　情報と法的ルール

①	物理的，排他的な支配の困難	権利・義務の設定が難しく，複製や改ざんが容易であり，拡散されやすい。
②	媒体・伝送路の影響	情報の影響力や制御可能性が，媒体と伝送路に大きく左右される。
③	主観的要素	情報と行動の関係は予見が難しく，情報の価値や影響力は主観的かつ相対的である。
④	急速な変化	情報を取り巻く環境は急速に変化しており，厳密な規制を定めるのが難しい場合がある。
⑤	表現の自由	情報を規制するルールは表現の自由との関係で問題となることが多い。

出所：筆者作成。

があります。有体物の排他的な支配は，直感的に分かりやすい場合が多いです。大事なものを，しっかりと握りしめて他人に渡さない状態は，容易にイメージできるでしょう。これに対して，たとえば，重要な情報が記録された文書を握りしめて独占しても，情報自体はすでに他の人に知られてしまっていることがあります。情報の伝達に占有の移転は不要ですし，情報を物と同じように物理的排他的に支配することに，そもそもあまり意味がありません。また，情報は複製が容易で拡散されやすく，一度拡散した情報を拡散される前の状態に戻すことは困難です。さらに，情報は加工や改ざんが本質的に容易です。このような性格から，情報に関して知的財産権のような権利を設定しようとすると，権利者に何を認めるのかということが問題になります。従来の情報は，何らかの物や人の行為と強く結びつくことが多かったので，それを前提に法律をつくることで，捉えどころのない情報にも法的な秩序を及ぼすことができました。著作権についていえば，保護される対象は著作物であって，書類も出版物もレコードも，物と情報が一体になっています。特許権の場合だと対象となる情報（ある発明のアイデア）に関して，それを利用してビジネスを行うという人の行為を制限しています。

　第二に，情報がどのような影響力を持つかということや，情報の伝達をコントロールできるかどうかということは，情報を媒介する物（媒体）や伝送する

経路（伝送路）に大きく左右されます。従来，影響力の大きい情報伝達手段は限られていました。たくさんの人にメッセージを伝えることができるのは，マスメディアなど一部に限られていたのです。しかし，インターネットの普及によって，情報を取り巻く環境は急速に変わっています。

　第三に，情報の価値や影響力は，主観的要素に大きく左右されます。情報が人間にどのような影響を与えるかは，予測が難しい面があります。同じ情報を受け取っても，それをもとにどのような行動を起こすかは人それぞれでしょう。つまり，情報の影響は，それを受け取った人によって左右される相対的なものであるといえます。また，情報が価値を持ったり害悪をもたらしたりする場合があることは明らかですが，情報の価値や害悪の評価はそれを認識する人や状況によって異なります。このように，情報に関しては主観的な要素が重要になります。

　第四に，情報を取り巻く状況は急速に変化しています。そして，法律というのは変化に弱い面があります。法律というのは，それに反すると国家権力による強制や制裁を受ける強力なルールなので，ある程度の安定性が求められるからです。特に刑罰を科す法律（刑事法）には厳密さが求められるため，まだ定義が定まっていない新しい分野については，規定を置くこと自体が難しい場合もあります。

　第五に，情報を規律する法律は表現の自由を制約する可能性が高いです。表現の自由（憲法第21条）は，民主制に不可欠な人権であり，基本的にこれを制約する法律を制定することは許されてないと考えられ，厳格に保障されています。情報を規制する法律には，こういった面からも慎重な検討が求められます。

2　インターネットと法律

インターネットの法制度への影響

　インターネットの普及によって，様々な新しいことができるようになりました。その一方で，ネット詐欺，電子掲示板・ブログ・SNS（Social Networking

Service）等での誹謗中傷，大量の迷惑メール，著作権侵害，個人情報の悪用，コンピュータウィルスやサイバー攻撃など，以前にはあまりみられなかった問題も深刻になっています。これらの多くは，情報がデジタル化されたことや，ネットワーク上で流通するようになったことに起因しています。

　情報は，この数十年で急速にデジタル化しました。文字も音楽も映像も，記録したり伝達したりする際には，ほとんどがデジタル情報として処理されています。デジタル情報は，ある符号で記述された情報を，二進数というオン（1）とオフ（0）からなる符号に置き換えて表現する情報です。オンとオフという単純な信号はノイズの混入を最小限にできるため，複製や伝送による品質の劣化やコストを劇的に減らすことができ，大量かつ高品質のコピーを低コストで作成できるようになります。また，数値に変換された情報は容易に加工でき，全く加工の痕跡を残さずに別の情報に作り変えることもできます。偽装がしやすく証拠としても扱いにくい面があります。実際に，捜査を担当していた検事が証拠のデジタル情報を書き換えた事がわかり，大問題になった例があります（大阪地検証拠改ざん事件：2010年10月）。

　そして，デジタル化された情報がネットワークに繋がることで，情報の流通はさらに増大します。現在では，インターネットによって，あらゆる情報の伝達が，同一のプロトコルを採用したコンピュータの集合体によって行われるようになりました。情報の伝送路がインターネットに集約され，情報発信の裾野は大きく広がり，論理的には誰もが世界中に向けて情報を発信できるようになっています。一方で，世界中の雑多なコンピュータの集合体であるインターネットには，実際に何か問題が生じた場合であっても，情報の伝送を管理する者がいません。情報流通の把握や追跡，制御などが難しいため，問題が起きた際の責任追及が難しくなります。

インターネット規制

　インターネットが一般に開放されるようになったのは，1990年代の半ばからです。広く利用されるようになってくると，インターネット上で，様々な問題

が起こるようになりました。テキストや音声，画像を公開することができ，誰でも見ることができるこの新しいメディアに，たとえば放送に対して行われているような特別な規制を設けるべきではないかという主張も出てきました。

　しかし，放送が特別な規制を受けてきたのは，放送が普及した時代には広く国民に情報を伝える手段として突出していたこと，電波周波数という限られた資源を使っていること，特に意識しなくても必然的に目にしてしまうという性格があったことなどから，特別な影響力があると考えられてきたからです。インターネットにはこのような事情がないため，特別なコンテンツ規制を課すことは，表現の自由を不当に制約するおそれがあると考えられています。

　これとは反対に，サイバースペースは独立国家であるとするものや，外からのいかなる規制からも自由であるべきだという意見も当初は強力に主張されていました。こういう考え方は，セルフガバナンス論と呼ばれ，米国の電子フロンティア財団の創始者の1人であるジョン・バーローが公表した「サイバースペース独立宣言」がよく知られています。新たな可能性をもつサイバースペースを過剰な規制から守ろうという主張はかなりの支持を集めました。

　しかし，サイバースペースに情報を発信するものが現実世界に存在しており，その行動が現実世界にも影響を与える以上，現実世界の法律・制度が一切適用されないという考え方には無理があります。リアルな世界で違法なものはネット上でも違法という考え方は，早くからコンセンサスを得ていました。そして，実際に，1994年前後から各国でサイバースペース上の行為に対しても既存の法律が適用されています。わが国でも，1996年1月にはインターネット上で公開されたわいせつ画像に関して強制捜査が行われており，その後Webページにわいせつ画像を掲示していた者がわいせつ物公然陳列罪（刑法第175条）で訴追され，裁判所によって有罪の判断が示されています。出版などの特別な規制が行われていないメディアで公表することが禁止されている違法なコンテンツは，インターネットでの公開も違法になるということです。

　一方で，インターネット特有の問題として対処すべき分野もあると考えられています。たとえば，インターネット上で行われる情報発信は発信者を捕捉す

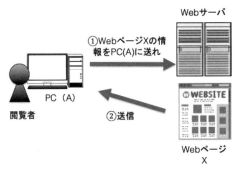

図 6‐1　Web へのアクセス
出所：筆者作成。

ることが難しいため，犯罪の捜査や法的救済を行うために，発信者に関する情報を捜査したり情報の開示を求めたりする制度が整備されています。この他にも，情報のデジタル化やインターネットの普及によって生じた新たな問題について，新たな法的保護や罰則を設けることも議論されています。

インターネットと発信者情報

　技術的な視点から見ると，PC やスマートホン（端末）でインターネットのサイトにアクセスするときには，サイトのあるサーバ・コンピュータに対して，特定の端末に向けて情報を転送せよというコマンドを出していることになります（図6‐1）。つまり，どの端末に対して情報を送ってほしいのかを伝えなければ，インターネットでの情報のやり取りはそもそも不可能です。インターネットでサイトにアクセスした場合には，必ずこちらの PC を識別するための情報が，そのサイトがあるサーバに送信されています。

　この識別のための情報としては，一般に，IP アドレスと呼ばれる番号が使われています。インターネットに接続しているコンピュータには，コンピュータごとにユニークな IP アドレスが割り当てられているのです。

　自由，分散を特徴とするインターネットでも，IP アドレスは集中管理されています。これに重複や混乱があると情報のやりとりに支障が生じるからです。利用者がインターネットにアクセスする際には，インターネットへの接続を提

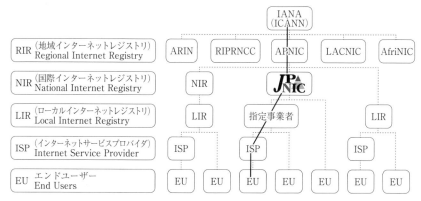

図6-2　IPアドレスの管理体制

出所：社団法人日本ネットワークインフォメーションセンター Web ページ（http://www.nic.ad.jp/）。

供している ISP（Internet Service Provider）などが，IP アドレスを割り当てています。そして，どの ISP がどの IP アドレスを管理しているのかは，その IP アドレスを割り当てた機関が把握しています（図6-2）。

　そして，各 ISP などは自分の管理する IP アドレスを自らのユーザに割り当てており，どのユーザがどの IP アドレスを利用したかを把握していることが多いです。つまり，どのユーザがどの IP アドレスを利用してインターネットにアクセスをしているかということは，これらをたどっていけば把握可能ということです。

　ただし，IP アドレスとユーザを結びつけるこれらの情報は一般に公開されているわけではありません。プライバシーや通信の秘密を保護する必要があるので，ISP などは一般に情報の開示に慎重です。つまり，IP アドレスが把握されたからといって，直ちにその IP アドレスを利用しているユーザが特定できるわけではありません。ユーザ情報が開示されるのは，基本的に捜査機関（警察・検察）による捜査が行われる場合や，名誉毀損などの権利侵害に対して訴訟が提起されようとしている場合などに限られます。

　インターネットは「匿名」の世界だといわれることがありますが，これは，発信者などの情報が簡単には分からないということです。通常は自分が望まなければ相手に自分が誰だか知られることはありませんが，犯罪をおこなえば逮

捕されるし，損害賠償を請求されることもあります。ネットの世界は，あくま
で条件つきの「匿名」だと考えるべきでしょう。

3　情報と法的責任

情報の取扱いと法的責任

情報の取扱いには，取得，保有，発信といった段階があります。従来は，情
報の取得や保有では，あまり法的な問題が生じませんでした。むしろ，情報の
取得や保有を法律によって制限することについては，消極的な態度がとられて
きたといってよいでしょう。情報を収集すること，つまり広い意味での知識を
得ることは，人の本源的な欲求であり，民主制を健全なものにするためにも制
約が少ないことが望ましいからです。

従来，情報に関する法的な問題は，マスメディアなどに代表される大きな影
響力のある者の情報の発信（提供）が対象になることが多かったといえます。
情報法も，以前はマスメディア法やジャーナリズム法に近いものであると捉え
られることが多かったように思われます。

情報は人の行動に影響をあたえるものですが，ある情報が原因となって不適
切な行動が起こされる場合でも，基本的にはその行動を行った者の責任が問題
になります。行為者に情報を提供した者の責任が問題となるのは，たとえば犯
罪の幇助や教唆に当たる場合のように，行為と密接に関連している例外的な場
合に限られていました。

しかし，情報の持ちうる影響力が大きくなり，情報の拡散による被害が深刻
になってくると，情報を保有していた者の管理に問題があるのではないか，情
報の取得自体が望ましくないのではないか，という考えも出てきます（図6-3）。

たとえば，個人情報保護に関する制度では，個人情報の取得，保有，提供の
全てについてルールを定めるのが通常です。また，プライバシーや個人情報保
護の対象となる情報の範囲も，以前ならあまり問題にならなかった住所氏名な
どの情報が問題とされることも多くなっています。

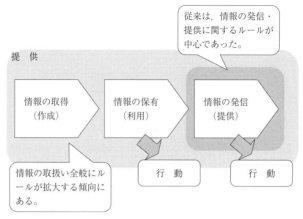

図6-3　情報の取り扱いと法的責任

出所：小向（2020：148）。

　情報の利用をどこまで制限するのかは難しい問題です。このような議論をするときに忘れてはならないのは，情報の取扱いを制限がどこまで必要なのか，制限することでどのような効果と弊害があるかについて，十分な検証とバランスのとれた検討を行うことです。

ネットワーク媒介者の責任

　インターネットで行われた不法行為や犯罪について，まず責任を問われるのは情報を発信した本人です。しかし，インターネット上での情報発信については，情報発信の場を提供している ISP や電子掲示板管理者などの媒介者の責任が，早い段階から議論されてきました。情報の発信者に関する情報を媒介者だけが保有していたり，情報を削除・遮断できるのが媒介者だけだったりするなど，ネットワーク上で生じる問題を解決するために媒介者の役割が重要になる場面も多いからです。特に問題となるのは，発信者の責任を直接追及することが困難な場合です。

　一方で，情報に対する積極的なコントロールを行っていない媒介者に責任を課したり，発信者の情報の開示を求めることになると，ネットワーク上の表現

行為を萎縮させたり，発信者の通信の秘密やプライバシーを脅かしたりする恐れもあります。

　他人の情報発信であっても，その情報発信について何らかの義務がある場合には，責任を問われることがあります。たとえば，情報を媒介している事業者は，権利侵害について知っているか当然知りうる立場にあり，対処が可能であるにも関わらずそれを放置したような場合には，権利侵害について責任を問われることがあります（プロバイダ責任制限法第3条）。

　なお，従来の媒介者責任は，利用者がWebサイト等を開設するリソースを提供する事業者（ホスティング事業者）や電子掲示板の開設者を念頭に議論されてきましたが，インターネット上で情報を媒介する事業者は，多様化を続けています。たとえば，検索サービスの検索結果や，SNSやクラウドサービスで扱われる情報について，提供事業者にどのような責任や義務があるのかは重要な問題です。情報に対する責任や義務は，その情報への関わり方によって変わってきますし，技術的背景や社会状況にも影響を受けるものなので，継続して実態に即した検討を続けることが必要になります。

国境を越える情報

　インターネットを利用すれば，国外の情報にアクセスすることは非常に容易です。むしろ，情報がどこにあるのかを意識することの方が少ないでしょう。一方で，情報に対する規制は国家によって異なります。たとえば，わいせつな情報に対して規制をおこなっている国は多いですが，何がわいせつに当たるかという基準は国によって違います。国境を越える情報について，いったいどの国の法律が適用されるのでしょうか。

　インターネット上の情報発信によって誹謗中傷や著作権侵害等の不法行為が行われた場合には，基本的に，被害者の居住地法が準拠法として適用されることが多いと考えられています（「法の適用に関する通則法」第19条等）。

　刑事法については，日本の刑法は，国内犯処罰を原則とする「属地主義」をとっています（刑法第1条）。国外犯が処罰される場合については，特に犯罪の

種類・主体を限定して列挙されています（第2条〜第4条）。ここで，国内犯というのは，構成要件に該当する事実（行為や結果）の一部が日本国内で生じているものとされています。日本にいる者が国外のサーバに違法な情報を蓄積する行為は，情報のアップロードやそれに伴う金銭の授受等が構成要件の一部に該当するとみなされれば，日本の刑法が適用されることになります。米国のISPのサーバにWebページを開設し，わいせつな画像を不特定多数のインターネットユーザに閲覧させた者に対して，わいせつ物公然陳列罪が認められた事例もあります。ただし，情報の発信だけで既遂となるわいせつ物公然陳列罪のような犯罪については，国外にいるものが国外のサーバに情報をアップロードしている場合には，その情報が主として日本人に向けられてものであっても，日本法の適用は難しいといわれています。しかし，日本以外の国では，自国に影響のある犯罪行為には，自国の刑事法が適用になるという考え方をとっている国も多いです。

　刑法の適用があるとしても，情報発信者が国外にいる場合に，実際に捜査などをおこなうことができるのでしょうか。捜査機関が，自国の領土外で捜査を行うと，他国の主権を侵害するおそれがあると言われています。ある国で犯罪を行った者が別の国にいる場合には，捜査共助や犯罪人引渡しといった国際協力が行われることがあります。しかし，こうした国際協力は，かなり時間がかかることが多く，すべての犯罪について行われるわけではありません。

　また，捜査対象者が国内にいても，捜査の対象となる情報が国外にある場合があります。インターネット上のクラウドサービスに情報が保存されており，強制捜査の対象となった被疑者やネットワーク事業者が国外のコンピュータに保存している情報にアクセスすることなどについては，どこまで許されるのかが問題となり，現在も議論がされています。

　犯罪に関するものに限らず，重要な情報が海外に保存されることは，今後ますます増えていくでしょう。国外サーバに証拠となるデータを置けば犯罪者が罪を免れることができてしまうのでは困ります。国家主権に関する国際的なコンセンサスや，捜査対象者の人権保障がされているかに配慮して，手続きを確

立していくことが必要です。

【参考文献】

小向太郎『情報法入門　デジタル・ネットワークの法律（第5版）』NTT 出版，2020
　　年。

曽我部真裕・林秀弥・栗田昌裕『情報法概説（第2版）』成文堂，2019年。

西垣通『生命と機械をつなぐ知　基礎情報学入門』高陵社書店，2012年。

松井茂記・鈴木秀美・山口いつ子編『インターネット法』有斐閣，2015年。

第7章

コミュニケーションの発展と法秩序

　　人類が社会を形成し，国家という権力体を構築して秩序を形成してきた歴史的な歩みのなかで，人が情報を伝達する営みともいえるコミュニケーションは，あらゆる社会的な行動の基礎にあったということができる。史上形成された多くの社会は，音声，文字その他の方法で情報を生成・伝達・保存してきたが，国家にとってもそれは多くの意味で重要な関心事であった。コミュニケーションの手段や道具の歴史的な発展が，国家の営みや法秩序にどのような変化をもたらして，現代に至っているかを概観する。

1　情報・コミュニケーションの法史的沿革

情報伝達の方法——コミュニケーション

　先史，すなわち文字史料が残されていない太古の時代における人間のコミュニケーションの方法を，現代のわれわれは残念ながら正確に知ることはできません。しかし，人類学や考古学的な考察によれば，それは音声言語と身体言語（身振り手振り）から始まり，副次的に物体を並べる，炎・煙など人為的な現象を起こす，図画を描くといった，シグナルや記号を用いる方法を使用するように発達していったと考えられています。

　このような先史時代においても，人間が生きて行くなかで苦労して編み出してきた知恵や知識を，子孫や仲間の人間に，口頭で伝達し，共有し，記憶を重ねて継承してゆくことは，当然行われてきたと考えられていますし，そういった口承による文化や技術の伝承という，世代を超えた情報伝達の片鱗をうかがわせる証拠が，世界各地の文化や歴史に残っています。そして，そのような口承の文芸伝統のなかに伝わる建国神話や，祖先の活動に関する伝説は，しばしば王などの支配を正当化し，民族集団の規範意識を統一しようとする，古代の法の一部としても機能していたという側面を忘れることはできません。日本における『古事記』や，ギリシアの『イーリアス』，ローマの『アエネーイス』，中国の『詩経』，インドの『マハーバーラタ』といった，古代文明の神話・民族叙事詩には，ほぼ例外なく，そういった統治や紛争解決といったテーマが織り込まれており，長い時間口承で伝承されてきたものを，後から文字に起こしたこともわかっています。

古代～中世の情報ツール

　さらに時代が下って，そういった記憶や記号を，音声言語と結びつけて整理・体系化した文字によって記録が残された時から，後世の人間が文字史料に基づいた歴史を編纂することが可能となります。それぞれの文明ごとに，粘

土・石・金属・木材・葉・パピルス・皮革・縄・陶器など，様々な素材が，文字や図画の情報を運ぶための道具，すなわち情報媒体（メディア）として用いられてきたことがわかっています。

　中国でB.C. 2.C.頃から現代の紙に類する素材が使われ始め，A.D. 2.C.はじめ頃に蔡倫によって品質の安定した紙を大量に生産できるようなりました。紙は，粘土や石，木簡，竹簡といった旧式のメディアに比べると，保存に場所を取らずに済み，軽量で運搬にも適したメディアであったことから，8.C.には中央アジアを通って西洋にも製紙法が伝わり，西洋においても紙による文字文書の作成が行われ，歴史や法文献も，紙によって保存されるようになりました。また，同時に羊の革を薄く鞣した羊皮紙も使用されていました。

　8.C.以降，紙の本が情報を記録し流通させる媒体として世界中に普及してゆくわけですが，それから600年くらいの間，決して安価に入手できるものでなかったことは特筆しておくべきでしょう。紙は優れたメディアでしたが，そこに文字や図画を乗せるためには，直接筆記具で文字や図画を書く人が必要でしたし，その内容を複製するためには，同じように手で書き写す写本という技能を持った職業専門家が必要でした。また，木や金属，粘土を用いて，版を作製して複製する方法も使われましたが，1ページごと，版となる素材を，鏡写しに逆彫りする作業には，やはり専門の職人の手間暇を必要としていたわけです。社会全体の識字率が高くない事とも相俟って，紙の本は，贅沢な品物だったのです。

情報ツール発展の契機としての法

　文字が使用できるようになった社会では，文化，技術，そして法が文書として保存されるようになります。現存する文字文書で，最古の体系的な法律集（法典と呼びます）は，B.C. 2095頃に，メソポタミア文明のシュメール王国（現在のイラク）で発布された『ウル・ナンム法典』だと言われています。この法典は，シュメール語の楔形文字で粘土板に記されており，損害賠償法に特徴があると言われています。それから約300年後（B.C. 18.C.），ほぼ同じ地域を支配

したバビロニア王国で発布された『ハンムラビ法典』は，「目には目を，歯には歯を」という同害復讐法で有名な法典で，アッカド語の楔形文字で石碑に刻まれています。

　だいぶ時代が下り，B.C. 452 に，共和制ローマにおいて，それまで貴族や神官だけが知っていたローマの慣習法を，ラテン語で12枚の銅板に刻んだ『十二表法』（Lex Duodecim Tabularum）が発布され，その後のローマを起源とする一大法体系の先駆となります。

　また，古代・中世の文明においては，法の妥当根拠がしばしば宗教的権威が結びつくことによって人々に示されたといえます。特に，セム系一神教（いわゆる「アブラハムの宗教」）が勃興した紀元前後以降の中東と，ローマ帝国を通じてキリスト教を受け入れたヨーロッパ世界の国家においては，宗教経典の持つ法的な意味が大変重視されるようになります。B.C. 1 頃に，すでにローマ帝国の属州となっていたイスラエルで編纂された『トーラー』（律法），『ネビイーム』（預言者），『ケトゥビーム』（詩編）（三書を併せてキリスト教世界では『旧約聖書』と呼んでいます）は，ヘブライ語で書かれたユダヤ教における宗教生活の実践に欠かせない律法の源であり，後にキリスト教の経典としても大きな影響力を持つことになります。A.D. 397 に現在の形に編纂された『新約聖書』は，紀元前後に活躍したイエスの言行を記録した「福音書」とその弟子たちの言行や書簡等をギリシア語でまとめたもので，後にカノン法（教会法）の法源としても重視されるようになります。A.D. 650 頃にアラビア半島のマディーナで編纂された『クルアーン』（コーラン）は，唯一神アッラーが，その預言を開祖ムハンマドの口を通してアラビア語で語ったものを集めた書とイスラム教徒には信じられています。ムハンマドの言行「スンナ」を A.D. 9〜10.C. 頃までに学者たちが編纂した各種の『ハディース』とともにシャリーア（イスラム法）の主要法源になっています。

　A.D. 530 には，東ローマ（ビザンツ）帝国の都コンスタンティノープルにおいて，皇帝ユスティニアヌスが法務長官トリボニアヌスに命じて，十二表法以降に，立法や学説が大いに発達を遂げ，情報量が膨大となったローマ法を集成

した大法典である『ローマ法大全』（Corpus Iuris Civilis）を編纂します。これ
は，『法学提要』（Institutiones）・『学説彙纂』（Digesta / Pandectae）・『勅法集』
（Codex）からなる総合的，体系的な法典で，特に商業国家としての側面も強か
ったローマの取引法（債権法）は，近現代にも通用するほどの内容を持ってい
ました。しかし，ローマ帝国の公用語であったラテン語で書かれたこの大法典
は，ビザンツ帝国において法実務の担い手であったギリシア語を話す官僚たち
から徐々に軽視されるようになっていきます。ローマ法大全の主要部分を受け
継ぎ，ギリシア語で書かれたバシリカ法典が 9.C. に編纂され，活用されます
が，4.C. 末に西ローマ帝国がすでに滅亡していた西ヨーロッパでは，土着のゲ
ルマン系の法制度の適用が優越し，ローマ法大全についての知識はしばし忘れ
去られることとなります。

　中国では 3.C. の唐の時代から，また，奈良時代から平安時代にかけて，唐
の文化の影響を強く受けた日本（7.C. ～）においても，体系的な法典である
「律令格式」が編纂され，これに基づく国家の仕組みづくり，すなわち「律令
制」が目指されました。現代では，中国の唐律とそれに基づく日本の大宝律
令・養老律令の原典は散逸してしまって，断片的にしか残されていませんが，
833年に日本で作られた大宝律令と養老律令の解説書である『令義解』によっ
て，大部分の内容が現代にも伝わっています。律令制は，中国においても日本
においても，法制度としてはほとんど死滅していますが，歴史的な研究を行う
うえで，当時の政府の官職その他の制度を知るうえで重要な情報源ですし，文
学研究や時代考証の必要な表現活動などの際に，宮廷のしきたりや服装などの
ルールである「有職故実」を知るうえで重要な資料となっていたりもします。
日本においては，天皇制をめぐる用語のなかに，律令の言葉が残っていること
も注目に値する点かもしれません。

活版印刷が変えた世界

　写本や木版印刷（ページ版）による複製という手間のかかる作業のため，贅
沢品だった紙の本を，誰でも手にすることができるようになったきっかけをつ

くったのが，ドイツ人の冶金技術者，ヨハネス・グーテンベルク（1398頃-1468）です。グーテンベルクは，1文字単位の活字を使った印刷技術（活版印刷術）を考案し，それまでの1ページ単位で彫っていた木版だと，たった1文字を彫り間違えたら1から版を彫り直さなければならなかった製版作業を，文字単位に移行しました。一見，大量の小型の金属活字を，原稿の文字列に即して探し出し，箱の中に並べていく作業は，かえって手間がかかるように感じられるかもしれません。しかし，印刷が，手書きの写本やページ版の彫師のような熟練の職人を高額で雇わなくても，人手さえ集めれば誰でも製版ができる単純作業になったことや，再編集や計画的利用を行ううえでの無駄のない版の運用が容易になったことは，印刷事業を，いまだ工場制手工業の段階であっても，経営的に見通しがつくビジネスへと育て上げるきっかけとなりました。また，グーテンベルクは活版印刷技術の考案のみならず，インクの改良や，印刷機の改良，印刷工場の運用改善などを通して本の大量生産を実現し，結果として本の価格を低廉なものとすることで本の読者を増やすことにもつながりました。

　西ローマ帝国が滅んだあとの中世ヨーロッパを，精神面，そして規範面において支配する立場に君臨していたのが，ローマ・カトリック教会です。1515年にローマ・カトリック教会の首長であるローマ教皇レオ10世が，サン・ピエトロ大聖堂の建設費を集める名目で贖宥状（免罪符）を発行し，ドイツでも盛んに販売されるようになりました。マルティン・ルター（1483-1546）は，行為（贖宥状を買うことを含む）ではなく信仰によってしか神の前での自分の正しさを証し得ない，とする自身のキリスト教的立場（信仰義認）から，これに強く抗議し，いわゆる宗教改革がドイツで巻き起こります。その過程でルターは，それまで古典語であるヘブライ語・ギリシア語・ラテン語を知らないと，つまりは若年期から古典を学ぶ時間のあった聖職者か王侯貴族でないと，読むことができなかった新旧訳聖書（法源でもあります）を，ドイツ語で一般民衆が読めるようにドイツ語に翻訳します。これが，グーテンベルクの活版印刷術の普及から数十年後の出来事であったため，ルターのドイツ語訳聖書は活版印刷によって中部ヨーロッパに広く普及しました。また，フランス・スイスでも信仰義

認と似た「予定説」を唱えたジャン・カルヴァン（1509-1564）の宗教改革が一世を風靡します。

　ルターやカルヴァンの活躍によって，人と神の間に立つ教皇や司祭の組織であるローマ・カトリック教会の権威によらない，聖書を通じて信者が直接神と相対する新しいキリスト教（プロテスタント）が成立しました。プロテスタントの教義は「信仰義認」や「予定説」が特徴的であり，これらから派生した，今現在の職業を神の意志と信じ，懸命に働くことで信仰が証かされるとする「召命観念」をもたらします。後の時代に，ドイツの社会学者マックス・ヴェーバー（1864-1920）は，このようなプロテスタントの教義の熱心な信者が，キリスト教徒でありながら，商売と富の蓄積を正当化したため，近代商業（ビジネス）が発達したと考えました。また，国王や聖職者，教会を媒介しない宗教観・正義観が，西欧型個人主義を育み，近代法の源泉になってゆくことになります。また，プロテスタントとカトリックの対立は，後に三十年戦争（1618-1648）の原因となり，西ヨーロッパに惨禍をもたらしますが，この戦争の講和条約であるウェストファリア条約は，近代的な国際法と，信教の自由の観念の源になります。

古代の法情報が近代によみがえる

　11.C. に，イタリアでローマ法大全の写本が再発見され，ボローニャ大学を中心に，ローマ法の研究が盛んに行われるようになります。ローマ法は学説法としての色彩が強いため，土着のゲルマン慣習法が強い地域では，法としての力を発揮することが困難な面もあったようです。しかし，ボローニャなど法学を教える大学で，「書かれた理性」（ratio scripta）として教授されたローマ法の知識は，地方の慣習法が答えを出せていない分野に，「理性的な」ルールを補充して行く形で，少しずつ，法としての力を発揮してゆくことになります。また，ローマ法大全とは別に発達してきたローマ・カトリック教会の教会法（カノン法）も，ローマ法大全の編集方針などを参考にしつつ，12〜15.C. にかけて『カノン法大全』（Corpus Iuris Canonici）として大法典にまとめ上げられるよう

になります。15〜16.C. にかけて，活版印刷技術が普及すると，ローマ法大全やカノン法大全も活字で印刷された本が量産され，ヨーロッパ中の大学で閲読できる人が増えるようになってきます。このようなプロセスを経て，ローマ法大全の持つ法的ルールが，カノン法やゲルマン慣習法の影響を受けながらも，西ヨーロッパにおける共通の法に成長してゆきます。この法を「ユス・コムーネ」（jus commune）と呼びます。

　後述する，絶対王政期をと市民革命期を終えた西洋世界において，言語や文化を共有する国民によって国民国家が形成されるようになると，ユス・コムーネのような国境を超える共通の法ではなく，各国別に国民が選んだ法による統治を望むようになります。そこにおいても，ローマ法大全やユス・コムーネの持っていた法的ルールは，強い影響力を持つようになります。特にドイツでは，16〜18.C. にかけて，ローマ法の現代的適用（usus modernus）が行われるようになり，後にローマ法大全の学説彙纂の体系をベースにドイツ民法典（BGB）を制定することになります（1900）。フランスにおいては，個別の条項への影響は少ないと言われていますが，ローマ法大全の法学提要の体系をベースにフランス民法典（Code Civil）が制定されます（1804）。このように，ローマ法大全の影響下で現代法を作り上げてきた国々を，ヨーロッパの地勢を基準に「大陸法文化圏」（continental law / civil law tradition）と呼びます。

　一方，イギリスでは，ゲルマン法の流れを汲む「コモン・ロー」（common law）と呼ばれる，判例中心の法体系を中心に据えて現在に至っていますが，スコットランド法のように，一部地域で大陸法を使用していたり，コモン・ローとは別の歴史的経緯で発達してきた「エクイティ」（equity）と呼ばれる法体系ではローマ法の影響を強く受けていたりするという側面もあります。とはいうものの，イギリスやアメリカ合衆国，コモンウェルス（かつてイギリスの植民地だった地域）の国々や地域を「英米法文化圏」（anglo-american law / common law tradition）と呼びます。

　日本は，明治時代にフランスやドイツの法制度をモデルとした法の近代化を実現（継受）しましたので，大陸法文化圏だと考えられています。また，太平

洋戦争の後，憲法や商法，訴訟法などの分野でアメリカ法の影響も強く受けた経緯もあることから，大陸法と英米法のハイブリッドだと呼ばれることも少なくありません。

2　近現代の国家と情報ネットワークの法的関係

市民革命・近代国家にとっての表現の自由

　イギリスにおける1642年の清教徒（puritan）革命と1688年の名誉革命，1775年のアメリカ独立戦争，そして1789年のフランス革命を合わせて，世界史的には「市民革命」と呼んでいます。市民革命は，国王または宗主国を頂点とする，農業生産用の土地を媒介とした経済支配体制（封建制度）を解体し，商品流通・交換を中心とした経済・社会体制（近代市民社会）を樹立しました。市民革命はその過程で，国家権力の一極集中を完成させた絶対王政を破壊したため，統一的な国民国家における市民の権力（議会）は，内部では権力の分立を図り，政府外部の一般国民に対しては，人権保障の仕組を作って国家権力の行き過ぎを統制しました。このような政府構築のデザインを「立憲主義」と呼びます。市民社会に対しては，集合的合意形成（議会と法律）と個別的合意形成（話し合いと契約）による，市民自身の国家意思形成（民主主義）と社会生活の自治・自律（私的自治）を促すことになりました。立憲主義と民主主義，そして私的自治を原則とする国家と社会の運営において，表現の自由は特別に重要な意味を持つと考えられています。封建期や絶対王政期は，どこの国でも，集会や表現活動は王権に敵対し，社会を紊乱するものとして抑圧されてきたからです。

　また，民主的意思決定のためには，民主的討議の対象となる議題が必要となります。国民が表現活動を自由に行うことができなければ，別の国民は十分な情報やメッセージを受け取ることができず，討議すべき適切な議題を設定・選定することすらできなくなってしまいます。マスメディアが発達した社会においては，この「メディアの議題設定機能」が民主政治のなかで重要な役割を果たすと考えられています。

　さらに，自由市場経済のなかで，商品が人々の選好によって選び抜かれてい
くのと同様，思想や良心，認識（芸術や娯楽的なもの，報道なども含む）が自由に
市場に提供されることがなければ，人々は良いもの，好きなもの，などと，選
択することすらできなくなってしまいます。この考え方を「思想の自由市場」
論と呼びます。メディアの議題設定機能や，思想の自由市場に対する考え方は，
政治学や憲法学の世界において，表現の自由を他の人権よりも強く保護される
べき権利であると位置づける根拠となってきました。

イエロー・ジャーナリズムとプライバシー

　そのような観点から，出版社や新聞社（press）の報道の自由も，表現の自由
の一部をなす重要な権利として，重視されてきました。特にアメリカは，建国
の経緯から，市民的自由の母国を自認するほどの国家であり，その中核的な権
利である表現の自由と報道の自由を特に重視し，法制上も強く保護してきまし
た。アメリカのジャーナリズムも，建国から100年前後は，市民の「知る権利」
に奉仕するという崇高な使命に仕えるという職業倫理が強く働いており，報道
内容が低劣なものや，他者を侮辱するようなものは，職業的にも，社会的にも
戒められる傾向にありました。

　しかし，19世紀後半になり，多くの出版社や新聞社が株式会社として運営さ
れて久しくなり，ジャーナリズムの担い手としての矜持だけでなく，資本主義
的企業体としての利潤追求を優先する会社も出てきたのは，歴史的な必然と言
えるでしょう。また，市民の側にも，普通教育の普及とともに，社会的階層に
関わらず識字率が向上し，「お堅い」ジャーナリズムに飽き足らない購読層が
多く登場するようになってきました。

　1895-96年に，ニューヨークの2つの新聞社が，黄色い服を着て街角を徘徊
し，下品で粗野な発言をして回る主人公が登場する "The Yellow Kid" という
漫画作品の掲載権を奪い合うという出来事が発生しました。この事件を皮切り
に，アメリカにおいて，新聞の発行部数等を伸ばすために，事実報道よりも扇
情的であることを売り物とする形態のジャーナリズムが目立つようになり，

「イエロー・ジャーナリズム」(Yellow Journalism) と総称されるようになりま
す。

　イエロー・ジャーナリズムは，単に品のない漫画や記事を掲載するだけでな
く，読者の好事家的な興味に着目して，しばしば個人（最初は有名人を狙うこと
が多かった）の私生活の状況を追いかけるようになります。1890年に，ハーヴ
ァード・ロー・レヴューに掲載された，弁護士であるウォーレンとブランダイ
スによる論文 "The Right to Privacy" は，"the right to be let alone"（1人に
しておいてもらう権利）という言葉によって，個人の名誉や私的で平穏な生活領
域，すなわちプライバシーの権利が，報道機関等の表現の自由や報道の自由に
対しても，法的に保護されるべきである，と主張しました。この論文がきっか
けとなり，コモン・ローの仕組みをとるアメリカにおいては，その後，報道機
関に私的な領域を興味本位で掲載されてしまった当事者の権利を，裁判所が認
めてゆくことによって，プライバシーの権利が確立しました。

　日本においては，東京地方裁判所が，1964年の「宴のあと」事件判決におい
て，「私生活をみだりに公開されない法的保障ないし権利」としてプライバシ
ーの権利が定義づけられ，イエロー・ジャーナリズムではない純文学的作品に
よる表現であったとしても，プライバシーや名誉といった人格権的利益を侵害
することは認められないとしました。

情報を財産にする著作権

　法律関連分野以外でも，活版印刷技術の開発により，出版がビジネスになる
ようになります。文芸・思想・芸術の著作のみならず，娯楽・報道といった，
現代の情報流通の原型が，活版印刷の普及に伴って，順次世界に拡大してゆき
ます。安価に出版物を手にすることが可能になった社会では，識字率も上昇し，
並行して教育の必要性に対する理解も深まってゆきました。古代・中世におい
ても，動産として本や絵画が売買されていましたが，その内容である著作物は，
物体としての本と不可分な形で取引されてきたという経緯があります。また，
そういった前近代の著作者には，宗教的信仰や芸術的・学的情熱に突き動かさ

れて，創作活動を行った者が多く，現代に比べると，知的生産の対価に対する感覚は鈍かった面があったと考えられます。また，価値ある著作と評価される作品を生み出した著作者には，王侯貴族や資産家のパトロンがつく傾向にあり，生活のために著作を生み出さなければならないという意識は，有名な人であればあるほど薄かったと考えられます。

　しかし，近世に至り，社会の経済的生産力が向上し，人々に生活の余裕が生まれると，ルネサンス期に高度化した文芸・学術・演劇・報道・美術・音楽など，人の知的成果を享受することができる層が増加し，活版印刷によってそれらが商品として市場で活発に取引されるようになってきます。それまでの，ごく一握りの知識人・芸術家・宗教家だけが著作を世に出す時代から，職業的に人々の需要に応える著作を量産する著作者も登場してきました。このような職業著作者も，有力なパトロンが得られなければ，手稿の原稿や楽譜を，出版者や興行主に，一回的な動産取引で買い取られてしまい，作品の経済的価値に見合った対価を受け取れずに貧困のなかで，著作に勤しまなければならないケースがほとんどでした。

　この状況を打開するために，18世紀になって，イギリスが世界で初めて，著作者に，著作物の複製を他者に許諾する独占権（copyright）を与える「アン女王法」を制定しました。19世紀には，欧州各国が「ベルヌ条約」と「万国著作権条約」を相次いで締結し，世界的に著作権の仕組の足並みを揃えるように動いてきました。現在でもこれらの条約は機能しています。日本では，1899年に著作権法を制定すると同時に，ベルヌ条約に加盟。大日本帝国憲法・民法・刑法・商法からそれほど後れを取ることなく整備されました。1931年には，ドイツ人プラーゲによる西洋音楽著作権の，日本企業に対する頻繁な追及（プラーゲ旋風）が発生し，一般人にも著作権に関する知識が普及しました。

【参考文献】

ヴェーバー，マックス『プロテスタンティズムの倫理と資本主義の精神』岩波書店，
　　1989年。

浦部法穂『世界史の中の憲法』共栄書房，2008年。

大家重夫『著作権を確立した人々』成文堂，2004年。

白田秀彰ほか『コピーライトの史的展開』信山社，1998年。

新保史生『プライバシーの権利の生成と展開』成文堂，2000年。

スタイン，ピーター『ローマ法とヨーロッパ』ミネルヴァ書房，2003年。

夏井高人『ネットワーク社会の文化と法』日本評論社，1997年。

林紘一郎『情報メディア法』東京大学出版会，2005年。

ベッカー，H. J.『古代オリエントの法と社会』ヨルダン社，1989年。

本間修平『日本法制史』中央大学通信教育部，1991年。

マクルーハン，マーシャル『グーテンベルクの銀河系』みすず書房，1986年。

ミルトン，ジョイス『イエロー・キッズ——アメリカ大衆新聞の夜明け』文藝春秋，
　　1992年。

毛利透『表現の自由——その公共性ともろさについて』岩波書店，2008年。

第8章

プライバシー・個人情報保護と競争政策

　ビッグデータ，「モノのインターネット」（IoT），人工知能（AI）などの進展にともない，データ利活用の重要性が高まっています。一方で，データの取り扱いにかかるプライバシー・個人情報保護のあり方が課題となっています。また，プラットフォーマーの登場により，データの適切な利活用を保障するために必要な競争政策上の課題についても検討が行われています。

1　プライバシー・個人情報保護法

データ利活用

　ビッグデータ，IoT，AI などの進展によって，情報通信技術を取り巻く環境が大きく変化しています。後述する米国の GAFA（Google, Apple, Facebook, Amazon），中国の BAT（Baidu, Alibaba, Tencent）に代表されるプラットフォーマーは，個人や企業が時間・場所・規模の制約を超えた活動を可能にする基盤を用意し，グローバルにデジタル経済そのものを機能させる舞台を提供していると言われています。一方，日本にはグローバルな存在感を持つ IT 企業は登場していません（総務省 2019）。私たちの生活は国外のプラットフォーマーが提供するサービスに依存せざるを得ず，それがデータ利活用の覇権を奪われる状況を生み出しています。

　しかし，特に企業が情報を利用する場合には，関係者の信頼を得ることが不可欠です。2019年1月，安倍晋三首相は，世界経済フォーラム年次総会のなかで "Data Free Flow with Trust" という言葉を使い，情報の自由な流通には信頼を必要とする旨を説きました。プライバシー権は，その信頼を担保するために必要な1つの権利であり，個人情報保護法制はプライバシー権を保護するための重要な制度であると言えます。

　国内では，2019年夏に，リクルートキャリアが運営する「リクナビ DMP フォロー」において，学生の意思を十分に確認しないままに AI を使って内定辞退率を予測して，そのデータを企業に販売していた行為が問題となりました。これは就職活動中の学生の信頼を大きく損なう行為であり，リクルート自身も学生視点の欠如を認めています（株式会社リクルートキャリア2019年8月26日プレスリリース「『リクナビ DMP フォロー』に係る当社に対する勧告等について」）。この事案は，学生の個人情報を不適切に利用したという側面の他に，学生の人生を左右しかねない事態をもたらしたという側面も有しています。

プライバシー・個人情報保護法とは

　それでは，プライバシー・個人情報保護とはどのような権利であり，法制度なのでしょうか。その歴史を紐解きつつ概要を見てみましょう。プライバシー権は，1890年に，サミュエル・D. ウォーレン氏とルイス・D. ブランダイス氏が，米国のハーバード・ローレビューに「プライバシーの権利」を発表し，「ひとりにしておかれる権利」を提唱したことから始まりました（p. 103 参照）。19世紀後半頃，米国では，他人の私生活上の秘密や性的醜聞などを好んで取り上げて誇大に取り扱う新聞の類が台頭し，イエロー・ジャーナリズム（yellow journalism）やイエロー・プレス（yellow press）と呼ばれていました。今でいうパパラッチ（paparazzi）のことです。ウォーレンも被害者の1人でした。ウォーレンは，元々弁護士でしたが，父親の事業を相続し，ボストンで富裕な製糸業者となりました。ウォーレン夫妻は，社会的地位が高かったこともあり，私生活を報道されて悩まされていたといわれています。一方で，私生活を暴露されることによる被害は，従来の名誉毀損や著作権等の法理では救済を得られませんでした。そこで，ウォーレンは，これに法的に対抗するために，かつて法律事務所の同僚弁護士であった俊才ブランダイスに相談し，「プライバシーの権利」を発表し，提唱しました（堀部 1980：19-24）。

　プライバシー権は，自己の肖像を無断で商品宣伝に使われたり，過去の知られたくない前歴を映画化された事案などで争われ，判例法（裁判所の判例を最重要の法源とする考え方）により発展していきました。カリフォルニア大学バークレー校で学部長を務めたウィリアム・L. プロッサー教授は，1960年，数多くのプライバシー侵害訴訟を分析し，それらを，①孤独な状態や私的事柄に対する不法侵入，②恥ずかしい私的事実の公開，③本人のことを公開することで公衆に誤認させること，④氏名又は肖像の盗用，という4つに分類しました。

　この流れと並行するかたちで，1960年代中葉になると，特にコンピュータ化との関係で，監視社会への懸念という，新たなプライバシー問題へと関心が寄せられるようになりました。かかる事態への対応に大きな影響を与えたのは，コロンビア大学のアラン・F. ウエスティン名誉教授が1967年に発表した『プ

ライバシーと自由』でした。この著書では，「プライバシーとは，個人，グループ又は組織が，自己に関する情報を，いつ，どのように，また，どの程度他人に伝えるかを自ら決定できる権利である」と定義しています。この現代的意味でのプライバシー権は，日本では「自己情報コントロール権」ともいわれています。ウエスティン教授は，その著書のなかで，新たなプライバシー問題には立法で対処すべきことを説きました。その立法提案に呼応するように，米国では，1970年公正信用報告法，1974年プライバシー法などが制定され，欧州では，スウェーデンの1973年データ法をはじめとして，1977年から1979年にかけて，ドイツ（西ドイツ），デンマーク，ノルウェー，フランス，オーストリア，ルクセンブルクが個人データ保護を目的とした法律を制定していきました。

　特に欧州の法律には，個人データの国外処理を制限する条項を設けているものが多く存在しました。そのような制限条項は，自国民のプライバシー保護には役立つものの，諸国間の情報の自由な流れを妨げるという効果を持っていました。このことは，当時すでに，全地球的規模の通信ネットワークを保持し，ヨーロッパの市場を圧巻してきた米国にとって，経済的に大きな脅威となりました。その結果，米国と欧州で，利害が対立するようになりました。そこで，個人情報の適正な取り扱いに関するルールを定め，情報の自由な流れと個人のプライバシー保護を調和させることを委ねられたのが，OECD（Organisation for Economic Co-operation and Development）です。OECD は，1980年9月23日，「プライバシー保護と個人データの国際流通についてのガイドラインに関する理事会勧告」を採択しました。そこで掲げられた8原則（収集制限の原則，データ内容の原則，目的明確化の原則，利用制限の原則，安全保護の原則，公開の原則，個人参加の原則，責任の原則）は，各国の個人情報保護法の礎となってきました（堀部 1988：65-76）。

EU 一般データ保護規則（GDPR）

　プライバシー権の提唱国は米国ですが，現在，個人情報保護制度を牽引しているのは欧州です。EU（European Union）は，欧州連合条約（Treaty on European Union）（マーストリヒト条約）に基づいて発足した政治・経済共同体で，2020年2月1日現在，27カ国で構成されています。英国は2020年1月末日にEU を離脱しました。

　EU の個人情報保護は主に「データ保護」といわれています。EU は，加盟国の制定した個人データ保護に関する法律の保護水準や内容の違いが，情報の自由な移動に対する障害となり，企業や個人の活動に余分な負担をかけていることを解消すべく，1995年に「データ保護指令」を採択し，高いレベルのデータ保護制度を設けました。それから約20年後の2016年，「個人データの取扱いに係る自然人の保護と当該データの自由な移動に関する，また，指令 95/46/EC を廃止する，2016年4月27日の欧州議会及び理事会の2016/679（EU）規則」（一般データ保護規則，General Data Protection Regulation の略称から「GDPR」といわれています）を採択しました。GDPR は EU 版の個人情報保護法で，官民双方に適用される包括的な法令です。GDPR の採択背景には，加盟国間で異なる規制を統一し，デジタル経済を大きく成長させようとするデジタル単一市場戦略が存在しています。

　GDPR には数多くの規制が設けられています。GDPR が特に重視しているのは，「個人の権利の強化」「EU 域内市場の強化」「規則の強化の保障」「個人データの国際移転の簡素化」「グローバルなデータ保護水準の設定」です。個人の権利には，アクセス権や訂正権のほか，いわゆる「忘れられる権利」，データ・ポータビリティ権，処理に異議を申し立てる権利，プロファイリングを含むコンピュータ処理のみによる不利益判断に服さない権利などがあります。「忘れられる権利」は，特に検索サービス事業者に対して，検索結果からの情報削除を求める場面などで争われてきました。プロファイリングは，個人を評価するためのコンピュータによる情報処理のことをいいます。冒頭で取り上げたリクナビのようなケースが EU 域内で発生していたら，プロファイリングが問題とされたかもしれません。データ・ポータビリティ権については後述しますが，ある事業者から他の事業者へ自己のデータを移す権利は，競争環境を高める効果を持つのではないかといわれており，競争法とプライバシー・個人情報保護法の交錯する場面が登場しています。そこで，次節では競争政策につい

て触れてみます。なお，日本の個人情報保護法制にはプロファイリングやデータ・ポータビリティの権利は存在しません。

　GDPR に違反する行為は，高額な制裁金に処せられます。違反行為の種類に応じて，①最大1,000万ユーロ，又は企業の場合は前会計年度の全世界の年間総売上の２％までの制裁金，②最大2,000万ユーロ，又は企業の場合は前会計年度の全世界の年間総売上の４％までの制裁金の対象となります。フランスの監督機関である CNIL（Commission Nationale de l'Informatique et des Libertés）は，2019年１月21日，Google に対して，説明義務や同意の要件を遵守していなかったことを理由に，5,000万ユーロの制裁金を科したことで話題となりました（小向・石井 2019：150-151）。

2　競 争 政 策

プラットフォーマー

　近年，米国の大手 IT 企業，いわゆる GAFA を念頭に置いて，プラットフォーマーまたはプラットフォームという言葉がよく使われています。米国では，経営学や経済学の観点から，プラットフォーマーのビジネスモデル分析が盛んにおこなわれています。しかし，プラットフォーマーについて，法学上は，必ずしも明確な定義が存在するわけではありません。

　一般に，プラットフォーマーとは，インターネット上のサービスの基盤となる「場」を提供する企業を指すことが多く，そのビジネスモデルは多種多様です（小向 2018：127-128）。欧州委員会は，今日，オンライン・プラットフォームが，オンライン広告，マーケットプレイス，検索エンジン，ソーシャルメディア，コンテンツ事業者，アプリケーション配信プラットフォーム，通信サービス，決裁システム，シェアリングエコノミー・プラットフォームなど広範な業種にわたって展開されているとしつつ，それらには以下のように共通する特徴があるとします（European Commission, *Online Platforms and the Digital Single Market Opportunities and Challenges for Europe*, 2016, pp. 2-3）。

① 大規模なデータの収集，処理，編集により，従来の市場に対抗する新たな市場を創出する能力を有する。

② 多面市場を展開する（ただし，ユーザーグループ相互の直接交流に対する，その干渉の仕方は様々である）。

③ 「ネットワーク効果」を享受する（つまり，サービスの価値は，ユーザー数の規模に依存する）。

④ 情報通信技術を利用して，瞬時かつ簡便にユーザーとつながる。

⑤ データ処理による価値発掘，（それを利用する）ベンチャーの育成，（結果として生まれる）新領域での依存関係の創出というサイクルを通じて，デジタル分野の価値創出においてキーポジションを占める。

日本では，従来，プラットフォームについて，政府の研究会などが，「複数のネットワーク・端末をシームレスにつなげ，様々なアプリケーションを提供しやすくするための共通基盤」（総務省「ユビキタスネット社会におけるプラットフォーム機能の在り方に関する研究会」2005年），「ICTネットワーク，とりわけインターネットにおいて，多数の事業者間ないし多数の事業者とユーザー間を仲介し，電子商取引やアプリ・コンテンツ配信その他の財・サービスの提供に必要となる基盤的機能」（総務省『平成24年版 情報通信白書』2012年）などと定義してきました。

二面市場と無料サービス

プラットフォーマーの特徴として，プラットフォームを介して直接取引関係にない複数の顧客グループを結びつけることから，「二面市場」（two-sided market）が挙げられます（「両面市場」または「多面市場」〔multi-sided market〕と呼ばれることもあります）。たとえば，米Google社は，検索サービスを提供するにあたり，検索サービスの利用者に対しては，無料で検索サービスを提供する一方，広告主に対しては，検索サービスの利用者に表示される広告の表示機会を販売しています。検索サービスの利用者と広告主の間に直接の取引がなくても，多

くの利用者が検索サービスを利用すればするほど，多くの広告主が広告を出す
ようになります。このように，一方の顧客グループとの取引の増加が他方の顧
客グループの取引を増加させることを「ネットワーク効果」といいます（ここ
でいう取引には，無料の提供を含みます）。その際，一方の顧客群に対して無料で
商品またはサービスを提供することは，多くの顧客を獲得することにつながり
ます。プラットフォーマーは，そのネットワーク効果によって，寡占的ないし
独占的となる傾向が見られることが指摘されています（小向 2018：128-129；岡
田・林 2014：30-33）。

プラットフォーマーと競争政策

　一般に，日本の「私的独占の禁止及び公正取引の確保に関する法律」（「独占
禁止法」または「独禁法」などの略称で呼ばれます。以下，「独禁法」といいます。）に
相当する世界各国の法令を「競争法」と総称します。あるいはもっと広く，
「競争法」という言葉は，取引における競争秩序の維持・促進を目的とした事
業法なども含む，競争政策に関する諸法令の総称として用いられることもあり
ます。（白石 2016：2）。ここでは，プラットフォーマーに関連する，日本，EU
および米国の競争法を概観するとともに，競争政策の動向について紹介します。
　日本では，独禁法が，公正かつ自由な競争の促進をするため，競争政策を実
現する基本法として位置づけられています（根岸・舟田 2015：19以下）。独禁法
は，企業等に対して，「私的独占」（独禁法第3条），「不当な取引制限」（独禁法
第3条），「不公正な取引方法」（独禁法第19条。具体的には，第2条第9項の各号が
定める，ないしは公正取引委員会〔以下，「公取委」といいます。〕が指定する，共同の
取引拒絶，差別対価，不当廉売，再販売価格維持行為，優越的地位の濫用等）を禁止
しています。また，企業が合併等によって一定の取引分野における競争を制限
することになるか，または，企業の合併が不公正な取引方法によるものである
場合には，そのような合併は禁止されているほか，一定の要件に該当する合併
を行う場合には，公取委へ届出をしなければならないと定められています（独
禁法第15条）。

　日本の公取委は，プラットフォーマーに対しても，一定の要件に該当する場合には，上記規制を適用します。公取委は，プラットフォーマーをはじめとするデータの取り扱いに関する競争政策上の論点を網羅したうえで，上述したプラットフォーマーの特徴である「二面市場」と「無料サービス」といった側面を競争法上どのように評価すべきかについても検討を行っています（公取委・競争政策研究センター「データと競争政策に関する検討会 報告書」2017年6月6日）。

　EU では，欧州連合運営条約（Treaty on the Functioning of European Union）が EU 競争法について定めており，企業等に対して，競争制限的協定・協調的行為（第101条）および市場支配的地位の濫用（第102条）を禁止しています。市場支配的地位の濫用は，排除型濫用（exclusive abuse）と搾取型濫用（exploitative abuse）に分けて考えられています。また，企業結合規制については，欧州連合運営条約に基づき理事会規則が定めています（笠原 2016：7-8, 135）。

　EU では，近年，米国のプラットフォーマーに欧州のインターネット市場を支配されるとの危機感が根強くあります。こうした危機感を背景に，欧州委員会は，ここ数年，米国のプラットフォーマーに対して，欧州連合運営条約第102条に基づく違反決定を積極的に行っています。たとえば，2017年から2019年にかけて，欧州委員会が米 Google 社に対して，違反決定を下した3つの事件の制裁金額は，合計約82億5,000万ユーロにのぼります（2017年の米 Google 社ショッピング事件［Case No. 39740, Commission Decision on Google Search〔shopping〕〔June 27, 2017〕］, 2018年の米 Google 社アンドロイド事件［Case No. 40099, Commission Decision on Google Android〔July 18, 2018〕］, 2019年の米 Google 社アドセンス事件［Case No. 40411, Commission Decision on Google Search〔AdSense〕〔Mar 20, 2019〕]）。しかし，各決定で，欧州委員会がプラットフォーマーの特徴である「二面市場」と「無料サービス」といった側面をどのように評価したのかは必ずしも明らかではありません。

　米国では，競争法は単一の法律ではなく，連邦レベルでも，シャーマン法（The Sherman Antitrust Act），クレイトン法（The Clayton Antitrust Act），連邦取引委員会法（The Federal Trade Commission Act: FTC 法）があります（これ

らを総称して「反トラスト法」と呼びます）。シャーマン法は，カルテルなどの取引制限および独占化行為を禁止しており，クレイトン法は，シャーマン法違反の予防的規制を目的として，価格差別の禁止，不当な排他条件付取引の禁止，企業結合等を規制しています（滝川 2010：215-217）。FTC 法第5条は，「商業活動に関わる不公正な競争手段と，商業活動に関わる不公正もしくは欺瞞的な行為または慣行（unfair or deceptive acts or practices）は，違法であることがここに宣言される」（15 U. S. C. §45(a)(1)）と規定しており，前段が競争規制の根拠法とされるほか，後段がプライバシー保護を含む消費者保護に関する規制を行う根拠とされています（石井 2017：408以下）。

　FTC は，2013年に米 Google 社の検索サービスに関する競争法上の調査を行いましたが，問題なしと結論して終了していました（Press Release, Federal Trade Commission, *Google Agrees to Change Its Business Practices to Resolve FTC Competition Concerns In the Markets for Devices Like Smart Phones, Games and Tablets, and in Online Search, Landmark Agreements Will Give Competitors Access to Standard-Essential Patents; Advertisers Will Get More Flexibility to Use Rival Search Engines* 〔Jan. 3, 2013〕）。しかし，最近になり，（米 Google 社を含む）プラットフォーマーに対する競争法上の調査の機運が高まっています。2019年7月23日に，米司法省は，検索サービスを含むプラットフォーマーに対する競争法上の調査を行うと公表しました（FOR IMMEDIATE RELEASE, Department of Justice, *Justice Department Reviewing the Practices of Market-Leading Online Platforms* 〔July 23, 2019〕）。2019年9月には，多くの州の司法長官が，米 Google 社に対する州内の競争法上の調査に乗り出すと報じられています。今後，米国のこうした事例において，プラットフォーマーの特徴である「二面市場」と「無料サービス」といった側面がどのように評価されていくかが注目されます。

3　プライバシー・個人情報保護と競争政策の交錯領域

データ集中とプライバシー

近年，プラットフォーマーによるデータの利活用が利用者の利便性や企業の競争力を高めることが期待される反面，プラットフォーマーが検索サービスやSNSなどのサービスを提供するにあたり，利用者に対して無料でサービスを提供するとしつつ，利用者個人と紐づいたパーソナル・データについて適切な同意を得ることなく収集・利用し，かつ，その利用者のパーソナル・データを不当に囲い込んでいるのではないかということが懸念されています。これは，プラットフォーマーによる「データ集中」とプライバシーの問題として議論されていますが，各法域において議論状況は異なります。

日本では，2018年12月18日に，経済産業省，公取委および総務省の3省が合同で，「プラットフォーマー型ビジネスの台頭に対応したルール整備の基本原則」を策定しています。そして，同基本原則に基づき，公取委は，「デジタル・プラットフォーム事業者と個人情報等を提供する消費者との取引における優越的地位の濫用に関する独占禁止法上の考え方」（2019年12月17日）を公表しました。これによると，消費者がプラットフォーマーの提供するサービスを利用するために，プラットフォーマーによる不利益を受け入れなければならないような場合には，当該プラットフォーマーは消費者に対して優越した地位にあると認定すべきとしています。そして，濫用行為となる行為類型として，以下を例示しています。これらの考え方は，消費者の個人情報等がプラットフォーマーにとって経済的価値を有することを前提としています。

① 利用目的を消費者に知らせずに個人情報を取得すること。
② 利用目的の達成に必要な範囲を超えて，消費者の意に反して個人情報を取得・利用すること。
③ 個人データの安全管理のために必要かつ適切な措置を講じずに，個人情

報を取得・利用すること。

④　プラットフォーマーのサービスを継続して利用する消費者に対して，消
　　費者がサービスを利用するために提供している個人情報等とは別に，追
　　加的に個人情報等の経済上の利益を提供させること。

⑤　その他，プラットフォーマーによる消費者が提供する個人情報等の取
　　得・利用行為が，正常な商慣習に照らして不当に消費者に不利益を与え
　　ることとなる場合。

　EU では，従来，主にプラットフォーマーによる企業結合事案を中心として，
プラットフォーマーが他社を買収することによるデータの結合がプライバシー
上の問題を生じないかとの観点から審査が行われてきました（2008年の米 Google
社／米 DoubleClick 社企業結合審査〔Case No. COMP/M. 4731, Commission Decision
on Google/ DoubleClick［Nov 3, 2008］〕，2014 年 か ら 2017 年 の 米 Facebook 社 ／ 米
Whatsapp 社企業結合審査〔Case No. COMP/M. 7217, Commission Decision on Face-
book/ Whatsapp［Oct 3, 2014］〕，2016年の米 Microsoft 社／米 LinkedIn 企業結合審査
〔Case No. M. 8124, Commission Decision on Microsoft / LinkedIn［Dec 6, 2016］〕等）。
その他，2019年 2 月 6 日に，ドイツ連邦カルテル庁が，米 Facebook 社の SNS
サービスに関するデータの取り扱いに対して，ドイツ連邦競争制限禁止法第19
条に基づく違反決定を下しています（Case No. B6-22/16, Bundeskartellamt Deci-
sion under Section 32⑴ German Competition Act〔GWB〕〔Feb 15, 2019〕）。ドイツ
連邦カルテル庁は，米 Facebook 社が，米 Instagram 社，米 Whatsapp 社らの
グループ企業が提供するサービスなどから収集した個人情報を，本人の同意な
く，米 Facebook 社のアカウントに結合して利用したという GDPR に違反す
る行為が，連邦競争法にも違反すると認定しました。同事件は，個人情報保護
法と競争法の交錯領域にわたる論点を提示するものとして注目を集めています。
　米国では，もともと，FTC 法第 5 条が「不公正もしくは欺瞞的な行為また
は慣行」を禁じており，同条が競争法のみならずプライバシー保護を含む消費
者保護に関する規制を行う根拠となっていることは前述の通りです。いわば，

米国の法制度上，FTC 法第5条は，1つの条文のなかで，競争政策と消費者保護の両方の価値を体現しているといえます。そのような観点から，米国において FTC 法第5条違反に問われたプラットフォーマーの事案（2011年の米 Google 社によるグーグル・バズ違反事件〔File No. 102 3136, FTC, Agreement Containing Consent Order on Google Inc. [Mar 30, 2011]〕，2011年の米 Facebook 社によるプライバシーポリシー違反事件〔File No. 092 3184, FTC, Agreement Containing Consent Order on Facebook Inc. [Nov 29, 2011]〕，2012年の米 Google 社によるクッキー埋め込み事件〔Press Release, FTC, *Google Will Pay $22.5 Million to Settle FTC Charges it Misrepresented Privacy Assurances to Users of Apple's Safari Internet Browser*〔August 9, 2012〕）は分析する価値があります。そのほか，2007年に，FTC が米 Google 社／米 DoubleClick 社の企業結合を調査した事案では，結論において違反なしとされたものの（File No. 071 0170, FTC, Statement on Google/DoubleClick [Dec 20, 2007]），FTC 委員の1人が反対意見として，競争法上の問題のみならず，プライバシーの懸念についてもよく検討すべきとして詳細な意見を公表して注目を集めたことも付言しておきたいと思います（File No. 071 0170, Pamela Jones Harbour, Dissenting Statement on Google/DoubleClick [Dec 20, 2007]）。

データ・ポータビリティ

EU で新たに制定された GDPR を嚆矢として，EU 域外の国々でもデータ・ポータビリティの是非が議論されています。GDPR 第20条は，個人が，自己に関する個人情報を他社に移転することを求める権利（データ・ポータビリティ権）を定めています。GDPR の規定は，直接的には個人情報保護の規則（ないし権利）ですが，その派生的効果として，企業におけるサービス間の競争を高める効果をあわせ持つことも期待されています。

一方，EU 競争法上，データ・ポータビリティは，ある企業がパーソナル・データを独占的に保有している場合に，欧州連合運営条約第102条の支配的地位の濫用に基づき，その企業が保有するデータに他社がアクセスすることを拒

絶することが禁止されるかとの観点から議論がなされることになります。これ
は、「不可欠施設の理論」(Essential Facilities Doctrine) という法理との関係に
おいて議論されることもありますが、国内外の判例および学説の態度は、同理
論の採用には、慎重な姿勢を見せているようです。

　現在、データ・ポータビリティについては、IT 分野のほか、金融（フィンテ
ック）や医療など、それぞれのサービス分野ごとにその導入の当否が具体的に
議論されており、あわせて法政策のあり方についても議論の進展が注目されて
います。

【参考文献】

石井夏生利『新版　個人情報保護法の現在と未来　世界的潮流と日本の将来像』勁草
　　書房，2017年。

岡田羊祐・林秀弥（編著）『クラウド産業論　流動化するプラットフォーム・ビジネ
　　スにおける競争と規制』勁草書房，2014年。

笠原宏『EU 競争法』信山社，2016年。

小向太郎『情報法入門　デジタル・ネットワークの法律（第5版）』NTT 出版，2020
　　年。

―――・石井夏生利『概説 GDPR　世界を揺るがす個人情報保護制度』NTT 出版，
　　2019年。

白石忠志『独占禁止法（第3版）』有斐閣，2016年。

総務省「令和元年版　情報通信白書」2019年。

滝川敏明『日米 EU の独禁法と競争政策（第4版）』青林書院，2010年。

根岸哲・舟田正之『独占禁止法概説（第5版）』有斐閣，2015年。

堀部政男『現代のプライバシー』岩波書店，1980年。

―――『プライバシーと高度情報化社会』岩波書店，1988年。

第**9**章

サイバー犯罪と刑事法

　現在では，PC やスマートフォンでメッセージや動画・写真を送ったり，お金のやり取りをしたりと，インターネットは私たちの生活においてなくてはならないものとなっています。それとともに，ウイルス感染，ID やパスワードの悪用といった，業務や財産に甚大な被害を及ぼすような事例も多発しています。本章では，このようなインターネットの安全を脅かすサイバー犯罪に対抗するために進められてきた刑事規制の動向について見ていきます。

1　サイバー犯罪とは

　インターネットの普及に伴い，人々の生活はより便利になり，時間と場所の隔たりをそれほど感じることなく，国境を越えてコミュニケーションをとったり，情報を入手したりすることができるようになりました。このことは，犯罪者もまた便利なツールを手に入れたことを意味し，匿名性の高いサイバー空間においては，犯人を特定し，犯罪の証拠を収集することが困難な場合も少なくありません。さらに，誰でもインターネットを利用することができるようになったことで，十分な知識のないまま，意図せず加害者となったり被害者となったりすることもあり得ます。

　このようななか，コンピュータ・システムを攻撃する犯罪およびコンピュータ・システムを利用して行われる犯罪（いわゆる「サイバー犯罪」）から社会を保護することを目的として，2001年，欧州評議会において，サイバー犯罪に関する条約が採択されました。この条約は，世界初の包括的なサイバー犯罪対策として，①コンピュータ・システムに対する違法なアクセス，コンピュータ・ウイルスの製造等の行為の犯罪化，②コンピュータ・データの捜索・押収手続の整備等，③捜査共助・犯罪人引渡し等に関する国際協力等について規定するものです。

　日本も，2012年にこの条約を締結するにあたって，国内法の整備を進め，2011年には，「情報処理の高度化等に対処するための刑法等の一部を改正する法律」（平成23年法律第74号）が制定されました。ほかにも，「児童買春，児童ポルノに係る行為等の処罰及び児童の保護等に関する法律の一部を改正する法律」（平成26年法律第79号），「私事性的画像記録の提供等による被害の防止に関する法律」（平成26年法律第126号）等，インターネットを安心して利用できる環境づくりへ向けて，サイバー犯罪に対する刑事規制が本格的に進められています。

　もっとも，サイバー犯罪の検挙件数は年々増加傾向にあり（図9-1），今後

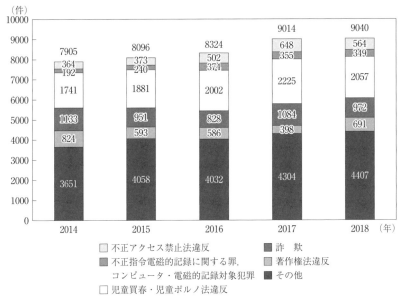

図 9 - 1　サイバー犯罪の検挙件数の推移
出所：警察庁「平成30年におけるサイバー空間をめぐる脅威の情勢等について」。

　も，サイバー犯罪対策を一層強化していくとともに，国民もまた，サイバー犯罪の脅威を現実のものとしてとらえ，サイバー空間における規範意識を高めていくことが必要となります。

2　サイバー犯罪と実体法

　犯罪と刑罰について定める刑法では，比較的早い段階から，電子データや磁気データといった電磁的記録（「電子的方式，磁気的方式その他人の知覚によっては認識することができない方式で作られる記録であって，電子計算機による情報処理の用に供されるもの」〔刑法第7条の2〕）について，保護すべき利益として考えられてきました。しかし，当初は，「文書」偽変造・行使罪に相当するものとしての「電磁的記録」不正作出・供用罪（刑法第161条の2）や，コンピュータを対

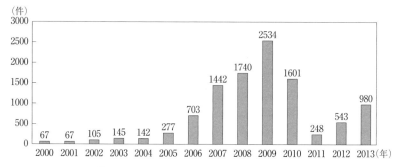

図9-2　不正アクセス禁止法違反の検挙件数の推移
出所：警察庁「過去の状況：サイバー犯罪の検挙状況等について」平成12年～25年。

象とした業務妨害罪・詐欺罪としての電子計算機損壊等業務妨害罪（刑法第234条の2）や電子計算機使用詐欺罪（刑法第246条の2）といった，必ずしもサイバー空間を想定していない犯罪類型にとどまるものでした。そこで，ネットワークを悪用するサイバー犯罪の増加に対処するため，様々な法整備が進められてきましたが，本節ではその一部を紹介します。

不正アクセス行為の犯罪化

他人のIDやパスワードを悪用したり，コンピュータ・プログラムの脆弱性を突いたりして，本来はアクセスする権限のないコンピュータを利用できるようにする不正アクセス行為は，サイバー空間の安全を脅かす行為であることから，その秩序維持を図るために，1999年，「不正アクセス行為の禁止等に関する法律」（平成11年法律第128号）が制定されました。

この不正アクセス禁止法は，当初，不正アクセス行為（第3条）と，他人のIDやパスワードを提供するという「不正アクセス行為を助長する行為」（第5条）のみを禁止し，処罰対象としていました。ところが，その後も不正アクセス行為の検挙件数は増加傾向にあり（図9-2），さらに，偽サイトや偽メールを用いてIDやパスワードを騙し取るフィッシング行為の増加や，IDやパスワードを盗み取るサイバー攻撃の発生も確認されました。そこで，2012年，「不正アクセス行為の禁止等に関する法律の一部を改正する法律」（平成24年法

律第12号）によって不正アクセス行為が厳罰化され，これを助長する行為の範
囲が拡大されました。加えて，不正アクセス禁止法の処罰対象が，他人の ID
やパスワードを不正に取得・保管する行為（第4条，第6条）と，その入力を不
正に要求する行為（第7条）にまで及ぶことになりました。

刑法の改正

　名誉毀損罪（刑法第230条）や著作権法違反といった，いわば従来型の犯罪が，
サイバー空間へと場所を変えて，より容易に行われやすくなっているというこ
とも懸念すべきではありますが，法の網をかいくぐるべく巧妙化するサイバー
犯罪を，処罰の対象となる「犯罪」として的確にとらえることも，非常に重要
となってきます。

　現在では，キャッシュレス化が加速しており，クレジットカードなどの支払
用カードが通貨や有価証券に準ずる機能を果たし，特にサイバー空間ではその
役割がますます拡大しています。このような支払用カードが普及するにつれて，
偽造カードによる被害が多く発生したことから，2001年，「刑法の一部を改正
する法律」（平成13年法律第97号）によって，電磁的記録のうち支払用カードを
構成するものについては，「支払用カード電磁的記録」不正作出等罪（刑法第
163条の2）として，特別の規定が置かれました。そして，偽造カードを作って
使うという段階だけではなく，譲渡や所持，準備段階であるスキミング行為等
も処罰されることになりました。

　その後，サイバー犯罪に関する条約に対応する形で，2011年に「情報処理の
高度化等に対処するための刑法等の一部を改正する法律」（前出）が制定され
ました。サイバー犯罪に関する条約が掲げる法整備のうち，日本で特に必要と
なったのは，コンピュータ・ウイルスの製造等の行為の犯罪化でした。そこで，
コンピュータ・ウイルスやソース・コードの作成・提供・供用と取得・保管を
処罰対象とするべく，不正指令電磁的記録作成等罪（刑法第168条の2）と不正
指令電磁的記録取得等罪（刑法第168条の3）が新設されました。あわせて，ネ
ットワークの発達によって犯罪態様が多様化し，甚大な被害を生じさせるおそ

れのある犯罪類型として，わいせつ物頒布等罪（刑法第175条）の範囲が拡大され，電子計算機損壊等業務妨害罪（刑法第234条の2）には未遂を処罰する規定が新設されました。

児童が被害者となるサイバー犯罪

児童買春や児童ポルノは，児童の権利を著しく侵害するものであることから，1999年に制定された「児童買春，児童ポルノに係る行為等の処罰及び児童の保護等に関する法律」（平成11年法律第52号）によって，処罰対象とされてきました。

児童ポルノについて見ると，不特定又は多数の者に対する提供や公然陳列のほか，提供等を目的とする製造・所持・運搬や輸出入が当初の犯罪類型でした。もっとも，特定かつ少数の者に対する児童ポルノの提供とこれを目的とする製造・所持・運搬や輸出入，提供等を目的としない単純製造といった行為も児童の権利を著しく侵害することに変わりはなく，また，児童ポルノのデータ送信や提供等を目的とするサーバなどでの保管が処罰対象となるかどうかも明らかではありませんでした。そこで，2004年，「児童買春，児童ポルノに係る行為等の処罰及び児童の保護等に関する法律の一部を改正する法律」（平成16年法律第106号）によって，これらが犯罪化されるとともに，当初の犯罪類型の罰則も強化されました。

同時に，児童買春罪等も厳罰化されましたが，その後も，被害を受ける児童が増え続けていることから（図9-3），2014年，「児童買春，児童ポルノに係る行為等の処罰及び児童の保護等に関する法律の一部を改正する法律」（平成26年法律第79号，「児童買春，児童ポルノに係る行為等の規制及び処罰並びに児童の保護等に関する法律」に名称変更）によって，児童に対する性的搾取及び性的虐待に係る行為を一般的に禁止する規定が置かれました。さらに，自己の性的好奇心を満たす目的で児童ポルノを所持し，サーバなどに保管する行為と，盗撮によって児童ポルノを製造する行為を処罰する規定が設けられました。

ほかにも，いわゆる出会い系サイトの利用に起因する児童買春その他の犯罪

図9-3　児童買春・児童ポルノ法違反（ネットワーク利用犯罪）の検挙件数の推移
出所：警察庁「過去の状況：サイバー犯罪の検挙状況等について」平成12年～25年。

から児童を保護することを目的として，2003年には「インターネット異性紹介事業を利用して児童を誘引する行為の規制等に関する法律」（平成15年法律第83号）が制定され，また，被害者は児童に限られないものの，いわゆるリベンジポルノによる被害が多発したことから，2014年には「私事性的画像記録の提供等による被害の防止に関する法律」（前出）が制定されるに至っています。

3　サイバー犯罪と手続法

　犯罪を行った者に刑罰を科すための手続について定める刑事訴訟法は，差押えの対象となる犯罪の証拠として，凶器や文書等の有体物を想定しています。電子データや磁気データといった電磁的記録は，たとえば，コンピュータで表示して見ることは可能ですが，それ自体は無体物ですから，データそのものを差し押さえることはできません。そこで，必要なデータが保存されているコンピュータやCD-Rなどの記録媒体ごと差し押さえるというのが，従来の差押えの方法でした。本節では，サイバー犯罪の証拠として必要となるデータを適正に収集するため，2011年に「情報処理の高度化等に対処するための刑法等の

必要なデータ　コピー

図9-4　差押えの執行方法の整備
出所：法務省「情報処理の高度化等に対処するための刑法等
の一部を改正する法律案」概要参照。

一部を改正する法律」（前出）によって新設された差押えの方法等について概説します。

差押えの執行方法の整備

　現在では，コンピュータに膨大な量のデータを蓄積できるようになったことから，コンピュータやCD-Rなどの記録媒体ごと差し押さえるという従来の差押え方法によっては，処分を受ける者の業務等に著しい支障を生じさせるおそれがあります。また，捜査機関や裁判所としても，必要なデータのみを取得できれば，差押えの目的を達成できるという場合もあります。

　そこで，必要なデータが保存されているコンピュータやCD-Rなどの記録媒体ごと差し押さえるのではなく，必要なデータのみを他の記録媒体にコピーしたりプリントアウトしたりして，これを差し押さえることができるようになりました（刑事訴訟法第110条の2，第222条第1項）。大型のサーバが典型的ですが，身近なところで見ると，スマートフォン本体に保存してあるアドレス帳や写真といったデータを差し押さえる必要がある場合，保存先であるスマートフォンそれ自体ではなく，CD-Rに必要なデータのみをコピーして，これを差し押さえることが考えられます（図9-4）。

記録命令付差押えの新設

　大型のサーバなど，膨大なデータが蓄積されている記録媒体そのものを差し押さえることによって，業務等に著しい支障を生じさせるおそれがあることに加えて，捜査機関や裁判所が，このような膨大なデータのうち，どこに必要なデータが保存されているかを特定することにも困難が伴います。

必要なデータ　プロバイダ　コピー

図 9-5　記録命令付差押えの新設
出所：法務省「情報処理の高度化等に対処するための刑法等
　　　の一部を改正する法律案」概要参照。

　そこで，プロバイダなど，令状があれば協力的であると考えられる被処分者
を想定して，記録命令付差押え（「電磁的記録を保管する者その他電磁的記録を利用
する権限を有する者に命じて必要な電磁的記録を記録媒体に記録させ，又は印刷させた
上，当該記録媒体を差し押さえること」〔刑事訴訟法第99条の２〕）が新設されました。
必要なデータが保管されている記録媒体を特定することが困難な場合や，その
操作に専門的な知識・技術を要する場合に，処分を受ける者に対して，必要な
データのコピーやプリントアウトなどを命じることができます（刑事訴訟法第
99条の２，218条第１項）（図 9-5）。

接続サーバ保管の自己作成データなどの差押えの導入

　現在では，ネットワークを利用することで，コンピュータ本体やこれに付随
する記録媒体ではなく，クラウドなど，物理的に離れた記録媒体にデータを保
管することが可能となっています。この場合に，必要なデータが保管されてい
るサーバなどの記録媒体をそれぞれ特定して，これを差し押さえることは困難
である場合も多く，また，捜査機関や裁判所がコンピュータそのものを差し押
さえたとしても，その本体には保存されていないデータにアクセスすることが
できるのかも，明らかではありませんでした。

　そこで，コンピュータにネットワークで接続しているサーバなどの記録媒体
にリモート・アクセスし，そのコンピュータで作成・変更したデータや，その
コンピュータから変更・消去できるようなデータを，そのコンピュータや
CD-R などの記録媒体にコピーしたうえで，これを差し押さえることができる
ようになりました（刑事訴訟法第99条第２項，第218条第２項）。たとえば，PC で

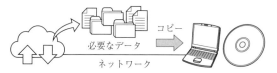

図9-6　接続サーバ保管の自己作成データなどの差押えの導入
出所：法務省「情報処理の高度化等に対処するための刑法等
の一部を改正する法律案」概要参照。

作成したファイルや電子メールを保管しているストレージサーバやメールボックスにアクセスし，必要なファイルや電子メールのみをその PC や CD-R にコピーして，PC 本体や CD-R を差し押さえる場合がこれに当たります（図9-6）。

保全・協力要請の規定の整備

　サイバー犯罪の捜査にあたっては，犯人特定や証拠収集のために，通信ログなどを確保することが重要となります。そこで，差押え又は記録命令付差押えの必要がある場合に，プロバイダなどに対して，通信ログなどを一定の期間消去しないよう求めるとともに，必要があれば，みだりに情報を漏らさないよう求めることができるようになりました（刑事訴訟法第197条第3項～第5項）。

　また，コンピュータや CD-R といった記録媒体を差し押さえるにあたっては，コンピュータの操作等に専門的な知識・技術を要することがあります。処分を受ける者としても，保管されているデータについて権限を有する者との関係で，非開示義務を負っている場合も考えられます。そこで，処分を受ける者が捜査機関や裁判所に協力する根拠となるものとして，コンピュータの操作等の必要な協力を求めることができるという規定が設けられました（刑事訴訟法第111条の2，第222条第1項）。

4　サイバー犯罪対策

　このように，サイバー犯罪に関する条約の発効に伴い，刑事法の領域におい

て国内法の整備が本格的に進められています。もっとも，このような状況においても，個人や企業の情報を盗み取る一般的な情報窃盗を犯罪化することの是非，国外のサーバに主権国家の承諾なくリモート・アクセスすることの適法性，法律の異なる外国で捜査共助によって収集された証拠を日本の裁判で利用するにあたっての条件等，様々な課題が残されています。また，サイバー犯罪は，国境を容易に越えるものであることから，国をあげてサイバー犯罪対策に取り組むとともに，捜査共助や犯罪人の引渡し等，国際的な協力体制を一層強固なものとしていくことが必要となるでしょう。

【参考文献】

井田良『基礎から学ぶ刑事法（第6版）』有斐閣，2017年。

四方光『サイバー犯罪対策概論――法と政策』立花書房，2014年。

【参考資料】

外務省「サイバー犯罪に関する条約」（https://www.mofa.go.jp/mofaj/gaiko/treaty/treaty159_4.html 2019年11月26日最終閲覧）。

警察庁「サイバー犯罪対策」統計（https://www.npa.go.jp/cyber/statics/index.html 2019年11月26日最終閲覧）。

法務省「情報処理の高度化等に対処するための刑法等の一部を改正する法律案」概要（http://www.moj.go.jp/content/000073743.pdf 2019年11月26日最終閲覧）。

第10章

AI とロボット法

本章では，〈ロボット法〉という新領域の法律学について説明します。ロボット法はまだ，国会で制定された法律ではありません。今後，AI が頭脳として組み込まれたロボットが，広く社会に普及してから起こすかもしれない諸問題や危険性を，今の時点で早めに予測して (to predict)，そのような事態に備えて (to provide)，かつそのような事態から人々を防護 (and to protect) しようと試みる研究分野のことを，〈ロボット法〉と呼びます——頭文字が「p」３つなので「ロボット法の3Ps スリー・ピーズ 」といいます。そのようなロボット法の特徴について，以下説明します。

1　ロボット法とは何か

制定法ではない〈ロボット法〉

『ロボット法』という本を出版しました，と筆者が言うと，「〈ロボット法〉という法律があるのですか？」と訊かれます。実際には，〈ロボット法〉という制定法（国会で制定される法律のこと。法律には制定法以外にも，判例や慣習が法律としての効果を生む〈判例法〉や〈慣習法〉なども存在します）は存在しません。それでは〈ロボット法〉とは一体何なのでしょうか。そもそも制定法も存在しないのに，なぜ〈ロボット法〉という名称を筆者が使うのでしょうか。その理由は，ロボットをめぐる法律の研究がすでに欧米で先行していて，その研究分野が〈ロボット法〉とか〈ロボットの法〉などと呼ばれているからです。筆者もロボットの法律分野を研究していて，その研究を本にまとめたので，欧米先進国の例にならって『ロボット法』を自分の本の題にしました。つまり〈ロボット法〉とは，1つの研究分野の呼称なのです。

〈予防法務〉としてのロボット法──法学版〈予防医学〉

　まだ制定法も存在しないのに，ロボットの法律を研究する理由は，制定法の成立を待っていたら手遅れになるおそれを懸念するからです。大きな問題が発生する前に，発生を予測したうえで防止し，または発生した問題が大きくならないようにする必要があります。そのためには，今のうちから──すなわち急速に普及する前に──対策を考えておく必要があるのです。これはアメリカの著名なロボット法研究者の主張ですが，筆者もこの主張に賛同しています。

　ところで法的紛争が発生する前に防止したり，発生しても問題が大きくならないように事前に対策を検討する実務や研究は，ロボット以外の法学において以前から存在します。それは〈予防法学〉とか〈予防法務〉と呼ばれる分野です（以下〈予防法務〉の文言で統一します）。予防法務の特徴は，医学を例に説明すると分かりやすいでしょう。すなわち医学では，病気になった患者さんを治

療する〈臨床医学〉だけではなく，病気にならないような事前の対策を研究・実践する〈予防医学〉も重要です。同様に法学においても，起きてしまった紛争を裁判などで対処する〈争訟法務〉や〈臨床法務〉が重要なことは当然ですが，他方，そのような紛争が発生しないような対策を研究・実践する〈予防法務〉も近年重視されています。

予防法務が重要な理由

　予防法務が重要な理由は，そもそも事故が発生してから損害を賠償するよりも，事故の発生自体を予防した方が望ましい事実を考えれば理解できます。たとえば，運転者のアルコールを検知するとエンジンが始動しない「アルコール・インターロック装置」が，非常に安価に自動車の設計上導入可能であったのに，製造業者が採用を怠って，飲酒運転車が幼稚園児の列に突っ込む事故が多発したと仮定してみましょう。この場合には設計上，アルコール・インターロック装置を採用するように命じる，予防法務的なアプローチを採用することが望ましいはずです。なぜなら争訟法務的アプローチだけでは，生じてしまった損害——〈事故費用 accident costs〉といいます——を，損害賠償支払命令を通じて被害者から加害者に転嫁する機能しか果たせないからです。被害者が損害賠償を得られても，社会全体に生じてしまった事故費用をゼロにはできません。他方，仮に予防費用——〈事故回避費用 accident avoidance costs〉といいます——が非常に安価な場合には，そもそも事故が発生しないように事故回避費用を掛けるように予防法務的見地から命じていれば，そもそも事故が発生しないことになりますから，社会に生じる費用は安価な事故回避費用だけで済むのです。

　ロボット法も，主に予防法務の考え方から研究の必要性が指摘されています。ロボットが今後社会に普及して不可欠な道具になることは，多くの識者が指摘しています。しかし，普及してからロボットがもし大事故を多発させて，しかもその原因が分からないために被害者に損害賠償も支払われないような事態に至ってからでは，事前に回避し得た大きな事故費用の発生をみすみす放置する

おそれがあります。

緩やかな事前規制

　このように，予防法務に基づくロボット法は，発生した損失の〈事後的〉
——「*ex post*」といいます——な転嫁よりも，損失発生そのものを〈事前的〉
——「*ex ante*」といいます——に防止することを重視します。事前的である
ことから，厳しい「事前規制」という印象を抱かれるかもしれません。しかし
ロボットやそこに組み込まれることになる人工知能（AI）の開発は，まだ発展
途上なので，厳しい事前規制をやみくもに課すと，AI の発展自体を萎縮させ
ると批判されます。すなわち開発を自由に許していれば，より良い社会に発展
できる余地があるにもかかわらず，その余地を潰してしまうかもしれない，と
批判されるのです。

　そのような批判も考慮すれば，因習的な事前規制ではなく，もっと緩やかに，
かつ時代の変化に即応できるような，新しい時代に即した *ex ante* なアプロー
チが求められています。ロボット法や AI を巡るルールの検討においては，ま
だ危険が顕在化していない現状と，将来の発展可能性を萎縮させてはならない
という批判も考慮して，現在のところ「ソフト・ロー」と呼ばれる非拘束的・
非規制的ルールの構築が国内外において主流になっています。

学際的なロボット法——〈法と経済学〉

　事故費用よりも事故回避費用の方が安価であれば，事故回避費用を掛けるよ
うに法が命じるべきであるという考え方は，アメリカで発展した〈法と経済学
law and economics〉と呼ばれる法律学から説明することも可能です。法と経
済学は，経済学（特にミクロ経済学）的に望ましい結果に法律学も従うべきと考
える研究分野です。たとえば大気汚染を減らすために対策費用を掛ける場合で
も，無限に掛けるべきではありません。対策費を掛け続けて浄化もだいぶ進
んで，これ以上費用を掛けてもそれに応じた効果があがらないようになってく
れば，かえって対策費用を控えた方が望ましいなどと考えるのが，法と経済学

です。

　ところでロボット法という研究分野の必要性は，前述したアルコール・インターロック装置の例が示すように，法と経済学から説明できる予防法務に立脚しています。そして法と経済学は，法律学を他の研究分野から独立した孤高な学術分野とは捉えずに，他の研究分野の考え方も積極的に取り入れて法律学を考えようとする〈学際法学〉──「law ands」<ruby>law<rt>ロー</rt></ruby> <ruby>ands<rt>アンズ</rt></ruby>といいます──の代表例です。このようにロボット法は，学際法学の影響を大きく受けています。実際，ロボット法はロボットの特徴に着目したうえで，その危険性や事故回避策などを検討するので，ロボットの特徴やロボット工学もある程度は理解しなければなりません。これは本来，理工系の専門分野ですけれども，文理の違いに拘泥することなくロボット工学の知見も積極的に取り入れる姿勢が，ロボット法には見受けられます。すなわちロボット法の特色の 1 つとしては，その〈学際性 interdiscipline〉をあげることもできます。

〈サイバー法〉の影響

　インターネットが社会に普及されはじめた時代にちょうど，筆者は NTT グループ企業で国際法務の仕事に携わっていたので，自然に〈サイバー法 cyberspace law〉と呼ばれるインターネットに関する法律学に関心を持ちはじめました。それ以来筆者は，中央大学の専任教授に転職してからもサイバー法の研究を続けてきました。海外のサイバー法研究者たちの論文を読んでいたところ，彼らが近年，ロボットや AI に研究をシフトしはじめている現象を察知しました。それゆえに筆者も自然に，ロボット法（含 AI 人工知能）に関心を持ちはじめたのです。

　サイバー法研究者がロボット法に研究をシフトした理由の 1 つは，彼らの研究対象である大手 IT 企業の多くがインターネットからロボットや AI に研究分野をシフトさせている現象をあげることができます。研究対象企業の関心がロボット／AI に移ってきているので，自然とサイバー法研究者の関心もこれに引きずられています。

　さらに研究者がインターネットからロボットやAIに研究対象をシフトしている理由としては，ロボット法が新しい工学技術の生む未知の法的問題を扱う点において，サイバー法と共通している事実もあげられるでしょう。サイバー法の研究者は，インターネットの仕組みや特徴といった，通常は理系の研究者の研究対象にも関心を寄せて，その仕組みや特徴に着目しつつ法的問題の解明や対策を研究します。そのような研究姿勢は，ロボット法でも求められますから，平易な言葉で表すならばそのような〈新しい技術好き〉な姿勢が，両分野の研究に共通していると言えるでしょう。

　サイバー法とロボット法の近似性ゆえに前者の研究者が後者の研究にシフトしているもう1つの理由としては，両者共にネットワーク化が重要な要素である点もあげることができます。サイバー法は，世界中の多様なネットワークが地球で1つの巨大なネットワーク——すなわち〈インターネット〉——に繋がった特徴などを法的諸問題の原因として重視しますが，ロボットも将来的にはスタンド・アローン（単体）に機能するばかりか，ネットワークに繋がって機能することが予想されます。その意味でもロボット法はサイバー法と親和性があります。なお映画「GHOST IN THE SHELL／攻殻機動隊」（アニメ版1995年），「ゴースト・イン・ザ・シェル」（実写版2017年），および「Ｊ　Ｍ」（1995年）は，そのようにヒトもネットワークと繋がった未来を予感させています。

　そして近年，サイバー法研究者を含む多くの法学研究者の関心も高まっているAIも，ロボットの頭脳として利活用されることになるので，ますますサイバー法の研究者たちがロボット法にシフトする傾向に拍車が掛かっています。

ロボット法の目標：予防法務の 3 P s

　予防法務の重要な小分類としては，筆者も研究している〈起案学〉と呼ばれる，法律文書の起案を研究する分野があります。この起案学では，〈契約書起案の3Ps〉と呼ばれる標語があります。この標語は，ロボット法の目指すべき目標を表すことにも応用できるので，筆者はロボット法の目標を以下のように表しています。

ロボット法の目標：〈ロボット法の 3Ps〉

<u>P</u>redict　　　　　将来の危険性を予測し，

<u>P</u>rovide, and　　　備え，かつ

<u>P</u>rotect　　　　　人々を防護せよ。

　すなわちロボットが世界に普及して事故や不都合な事態が多発して手遅れになる前に，どのような事故や不都合な事態が発生するかを事前に予測して，そのような事故や事態に備えて，かつそのような事故や事態から人々を防護する方策を検討することにこそ，ロボット法という研究分野の存在意義がある，と筆者は考えます。

2　ロボットの定義

　ロボット法が研究の対象にする〈ロボット〉は，読者が普通に〈ロボット〉の言葉から思いつくロボットとは違うかもしれません。しかしロボット法は上で記載したような目標を持つ研究分野なので，従来の機械と特徴が同じロボットならば特別な研究分野を立ち上げる必要性がありません。つまり従来の機械製品とは異なる特性がある〈ロボット〉であるからこそ，その特性に着目した特別な研究をする必要性が出てくるはずです。それでは従来の機械製品と異なる特性を有した〈ロボット〉とは，どのようなロボットでしょうか。欧米の多くの有力な学説は，概ね以下の(1)〜(4)の特性を持つ有体物を，ロボット法の研究対象としての〈ロボット〉であると指摘しています。

(1)		(2)		(3)	(4)	
sense	+	think	+	act	cycle	
感知／認識	+	考え／判断	+	行動	のサイクル	を有する物^{ブツ}

sense：感知／認識

　ロボット法が研究対象にすべき〈ロボット〉は，〈センサ〉などと呼ばれる感知装置を持っていて，外界・環境の状況を感知して認識します。たとえばロボット兵器の賛否をめぐる議論では，センサが今後発達すれば，ヒトの兵士よりもロボット兵士の方が非戦闘員とテロリストとの区別も見分けられるようになるので，非戦闘員の巻き添え損害をロボット兵士の導入によって減らせるから，ロボット兵士・ロボット兵器はヒトの兵士よりも人道的であるという主張も見受けられます。この指摘は，具体的なイメージを抱く手助けとして〈法と文学〉（フィクションを通じて法を理解する学際法学の1分野）的なアプローチを用いるならば，映画「ロボコップ」リブート版（2014年）の冒頭場面にて分かりやすく例示されています。そこには「テヘランの自由作戦 Operation Freedom Tehran」と題する未来の戦闘シーンが出てきて，ヒト型ロボット兵士が市民を透視して武器を帯同していない事実を確認します。人間の兵士には不可能な「sense」能力が未来のロボット兵士には備えられ，非戦闘員をテロリストと誤認して殺傷する危険性を下げている様子が視覚的に分かりやすく描写されているのです。

think：考え／判断

　〈ロボット〉は，従来型の〈自動的 automatic〉機械製品を超えた，ある程度〈自律的 autonomous〉に判断を下せる物です。主にその役割を AI が担ってロボットの頭脳として組み込まれると予測されます。したがって AI の法的問題が，そのままロボットの法的問題として研究対象に組み込まれることになります。

act：行動

　単に自律的に〈考え／判断〉するだけではロボットにはなりません。自律的な考え／判断に基づいて，外界に働き掛けて社会に影響を与えてはじめて研究対象としての〈ロボット〉になります。

物
ブツ

　ロボットは〈機械〉製品である，と定義する人が多いかもしれません。しかしロボット法の目的が，将来の危険性を予測して，これに備えて，人類を防護すること——〈ロボット法の3Ps〉——にあると捉える筆者の見解では，機械製品に研究対象を限定してしまうと，大きな危険性を見落とすおそれを懸念します。すなわち，機械ではない，有機的または生物学的な人造物も研究対象にしなければ，対応が手遅れになる事態を見逃すおそれがある，と筆者はおそれています。なぜなら種の保存・生存本能や，感情を有する可能性からくる危険性は，機械製品においてよりも生物学的な人造物における場合の方が高くなるおそれがあるからです。したがってロボット法の研究対象には，いわゆる〈アンドロイド〉や〈サイボーグ〉と呼ばれる，生物学的な人造物や，生物学と機械とのハイブリッドな人造物も筆者は含めています。たとえば映画「ブレードランナー　2049」(2017年) に登場する〈レプリカント〉のような存在も考慮します。

　なお研究対象は，法律学において「物」と呼ばれる有体物がメインになります。しかし，従来型の機械製品と最も異なるロボットの要素である〈考え／判断〉する部分を担うであろうAIは，無体物です。このように，ロボットに関連する重要な部分や無視できない部分を無体物が担う限りは，無体物だからといってロボット法の研究対象からこれを外してしまうと，危険を予測し，これに備えて，かつ危険から人々を防護する目標を達成できないおそれが懸念されます。したがって場合によっては（すなわち例外的に）無体物（特にAI）も，ロボット法の研究対象に含めるべきです。

3　ロボットの制御不可能性

　自律型ロボットの頭脳部分である〈考え／判断〉する機能を担うであろうAIやプログラミングの持つ欠点の1つには，〈フレーム問題〉があります。これは，以下のようなたとえ話で象徴される問題です（参考文献中のCurtis E. A.

Karnow の論文が出典）。

　　　　ヒト型ロボットに，右手で左耳に触りなさいと頼んでみたまえ。
　　　　彼らはほとんどいつも，こんな風に動くんだよ。

　　　　　左耳に触るために──［自分の］頭を突き貫けようとするんだ。

　このような事態が生じる理由は，自分の頭を貫くと自分が死んでしまうという〈常識〉をロボットが欠いていることにあります。すなわち自分の頭を貫いてはならないという指令を覚え込ますことを怠ったがゆえに，目的地に到達する最短コース（すなわち頭を貫くコース）をロボットが短絡的に選択し自律的に行動したがゆえの悲喜劇なのです。ヒトの場合には心配せずに済む常識をいかに教え込むかが，制御不可能な自律的判断・行動を回避するために克服されなければならない課題になります。
　このたとえ話のように，AI 開発者にも完全には制御不可能な AI による自律的判断・行動は，〈製造物責任法〉と呼ばれる法学分野においては「明白に意図された機能 manifestly intended function」を果たさない誤作動などと呼ばれて，〈欠陥〉であると推認されてしまいます。また AI は，開発者も知らないところで学習されたデータによって判断／行動が左右されるので，開発者も制御不可能な判断／行動が生じます。データの質や学習をいかに管理するのかという点も，問題が顕在化する前に取り組むべき大きな課題です。

4　ロボットの判断・行動の不透明性

　なぜ AI（および AI 搭載ロボット）が，ある判断／行動をしたのかの理由が開発者にも分からない問題も指摘されています。たとえば囲碁を打つ AI「AlphaGo」が世界チャンピオンと 5 回競技した際に，4 勝 1 敗で AlphaGo が勝利しました。しかし負けた 1 回の競技で AlphaGo は，ヒトの棋士では打たないよ

うなお粗末な「悪手」を続けたために敗北しました。なぜそのようなお粗末な
悪手を続けたのかの理由が，開発者にも分からないことが問題になりました。

　この事例が例示するように AI（および AI 搭載ロボット）は，その判断／行動
の理由が不明である点が「ブラック・ボックス」問題などと呼ばれる欠点とし
て指摘されています。理由が不明であると，原因を究明したうえで改善策をと
ることも阻まれます。さらに法的な責任追及も困難になるおそれも懸念されま
す。このままでは人々の信頼（trust）が得られずに，普及もままならなくなる
懸念も指摘されています。

　そこで近年では「XAI」──〈explainable AI〉の略語──と呼ばれる，理
由を説明可能な AI の開発が着目されています。

5　ロボットの差別的判断・行動

　AI（および AI 搭載ロボット）は，学習したデータに左右されて判断／行動す
るので，学んだデータがすでに差別的な社会の現実によって不公正であったな
らば，AI（および AI 搭載ロボット）も不公正な判断／行動をするおそれがある
と指摘されています。さらに，学ぶデータのなかのどのような特徴を重視する
かの価値判断の設定が中立的であっても，結果的には AI（および AI 搭載ロボッ
ト）が差別的効果のある判断／行動をするおそれも指摘されています。たとえ
ば，過去の従業員のデータから，できるだけ勤続年数が長くなる特徴を備えた
人材を採用すべきであると人事部が特徴設定したと仮定します。この特徴は，
会社としては採用後できるだけ長く働いてくれる人材を採用したい価値感の現
れであり，それ自体は何も差別的な特徴設定ではありません。しかしこの特徴
設定がもたらす AI（および AI 搭載ロボット）による判断／行動は，女子を低く
評価して男子を優先的に採用するという〈差別的効果 disparate impact〉が生
じるおそれがあります。なぜならば，過去のデータによれば，結婚や出産によ
り女子従業員の方が男子従業員よりも平均勤続年数が短いからです。

　上の仮想事例には，AI（および AI 搭載ロボット）の判断／行動に全てを委ね

るわけにはゆかない問題が現れています。学習させるデータの質や重視する特徴の決定など，多くの点でヒトによる公正な判断の必要性や，AI（および AI 搭載ロボット）の判断に対するヒトの介入──〈human-in-the loop〉などといいます──や修正が必要であることが分かってきたのです。

　他方，常にヒトが細かく修正したり介入しなければならなければ，AI（および AI 搭載ロボット）を導入して効率性を高める目的が達成できないおそれもあります。そもそもヒトの権利義務関係や人生に悪影響がない場合にまでも，高い費用を掛けてヒトが修正・介入せねばならないという法やルールは，不合理な感じもします。そこで今後は，どのような場合に，いかに AI（および AI 搭載ロボット）の判断／行動を修正し，またはヒトが介入すべきかを，検討していく必要があります。

【参考文献】

総務省・AI ネットワーク社会推進会議「報告書 2017 ── AI ネットワーク化に関する国際的な議論の推進に向けて」2017 年 7 月 28 日 48 頁（http://www.soumu.go.jp/main_content/000499624.pdf 2019年10月 6 日最終閲覧）。

────「AI 利活用原則の各論点に対する詳説」2019 年 8 月 9 日 7 ～10頁（http://www.soumu.go.jp/main_content/000637098.pdf 2019年10月 6 日最終閲覧）。

平野晋『アメリカ不法行為法──主要概念と国際法理』中央大学出版部，2006年。

────「国際法務戦略」福原紀彦編『企業法務戦略』中央経済社，2007年。

────『国際契約の起案学──法律英語の地球標準』木鐸社，2011年。

────「走行情報のプライバシーと製造物責任と運転者の裁量」『知財権フォーラム』Vol. 103，2015年。

────『ロボット法── AI とヒトの共生に向けて（増補版）』弘文堂，2019年。

────「ロボット法と倫理」『人工知能学会誌』34巻 2 号，2019年。

「圧勝『囲碁 AI』が露呈した人工知能の弱点」日本経済新聞（電子版）2016年 3 月17日（https://www.nikkei.com/article/DGXMZO98496540W6A310C1000000/ 2019 年10月 6 日最終閲覧）.

ACLU v. Reno, 929 F. Supp. 830, 831 (E. D. Pa. 1996).

Calo, Ryan (2015) *Robotics and Lessons of Cyber Law,* 103 Cal. L. Rev. 513.

Crootof, Rebecca (2015) *The Killer Robots Are Here: Legal and Policy Implica-*

tions, 36 Cardozo L. Rev. 1837, 1867.

Curtis E. A. Karnow, *The Application of Traditional Torts in Embodied Machine Intelligence, in* Robot Law, *id*, at 51, 58 & n. 23.

Froomkin, A. Michael (2016) *Introduction*, Ryan Calo, A. Michael Froomkin, & Ian Kerr eds. Robot Law, x .

Major, Jason S. DeSon (2015) *Automating the Right Stuff? The Hidden Ramifications of Ensuring Autonomous Aerial Weapon Systems Comply with International Humanitarian Law*, 72 A. F. L. Rev. 85, 96.

Restatement (Third) of Torts: Prod. Liab. § 3 cmt. *b*.

Sarah, O'Conner, Comment, *The Dangerous Attraction of the Robo-Recruiter*, Financial Times, USA ed. at 9, Aug. 31, 2016.

第11章

情報通信政策

　これまでに情報と法について各分野を概説してきましたが，法制度を整えたり新たなサービスを促進したりするに際しては，政府の取り組みの役割も重要です。

　法改正をはじめとするルール策定や，既存の規制の見直しなど，公的部門における施策が民間における動きに適切に対応したものになることで，社会への情報通信技術の浸透がスムーズに進むのです。

　この章では，政府における情報通信政策の全体枠組みについて解説します。○○省の△△という施策，といった個別のかたちではなく，政府が推進する全体戦略を取り扱います。

1　政府全体の情報通信政策

IT 総合戦略本部の設置

　情報通信は，あらゆる産業の基盤となる通信基盤としての情報ネットワークインフラであるとともに，様々な新規サービスがそのうえで提供されることになるサービスのインフラでもあるという特性を持ちます。

　このため，政府部内の関係府省で従来から様々な取り組みが行われてきましたが，それらを包括的に推進する体制の構築が求められるようになっていました。

　こうした流れのなかで，政府全体の情報通信に関する戦略は，2001年（平成13年）1月に設置された高度情報通信ネットワーク社会推進戦略本部（IT 総合戦略本部。2013年以前は IT 戦略本部）において策定されました。

　情報通信技術はその基盤整備や利活用の幅の広さから，従来は様々な府省にまたがって施策が実施されてきていましたが，世界的規模で生じている急激かつ大幅な社会経済構造の変化に適確に対応することの緊要性にかんがみ，高度情報通信ネットワーク社会の形成に関する施策を迅速かつ重点的に推進するため，「高度情報通信ネットワーク社会形成基本法」（平成12年法律第144号。IT 基本法）が策定され，IT 総合戦略本部を内閣に設置することとしたものです。

世界最先端デジタル国家創造宣言

　IT 総合戦略本部の設置後，同本部による初めての情報通信戦略として，「e-Japan 戦略」が策定され，「すべての国民が情報通信技術を積極的に活用し，その恩恵を最大限に享受できる知識創発型社会の実現に向け，早急に革命的かつ現実的な対応を行わなければならない。市場原理に基づき民間が最大限に活力を発揮できる環境を整備し，5年以内に世界最先端の IT 国家となることを目指す。」とする方針を打ち出しています。

　その後も「e-Japan 戦略Ⅱ」「IT 新改革戦略」「i-Japan 戦略2015」「新たな情

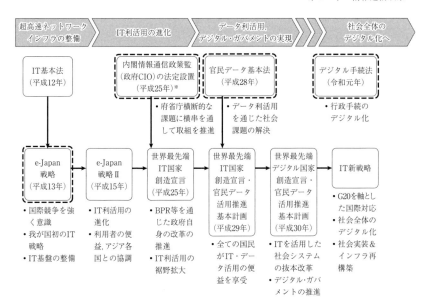

図11-1　わが国における IT 戦略の歩み

出所：IT 総合戦略本部資料。

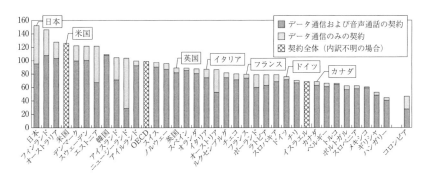

図11-2　OECD モバイルブロードバンド普及率

出所：OECD Digital Economy Outlook 2017.

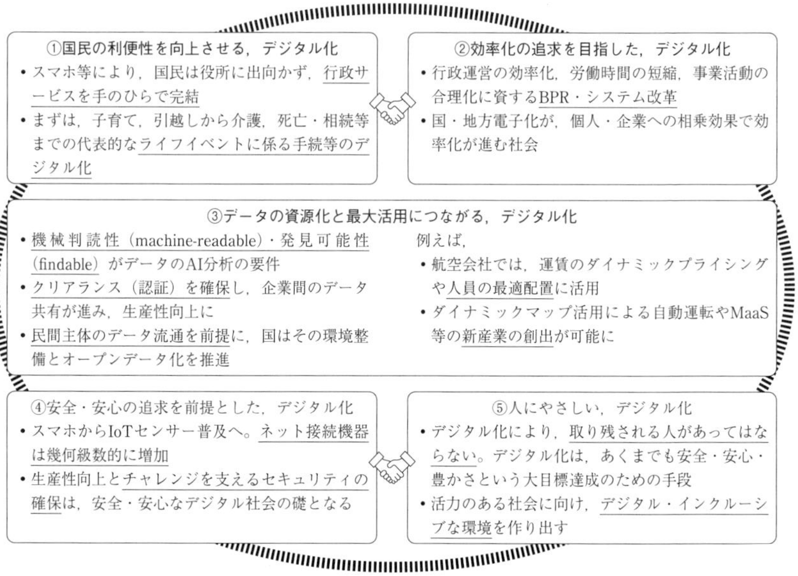

①国民の利便性を向上させる，デジタル化
- スマホ等により，国民は役所に出向かず，行政サービスを手のひらで完結
- まずは，子育て，引越しから介護，死亡・相続等までの代表的なライフイベントに係る手続等のデジタル化

②効率化の追求を目指した，デジタル化
- 行政運営の効率化，労働時間の短縮，事業活動の合理化に資するBPR・システム改革
- 国・地方電子化が，個人・企業への相乗効果で効率化が進む社会

③データの資源化と最大活用につながる，デジタル化
- 機械判読性（machine-readable）・発見可能性（findable）がデータのAI分析の要件
- クリアランス（認証）を確保し，企業間のデータ共有が進み，生産性向上に
- 民間主体のデータ流通を前提に，国はその環境整備とオープンデータ化を推進

例えば，
- 航空会社では，運賃のダイナミックプライシングや人員の最適配置に活用
- ダイナミックマップ活用による自動運転やMaaS等の新産業の創出が可能に

④安全・安心の追求を前提とした，デジタル化
- スマホからIoTセンサー普及へ。ネット接続機器は幾何級数的に増加
- 生産性向上とチャレンジを支えるセキュリティの確保は，安全・安心なデジタル社会の礎となる

⑤人にやさしい，デジタル化
- デジタル化により，取り残される人があってはならない。デジタル化は，あくまでも安全・安心・豊かさという大目標達成のための手段
- 活力のある社会に向け，デジタル・インクルーシブな環境を作り出す

図11-3　Society5.0時代にふさわしいデジタル化の条件

出所：IT総合戦略本部資料。

報通信技術戦略」「世界最先端IT国家創造宣言」「世界最先端デジタル国家創造宣言」「デジタル時代の新たなIT政策大綱」といった新たな戦略などを打ち出しています（図11-1）。

　これまでの取り組みにより，デジタル化は大きく進展してきましたが，今後の課題やさらなる取り組みの必要性も生じてきています。具体的には，モバイルブロードバンド普及率は世界第1位（図11-2）となりましたが今後は5G普及局面とステージが変化すること，ブロードバンド利用のトラフィックはこの10年で10倍になりましたが今後のさらなる増加にも耐えうるインフラをどう構築していくのか，利用率が5割を切る水準にとどまる高齢層への格差が拡大するのではないか，といったものです。

　前述のような問題意識もふまえ，現在は，2019年（令和元年）6月に改訂された「世界最先端デジタル国家創造宣言」が最新の基本的な戦略となっており，Society5.0時代にふさわしいデジタル化の条件（図11-3）を定め，デジタル化

で取り残される人があってはならないことを明確に打ち出しています。

　具体的には，①国民の利便性を向上させるデジタル化，②効率化の追求を目指したデジタル化，③データの資源化と最大活用につながるデジタル化，④安心・安全の追求を前提としたデジタル化，⑤人にやさしいデジタル化，の5つを条件として定めています。

　この情報通信に関する戦略は，IT基本法制定当時は主要国のなかで最低レベルにあったインターネット普及率やビジネス・行政サービスでのITの浸透度の低さが課題とされ，これらの基盤となる超高速ネットワークインフラの整備を最重点施策として掲げていました。当時は，現在からは想像できないかもしれませんが，インターネットに常時接続して画像・動画を含むサービスを利用することが一般的ではなかったのです。

　その後の各戦略に基づく施策の推進や戦略改定により，超高速ネットワークインフラ整備は着実に推進され，現在では，固定系・移動系ともに超高速ブロードバンド整備率は99％以上に達するなど世界最高水準にあり，戦略の重点も利活用の促進に移ってきています。

　政府の情報通信戦略は具体的な進捗のために毎年度のように改定が行われており，施策の進捗度合いなどに応じて随時その内容が見直されていきます。

　また，2017年（平成29年）からは，「データ」がヒトを豊かにする社会である「官民データ利活用社会」の実現に向けて，「官民データ活用推進基本計画」と併せるかたちで策定されています。

　これは，すべての国民がITを積極的に活用してその恩恵を最大限に享受するため，データの利活用を，各々のデータが相互につながってこそ様々な価値を生み出すという認識を，官民双方において共有することが必要との認識のもと，官民の保有するデータの可能な限りの相互オープン化（オープンデータ）や分野横断的な連携の仕組みの構築を目指すものです。

　この取り組みの政府における司令塔もIT総合戦略本部が担っており，内閣情報通信政策監（政府CIO）を設置して取り組みを進めています。政府CIOは，「情報通信技術の活用による国民の利便性の向上及び行政運営の改善に関する

ものを統理する」とされ，府省庁横断的な計画や情報システム関係予算などの策定，施策の評価といった権限を持ち，縦割りを打破してコスト削減やデータ利活用を促進していくことが期待されています。

代表的な施策

以下，世界最先端デジタル国家創造宣言のなかから，代表的な施策をいくつか紹介します。

①デジタル化で変わる生活シーンと経済活動
- 子育てワンストップサービスの推進
- 市区町村の避難情報等をメディア等につなぐLアラート（災害情報共有システム）の普及活用推進
- オープンAPIを含む金融のデジタライゼーション，金融機関とフィンテック企業の連携・協働
- 自動運転の実用化，ドローンによる荷物配送の実現

②世界を牽引する先駆的取り組みの社会実装プロジェクト
- 交通信号機への5Gアンテナ設置
- バイタル情報などの日々収集されるデータの健康リスク予防への活用
- 貿易の中心となる港湾におけるデータ連係基盤を核とした「サイバーポート」の推進

③社会全体のデジタル化に向けた課題
- デジタル化による格差拡大への不安，データ利活用企業への「同意疲れ」等の解消
- 「21世紀の石油」とも言われるデータの寡占化，顧客データの流出対策

④デジタル・ガバメントの構築
- 行政サービスのデジタル化3原則の推進
- 行政手続オンライン化のための情報システム整備計画作成
- 引っ越し，死亡・相続等の個人のライフイベントに係る手続の自動化・

ワンストップ化
- 企業従業員の社会保険・税手続のワンストップ化

デジタル化の基本原則とは，次の3つを言います。

(1)デジタルファースト：個々の手続・サービスが一貫してデジタルで完結。

(2)ワンスオンリー：一度提出した情報は，二度提出することを不要とする。

(3)コネクテッド・ワンストップ：民間サービスを含め，複数の手続・サービスをワンストップで実現。

⑤デジタル・ガバメントの実現を支える環境整備
- 政府情報システムの予算要求・執行の一元的なプロジェクト管理
- コスト削減や柔軟なリソース配分のためのクラウド等の先進技術のさらなる活用
- 社会保障の公平性実現等のためのマイナンバーカードの普及，利活用の推進

⑥地方公共団体のデジタル化
- 住民に身近なサービスを提供する地方公共団体の住民本人確認手続等の電子化
- 地方公共団体のシステム共同利用の促進
- 地方公共団体の官民データ活用推進計画策定の推進

⑦デジタル・ガバメントに対応した民間取り組みの支援
- 民間事業者が提供するサービスの活用推進のための API 整備推進
- 民間取引における書面・対面手続の電子化
- 民間部門のデジタル・トランスフォーメーションの促進

⑧国民生活で便益を実感できるデータ利活用
- 安全・安心・品質確保を前提とした国際的なデータ流通網等の実現
- 個人情報の安全確保
- 重要産業のデータ管理の強化

⑨信頼性向上のためのデータ流通ルール整備

- G7 高松会合で採択された「デジタル連結世界憲章」でも提起した情報の自由な流通（free flow of information）とデジタル連結世界（Digitally Connected World）の推進
- 情報銀行等，日本発のパーソナルデータ利活用モデルの推進
- 匿名加工されたデータ（匿名加工情報）の利活用
- GAFA をはじめとするプラットフォームサービスの在り方を巡る議論

「匿名加工情報」とは，個人情報を特定の個人を識別できず，かつ当該個人情報を復元できないように加工したものと定義され，個人情報取扱事業者に対する識別行為の禁止などの必要な措置を設けることにより，個人の権利利益の保護に支障のない形でパーソナルデータを利活用できるようにするものです。

⑩データ流通の始点となるオープンデータ

- SDGs の測定指標としての活用
- 各府省庁における行政保有データのオープンデータとしての公開
- 地方公共団体によるオープンデータ取り組み率向上

⑪官民におけるデータの徹底活用

- 高度自動運転のためのモビリティ関連データの利用拡大
- 国土や都市，交通，気象といったデータの相互連携・活用
- シェアリングエコノミーの更なる推進

⑫社会基盤の整備

- 5G 移動体通信を活用したあらゆるモノのインターネット接続を活用したサービスの展開
- 5G の全国展開
- 安全なサービス利用を支えるネットワーク中立性（Network Neutrality）の確保

⑬基盤技術等

- 「人間中心の AI 社会原則」で掲げた AI-Ready な社会への変革推進
- クラウドコンピューティングやエッジ・コンピューティングの進化
- IoT 機器の脆弱性対策
- サプライチェーン・リスクへの対策
- ブロックチェーンなどの新技術の利用

⑭その他

- スタートアップ企業への支援
- AI 人材，IoT・セキュリティ人材の育成
- 高齢者等へのデジタル活用支援等，デジタル格差対策

2　関連する政府の政策

知的財産戦略

　情報通信政策に密接に関連する施策として，産業の国際競争力強化の観点から，知的財産の創造，保護および活用に関する施策を集中的かつ計画的に推進することが必要と考えられたため，2002年（平成14年）に知的財産基本法が制定され，この法律に基づき内閣に知的財産戦略本部が設置されました。

　この知的財産戦略本部では，中長期の戦略として「知的財産戦略ビジョン」（最新版は2018年〔平成30年〕6月策定）を策定するとともに，年度ごとに「知的財産推進計画」を策定しています。

　この「知的財産戦略ビジョン」は知財立国の推進の観点から2025〜2030年頃を見据え，経済的価値にとどまらない多様な価値が包摂され，そこで多様な個性が多面的能力をフルに発揮しながら，「日本の特徴」をもうまく活用し，様々な新しい価値をつくって発信し，世界の共感を得る「価値デザイン社会」への挑戦と，そのための Society5.0 の取り組み加速と持続可能な発展（SDGs）実現に向けた機運醸成などを掲げています（図11-4）。

　具体的な施策となる知的財産戦略2019では，この「価値デザイン社会」の実現の3つの柱として，①脱平均（個々の主体を強化し，チャレンジを促す），②融

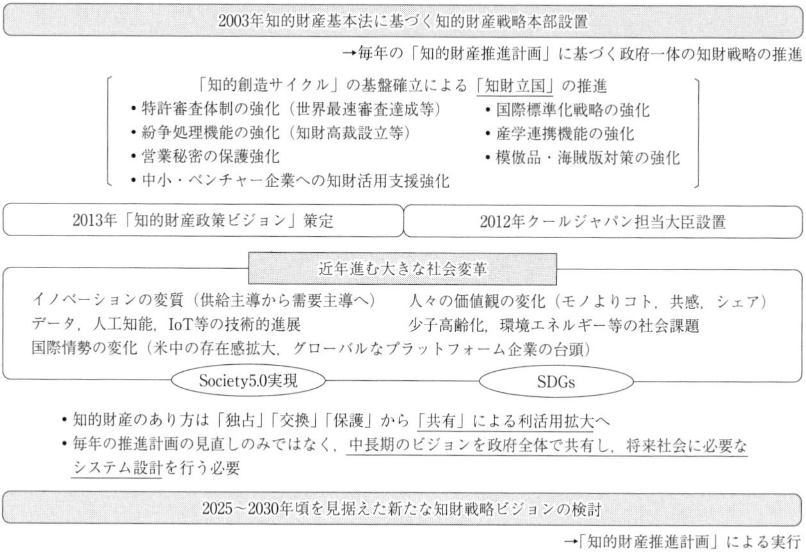

┌───┐
│　　　　2003年知的財産基本法に基づく知的財産戦略本部設置　　　　│
└───┘
　　　　　　　→毎年の「知的財産推進計画」に基づく政府一体の知財戦略の推進

　　　　　「知的創造サイクル」の基盤確立による「知財立国」の推進
　　・特許審査体制の強化（世界最速審査達成等）　　　・国際標準化戦略の強化
　　・紛争処理機能の強化（知財高裁設立等）　　　　　・産学連携機能の強化
　　・営業秘密の保護強化　　　　　　　　　　　　　　・模倣品・海賊版対策の強化
　　・中小・ベンチャー企業への知財活用支援強化

┌──────────────────────────┐　┌──────────────────────────┐
│　2013年「知的財産政策ビジョン」策定　│　│　2012年クールジャパン担当大臣設置　│
└──────────────────────────┘　└──────────────────────────┘

┌───┐
│　　　　　　　　　近年進む大きな社会変革　　　　　　　　　│
└───┘
　イノベーションの変質（供給主導から需要主導へ）　　人々の価値観の変化（モノよりコト，共感，シェア）
　データ，人工知能，IoT等の技術的進展　　　　　　　少子高齢化，環境エネルギー等の社会課題
　国際情勢の変化（米中の存在感拡大，グローバルなプラットフォーム企業の台頭）
　　　　　　　　　　Society5.0実現　　　　　　　　　SDGs

　　・知的財産のあり方は「独占」「交換」「保護」から「共有」による利活用拡大へ
　　・毎年の推進計画の見直しのみではなく，中長期のビジョンを政府全体で共有し，将来社会に必要な
　　　システム設計を行う必要

┌───┐
│　　　2025～2030年頃を見据えた新たな知財戦略ビジョンの検討　　　│
└───┘
　　　　　　　　　　　　　　　　→「知的財産推進計画」による実行

図11-4　新たな知財戦略ビジョン策定の背景
出所：平成30年6月12日知的財産戦略本部会合資料1。

　合（分散した多様な個性の融合を通じた新結合を加速する），③共感（共感を通じて価値が実現しやすい環境を作る），を掲げています。

　それぞれの柱のなかで情報通信戦略と特に密接に関連するものとしては，①の脱平均における模倣品・海賊版対策の強化（インターネット上で流通する模倣品・海賊版による被害拡大の防止），②の融合におけるデータ・AI等の適切な利活用促進に向けた制度・ルール作り（健康・医療・介護のビッグデータ連結・活用，AI開発基盤に必要なデータの収集）やデジタルアーカイブ社会の実現，③の共感におけるクリエイション・エコシステムの構築（コンテンツ利活用促進のための権利情報データベースの整備やプラットフォーム構築）などがあげられます。

サイバーセキュリティ戦略

　社会の情報化が進むなかで，新たな課題として生じてきたのが情報システムの障害や情報の漏洩・改ざんなどの対策といったサイバーセキュリティです。

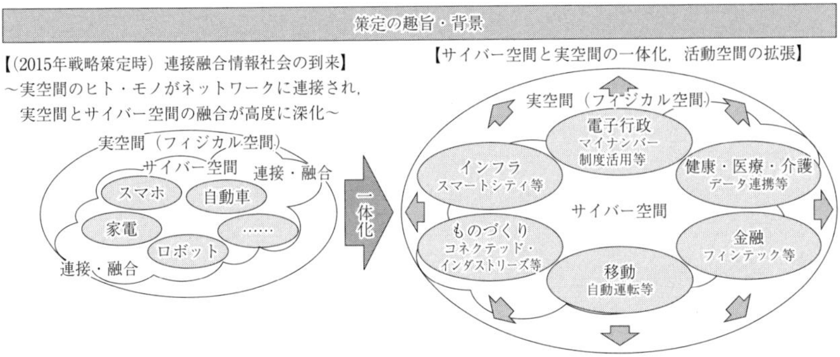

サイバー空間に係る認識

• AI，IoT，Fintech，ロボティクス，3Dプリンター，AR/VRなど，サイバー空間における知見や技術・サービスが社会に定着し，経済社会活動・国民生活の既存構造に変革をもたらすイノベーションを牽引する一方で，不確実さは常に内在

サイバー空間がもたらす恩恵

• サイバー空間における技術・サービスが制御され，様々な分野で当然に利用されており，人々に豊かさをもたらしている。
• 深層学習によるAIの進化により，既に幅広い産業に応用され始めている。
• IoT機器で得られるデータを利活用した新たなビジネスやサービスが創出されつつある。

サイバー空間における脅威の深刻化

• サイバー空間における技術・サービスを制御できなくなるおそれは常に内在しており，多大な経済的・社会的な損失が生じ得る。
• 重要インフラサービスの障害やIoT機器の意図しない作動により，様々な業務・機能・サービス障害が生じた場合，社会に大きな影響が生じ，国家安全保障上の問題に発展する可能性
• サイバーセキュリティ対策の不備が，金銭的な損害を直接引き起こし，拡大することが予想される。

図11-5　現状認識と将来像（サイバー空間と実空間の一体化に伴う脅威の深刻化）
出所：「サイバーセキュリティ戦略」（平成30年7月27日閣議決定）詳細概要。

このサイバーセキュリティ対策の推進についても，政府全体として重点的な取り組みを進めるために，2014年（平成26年）11月に成立したサイバーセキュリティ基本法により内閣に「サイバーセキュリティ戦略本部」が設置され，同時に，内閣官房に内閣サイバーセキュリティセンター（NISC: National center of Incident readiness and Strategy for Cybersecurity）が設置されました（その前身として，2000年〔平成12年〕に内閣官房情報セキュリティ対策推進室が設置されており，その後の組織改編を経てNISCとなりました）。

このNISCにおいて，政府全体の戦略として「サイバーセキュリティ戦略」が策定されています（図11-5，最新版は2018年〔平成30年〕7月策定）。

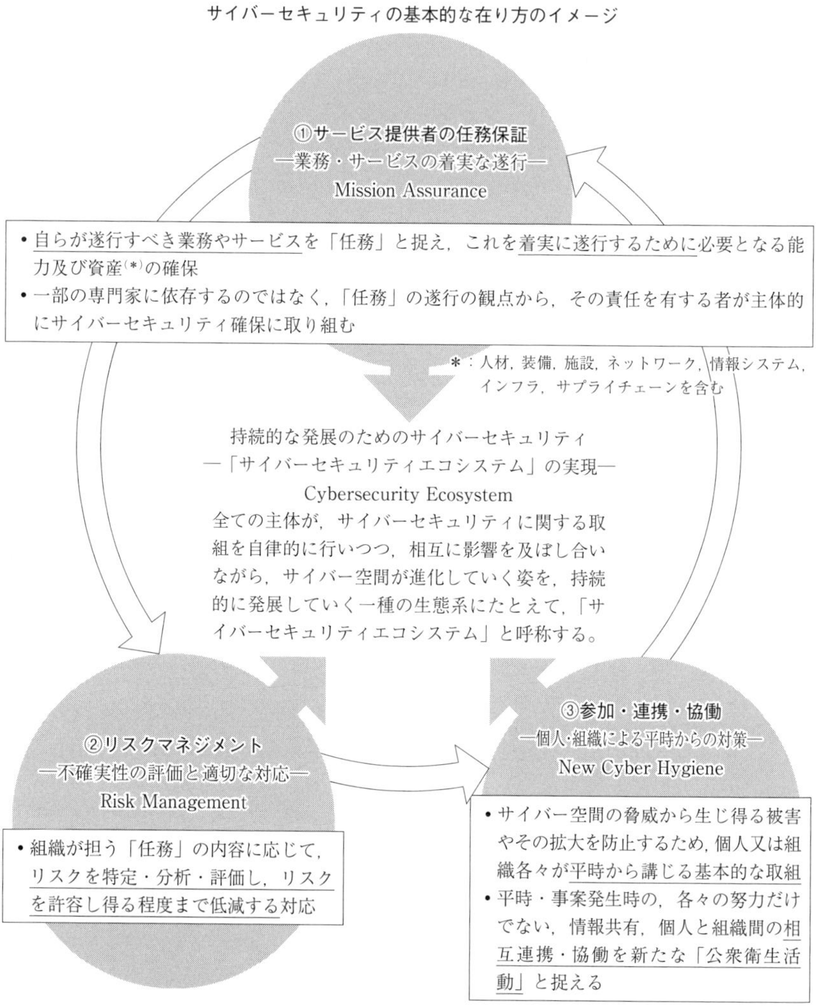

サイバーセキュリティの基本的な在り方のイメージ

①サービス提供者の任務保証
―業務・サービスの着実な遂行―
Mission Assurance

- 自らが遂行すべき業務やサービスを「任務」と捉え，これを着実に遂行するために必要となる能力及び資産(*)の確保
- 一部の専門家に依存するのではなく，「任務」の遂行の観点から，その責任を有する者が主体的にサイバーセキュリティ確保に取り組む

＊：人材，装備，施設，ネットワーク，情報システム，
インフラ，サプライチェーンを含む

持続的な発展のためのサイバーセキュリティ
―「サイバーセキュリティエコシステム」の実現―
Cybersecurity Ecosystem
全ての主体が，サイバーセキュリティに関する取組を自律的に行いつつ，相互に影響を及ぼし合いながら，サイバー空間が進化していく姿を，持続的に発展していく一種の生態系にたとえて，「サイバーセキュリティエコシステム」と呼称する。

②リスクマネジメント
―不確実性の評価と適切な対応―
Risk Management

- 組織が担う「任務」の内容に応じて，リスクを特定・分析・評価し，リスクを許容し得る程度まで低減する対応

③参加・連携・協働
―個人・組織による平時からの対策―
New Cyber Hygiene

- サイバー空間の脅威から生じ得る被害やその拡大を防止するため，個人又は組織各々が平時から講じる基本的な取組
- 平時・事案発生時の，各々の努力だけでない，情報共有，個人と組織間の相互連携・協働を新たな「公衆衛生活動」と捉える

図11-6　目指す姿（持続的な発展のためのサイバーセキュリティ―「サイバーセキュリティエコシステム」の実現）

出所：「サイバーセキュリティ戦略」（平成30年7月27日閣議決定）詳細概要。

　この戦略は，さきほども触れたSociety5.0へのパラダイムシフトを踏まえ，サイバー空間と実空間（フィジカル空間）の一体化の進展に伴う脅威の深刻化への対応や，情報通信技術が様々な分野で当然のように利用されるようになる一

方，技術などを制御できなくなるおそれや情報インフラへの攻撃により多大な経済的・社会的な損失が生じる可能性も拡大しているとの認識のもとで策定されています。サイバー空間と実空間の一体化とは，これまでの戦略ではサイバー空間と実空間という2つの空間が連接・融合していく過程にあったものが，現在では高度に一体化したうえでその活動空間を拡張していくという認識を示すものです。具体的には，実空間においてセンサやデバイスを介して生成された大量のデータが，サイバー空間において集積・分析され，そのデータを活用することにより付加価値をつけた新たな製品やサービスが実空間で提供されるという循環が例として掲げられています（図11-6）。

戦略の目的として，「持続的発展のためのサイバーセキュリティ」（サイバーセキュリティエコシステム）の推進を目指して，①セキュリティ対策投資を促すなどの経済社会の活力の向上及び持続的発展，②政府機関のセキュリティ対策強化や民間も含めた情報共有体制の構築等の国民が安全で安心して暮らせる社会の実現，③自由，公正かつ安全なサイバー空間の理念発信等による国際社会の平和・安定およびわが国の安全保障への寄与，を掲げています。

「サイバーセキュリティエコシステム」とは，全ての主体の自立的な取り組みが相互に影響しながら進化していく姿を一種の生態系に例えたものです。このエコシステムを構成するための施策の観点として，①サービス提供者の任務保証（自らが遂行すべき業務などを「任務」と捉え必要な能力や人的・物的資産を確保すること），②リスクマネジメント（組織の目的に沿ってリスクを特定して分析・評価し，許容限度内まで低減する対応をとること），③参加・連携・協働（各個人・組織が平時から情報共有し相互に力を合わせて取り組むこと），の3つを掲げています。

以下，具体的な施策をいくつか紹介します。

①経済社会の活力の向上および持続的発展
- サイバーセキュリティ対策を「費用」ではなく不可欠な「投資」と捉える，経営層の意識改革
- IoTシステムのセキュリティ対策の体系整備および国際標準化，脆弱性

　　対策の体制整備

②国民が安全で安心して暮らせる社会の実現

- 能動的にサイバー攻撃に対応していく「積極的サイバー防御」の推進
- 「任務保証」の考え方に基づく官民一体となった重要インフラの防護
- 統一的な基準に基づく政府機関などにおける情報システムのリアルタイム監視などの取り組み強化

③国際社会の平和・安定およびわが国の安全保障への寄与

- 自由，公正かつ安全なサイバー空間という理念の国際発信
- サイバー攻撃に対するわが国の防御力，抑止力，状況把握力の強化

④横断的な施策

- 戦略マネジメント層・経営層・実務者層・技術者層それぞれの養成
- サイバー攻撃検知・解析能力を含む実践的な研究開発の推進及びセキュリティ事業者とのリアルタイムでの情報共有

3　政府の戦略が社会に与える影響

　これまでに政府の情報通信政策の概要について解説してきましたが，これらの政策は単に政府の予算の使い道を並べたり，各府省庁の業務分担を示したりすることを主たる目的として策定されているわけではありません。

　確かに，列挙されている事項は「政府」や「各府省庁」が主語になっていることが多く，その施策を実施することによって特定の企業や個人に直接どのような影響があるのかがはっきりしないこともあります。もちろん，施策そのものが特定の業種を対象にして実施される場合には，その業種への影響は直接に生じることになりますが，それ以外の業種や一般消費者にとってどのような影響があるのかは必ずしも自明とは言えません。

　しかしながら，情報通信はインターネット接続サービスのようなアクセスそのもののためのサービスだけでなく，様々な情報・データを流通させることによる多様なサービスの提供・そのサービスを利用することによる社会的課題の

解決など，社会のあらゆる場面に活用されるものであり，間接的にすべての人に関わってくるものとも言えます。

　たとえば，デジタル・ガバメントの構築は直接の対象は政府機関および政府のシステム構築に関わる業種に限定されるようにも見えますが，デジタル化していない行政手続を前提とした各企業や個人の業務・生活のあり方が変化することで，他の業種のビジネスプロセスも変化したり，新たなビジネスチャンスが生まれたりすることも考えられます。

　なお，IT 総合戦略，知的財産戦略，サイバーセキュリティ戦略の各戦略はそれぞれバラバラに検討・策定されているわけではなく，相互にリンクしながら改定が重ねられています。それは，これらの全体的な戦略だけでなく，個別分野ごとに策定される基本方針やガイドラインなどとの関係でも同じです。

　政府の戦略が社会に与える影響については，特定の戦略の特定の章だけを参照するのではなく，他の戦略・基本方針の関連する箇所の記述も参照しつつ，間接的な影響まで含めて考えるという点に留意する必要があると言えるでしょう。

【参考文献】

『IT 総合戦略及び年次計画等　決定文書・概要資料等』(https://www.kantei.go.jp/jp/singi/it2/decision.html)。

『サイバーセキュリティ戦略及び年次計画等　決定文書・概要資料等』(https://www.nisc.go.jp/materials/)。

『知的財産戦略及び年次計画等　決定文書・概要資料等』(https://www.kantei.go.jp/jp/singi/titeki2/)。

第Ⅲ部

情報と技術

　第Ⅲ部「情報と技術」では，情報をシステムとしてどう取り扱うか，そして情報システムに向き合うときに，どのようなことに留意すべきかについての話題を取り上げます。

　まず，第12章「情報の取り扱い（ハードウェア）」では，コンピュータそのものの歴史から振り返り，コンピュータはどのような部品・装置から構成されているかを概観します。さらに，第13章「情報の取り扱い（ソフトウェア）」では，コンピュータ上で実際に情報を扱う際の中心的存在であるソフトウェアについて解説します。「コンピュータ，ソフトなければただの箱」というように，ソフトウェアで様々な情報処理が行われます。

　第14章「情報システムと人間」では，そのような情報システムを，人間が上手に使うことで最終的な情報処理の目的を達成することについて学びます。効率的な情報処理は，コンピュータと人間が協調して行わないといけません。

　近年の社会情勢を鑑みれば，情報を扱う際にセキュリティのことも気にかけなければなりません。第15章「情報セキュリティ」では情報セキュリティの重要性について説明します。第Ⅱ部で論じられた社会規範（法）とも密接に関連しています。第Ⅲ部の最後は，第16章「法律AI──ITによる立法と司法の支援」です。情報技術を上手に利用して法律の運用を効率化する試みなどを紹介します。

第12章

情報の取り扱い（ハードウェア）

　本章では，コンピュータを構成するハードウェアと，その役割について学びます。

　ハードウェアとは，コンピュータの物理的な構成要素のことで，電子回路などの機械部品や，その集合体を指します。コンピュータはプログラムのようなソフトウェアと，機械部品であるハードウェアの2つからなっています。

　ハードウェアの知識は一般的に必要とされるものではなく，またソフトウェアを開発するために必ずしも必要な知識ではありません。しかし，プログラムはハードウェアに対する命令の集合であるため，より良いプログラムを作ったり，ハードウェアを効率的に使うプログラムを作るためにはハードウェアの知識が必要です。

1　コンピュータの歴史

　コンピュータは計算機と訳されますが，これは電子計算機を指すことがほとんどです。しかし，1946年に電子計算機が登場するまでは機械式や電気式の計算機が主流でした。

　計算機の歴史自体は紀元前2000年頃に古代バビロニアで発明された手動式デジタル計算機であるアバカスまで遡るといわれていますが，機械式計算機の登場は1623年にヴィルヘルム・シッカートによって発明された物でした。この計算機は6桁の加減算ができるものでした。1645年にはパスカルがパスカリーヌと呼ばれる計算機を発明しました。これは歯車式で加減算ができる計算機でした。1670年代になると，ライプニッツが段付歯車を発明し，これを利用した計算機を発明しました。この計算機は加減算に加えて除算・乗算もできるようになり，計算機で四則演算ができるようになりました。

　電気式計算機としては，ツーゼによる Zeuse Z1 やハワード・エイケンが考案し IBM が作成した Harvard Mark Ⅰ（IBM ASCC）などがあります。Zeuse Z1 はブール論理と二進浮動小数点を利用しており，信頼性は低かったものの，世界初の自由にプログラムできるコンピュータだといわれています。ASCC は電気駆動する歯車式の計算機であり，全長 16 m，高さ 2.4 m，奥行き 60 cm，重量は約 4.5 t でした。これは当時の産業界で最も巨大な電気計算機でした。

　1940年代になると，真空管を使った電子計算機が開発されました。1946年に完成した ENIAC が世界初の電子計算機といわれています。1947年になると，AT & T のベル研究所でトランジスタが発明されました。これ以降は真空管からトランジスタへと移り変っていくことになります。トランジスタ計算機は TRADIC や ETLMark 3 などが開発されました。日本では1958年 NEC の NEAC-2201 や1959年の日立の HITAC 301 などがあります。

　一般消費者向けの個人用コンピュータとしては，Micro Instrumentation and Telemetry Systems 社（MITS）が1974年に販売した Altair 8800 が世界

で最初だとされています。その後，Apple の Apple 2 や NEC の PC-8001，PC-9801 などが発売され，コンピュータが一般家庭へと徐々に普及していきます。現在では，多くの人がスマートフォンやパソコン，ゲーム機といった様々なかたちでコンピュータを手にする時代となりました。

2　コンピュータの5大構成要素

コンピュータは真空管を使ったものからトランジスタ，そして集積回路へと変化してきました。また，大型のものから家庭用のサイズへ，今ではスマートフォンや時計，メガネサイズのものへと小型化してきました。しかし，コンピュータの基本的な構成要素は変わっていません。

図12-1はコンピュータの5大構成要素を示しています。演算装置は名前の通り演算をするための装置で，論理演算や算術演算を行います。制御装置は演算装置や記憶装置，入出力装置の動作を制御するための装置です。記憶装置はコンピュータ内のデータを一時的に保存するための機構です。記憶装置は特性によっていくつかに分類されます。入力装置・出力装置はコンピュータに対してデータを入力したり，計算の結果を出力するための装置です。これらも様々な形態のものがあります。

コンピュータの構成要素はそれぞれバスと呼ばれるデータの経路で繋がれており，このバスを通してデータの受け渡しをしたり，制御信号を送ったりします。

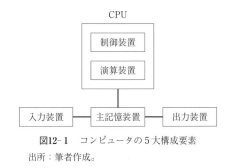

図12-1　コンピュータの5大構成要素
出所：筆者作成。

3　CPU（Central Processing Unit）

　CPU（Central Processing Unit）は日本語で中央演算装置と呼ばれます。CPU
は演算装置，制御装置，レジスタなどで構成されます。本節ではCPUの全体
的な特徴と演算装置，制御装置の説明をします。レジスタについては記憶装置
の項で説明します。

　図12-2はCPUの構成を示しています。整数演算器や浮動小数点加算器な
どが演算装置と呼ばれるもので，整数の計算なのか浮動小数点の計算なのかに
よって動作する演算器が変わります。コンピュータの内部では整数と浮動小数
点でデータの表現方法が違うため，別々の装置で計算しています。浮動小数点
の演算は複雑なため，整数演算のほうが高速に行うことができます。

　図の左にあるフェッチユニット，デコードユニットはプログラムを実行する
ときに使用される装置です。演算装置はプログラムから与えられる命令によっ
て，その動作であったり扱うデータを決定します。この命令は記憶装置に格納
されています。フェッチユニットは記憶装置から命令を順番に取ってくる役割
を持っています。フェッチユニットによって持ってこられた命令はデコードユ
ニットによって解釈されます。そして，解釈の結果によって演算装置の動作や
扱うデータを決定します。

　ロード・ストアユニットは記憶装置からデータを読み書きするための装置で
す。フェッチユニットが命令を取ってくるのに対して，ロード・ストアユニッ
トは演算で使用するデータのみを扱います。

　CPUはクロックというものに基づいて動作します。クロックとは，ハード
ウェア内で事象を起こすタイミングを決定するもので，その時間間隔をクロッ
クサイクル時間と呼びます。また，その逆数であるクロック周波数を使用する
こともあります。例えば，クロックサイクル時間が250ピコ秒であった場合，
CPUは250ピコ秒に1度動作することになります。これはクロック周波数に直
すと4 GHzになります。家電量販店などでパソコンの性能表記に記されてい

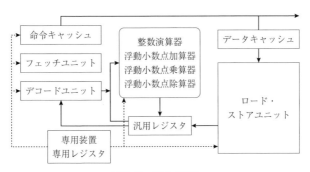

図12-2　CPU の構成

出所：城（2014：71）。

るCPU の GHz とは，このクロック周波数のことで，この値が大きいほど性能は良いとされています。

　現在の代表的な CPU は Intel の Core ｉシリーズや AMD の Ryzen シリーズがパソコン向けには一般的です。また，スマートフォン向けの CPU としては Qualcomm の Snapdragon シリーズが有名です。

4　記憶装置

　記憶装置とは，データなどを格納するために使用される装置です。主にレジスタ，キャッシュ，主記憶，補助記憶に分類されます。記憶装置は格納できるデータのサイズが大きくなるほど，アクセス速度は遅くなります。

　レジスタは CPU の内部にある記憶装置です。CPU の演算装置はレジスタにあるデータを使って演算をします。また，演算の結果をレジスタに対して書き込みます。レジスタは CPU の内部にあるので，最も高速にアクセスできる記憶装置ということになります。しかし，レジスタは1つにつき32ビットか64ビット（2進数で32桁か64桁）しか格納することができず，また CPU 内部に配置されているレジスタの数には限りがあります。このため，プログラムの実行に必要な全てのデータをレジスタに常に割り当てておくことはできません。そこで利用されるのが主記憶装置です。

　主記憶装置は一般にメインメモリや単にメモリと呼ばれます。パソコンの性能表記のところには RAM と表記されていることもあります。メインメモリは主に DRAM（Dynamic Random Access Memory）というものが使われています。この DRAM はトランジスタとコンデンサによって構築されています。プログラムを実行するためには，プログラムに含まれる命令とデータを全てこのメインメモリに格納します。そして，CPU は 1 つずつ命令をメインメモリから読み込み，必要に応じてデータを読み込むことになります。また，最終的に計算結果もこのメインメモリに書き込まれます。この方法をとることで，レジスタだけでは格納しきれないサイズのものを扱うことができます。

　メインメモリを利用することで，レジスタだけでは扱いきれないサイズのプログラムやデータを扱えるようになりました。しかし，DRAM は電源を切ると保持していたデータが消えるという特性があります。そのため，必要なデータを永続的に保持しておくことができません。そこで利用されるのが補助記憶装置です。ハードディスクドライブ（HDD）やソリッドステートドライブ（SSD）が一般的で，単にストレージと呼ばれることもあります。また，USB メモリや DVD-R なども補助記憶装置に含まれます。これらはリムーバブルメディアと呼ばれたりもします。これらの補助記憶装置はメインメモリとは違い，コンピュータの電源をオフにしても保持したデータが消去されることはありません。メインメモリが揮発性メモリと呼ばれるのに対して，これらのデータが消去されないメモリを不揮発性メモリと呼びます。このため，長期間にわたってデータを保存しておくことが可能です。アクセス速度はメインメモリに比べると遅いですが，大容量のデータを保存しておくことができることも特徴です。また，安価に大容量の記憶領域を確保できるため，プログラム実行時にメインメモリにすら収まりきらないデータを配置しておくために，メインメモリの一部のような使い方をする場合もあります。

　前述の通り，記憶装置は容量が大きくなるほどアクセス速度が遅くなる傾向にあります。例えば，DDR4-1600 という規格のメインメモリでは秒間約 13GB のデータを転送することができますが，HDD では秒間 200MB ほど，

SSDでも秒間500MBほどのデータしか転送できません（HDDやSSDの性能にも依存します）。この速度差があるため，CPUはデータの転送が完了するのを待つ必要があります。例えば，クロック周波数が4GHzのCPUでは単純計算で1秒間に約40億命令実行することができますが，データの転送を待っている間はその処理ができません。この速度差があることでCPUを効率的に利用できない問題をフォン・ノイマン・ボトルネックと呼びます。この問題を軽減するために利用されるのがキャッシュメモリです。

キャッシュメモリはStatic Random Access Memory（SRAM）と呼ばれるもので構成されています。メインメモリで利用されるDRAMに比べて高速に動きますが，記憶容量あたりの値段が高価なため，DRAMほど大容量メモリには向きません。そのため，キャッシュメモリはメインメモリよりは高速にデータの出し入れができますが，容量は小さくなります。キャッシュは局所性というものを利用して動作します。局所性には2種類あり，アクセスされたデータの付近にあるデータはすぐに利用されるはずだという空間的局所性と，一度アクセスされたデータはすぐにまたアクセスされるはずだという時間的局所性の2種類です。この特徴を利用して，アクセスされたメインメモリのデータの一部をキャッシュメモリにコピーしておきます。こうすることで，次に利用するデータがキャッシュに格納されていれば，メインメモリにアクセスするよりも高速にデータがCPUに転送されます。必要なデータがキャッシュに存在することをキャッシュヒット，存在しないことをキャッシュミスと呼びます。ヒット率を上げることでプログラムの性能は向上します。

5　入出力装置

入出力装置はコンピュータに対してデータを入力したり，計算結果を出力するための装置です。入出力装置の種類は，ヒューマンインターフェース装置，補助記憶装置，通信インターフェース，実世界交信機器などがあります。

ヒューマンインターフェースは最も身近な入出力機器でしょう。パソコンの

キーボードやマスウ，ディスプレイなどがそうです。スマートフォンなどのタッチパネルや音を扱うマイクやスピーカー，印刷するためのプリンタなどもヒューマンインターフェース機器に分類されます。

　補助記憶装置も入出力機器に含まれます。補助記憶装置は記憶装置でもありますが，CPU やメインメモリのようなコンピュータの中核をなす機器に対してデータを提供する，あるいは計算結果を永続的に保持するという見方をすれば，補助記憶装置もデータを入出力する機器として見ることができます。

　通信インターフェースはネットワークを介して他のコンピュータなどとやりとりをするための機器です。有線で LAN ケーブルを差し込む部分や Wi-Fi のアンテナ，Bluetooth のアンテナなどがこれに含まれます。スマートフォンのモバイルアンテナも通信インターフェースに分類されます。

　実世界交信機器は，現実世界の情報を入力したりする装置です。温度や湿度，速度や位置などのセンサーがこれに分類されます。これらの入力機器は家電などに内蔵されていることが多いです。エアコンやシーリングライトには人を検知するセンサーが内蔵されています。また，現在では Internet of Things（IoT）の流行により，この実世界交信機器がとても増えました。スマートフォンにも加速度計や GPS などのセンサーが内蔵されていますし，これらのセンサーから入力されるデータはネットワークを介してコンピュータに送られ，処理されています。

　入出力装置は CPU を介して処理されます。特に入力装置から入力されたデータは一度 CPU に転送され，その後，ロード／ストア命令を用いてメインメモリに格納される方式がとられていました。しかし，この方式ではロード／ストア命令を利用するため効率があまり良くありませんでした。そこで，Direct Memory Access（DMA）と呼ばれる方式を取ることも増えてきました。この方式では，入力機器から転送されるデータは CPU を介さず，直接メインメモリに格納されます。これにより，CPU による命令の実行をすることなくデータの転送が可能になります。この結果，CPU はデータ転送に命令を消費する必要がなくなり，本来の計算の命令を実行することに集中できます。

【参考文献】

飯塚肇・甲斐宗徳『計算機ハードウェア』丸善株式会社，2001年。

城和貴『コンピュータアーキテクチャ入門』サイエンス社，2014年。

情報処理学会『IPSJ コンピュータ博物館』（http://museum.ipsj.or.jp/index.html 2019 年 9 月30日最終閲覧）。

Patterson, David A., John L. Hennessy, 成田光彰（訳）『コンピュータの構成と設計』 第 5 版上・下巻，日経 BP 社，2014年。

第13章

情報の取り扱い（ソフトウェア）

　本章では，ソフトウェアによる情報の取り扱い方につ
いて学びます。「ソフトウェア」という用語は，統計学
者のジョン・テューキー（図13-1）が1958年に執筆し
た論文のなかで初めて使われましたが，その概念自体は
もっと古くから存在していました。現在の情報社会にお
いて，コンピュータは必要不可欠な存在ですが，それら
が人間の思い通りに動作するのはソフトウェアのおかげ
です。ソフトウェアの役割や作り方について学んでいき
ましょう。

1　ソフトウェアの役割

　スマートフォンを使っている人であれば，ソフトウェアという用語を一度は見たことがあるのではないでしょうか？　たとえば，スマートフォンの画面に「ソフトウェアの更新」という表示が出てくることがあります。これは，スマートフォンのアプリなどの機能を最新版に更新するという意味なのですが，スマートフォンのアプリはソフトウェアとして作られているため，このような表示となるわけです。

　この時，スマートフォンの本体は「ハードウェア」と呼ばれます。ハードウェアは，人間の目で見ることができ，触ることができますが，ハードウェアだけでは全く役に立ちません。水没などが原因で動作しなくなったスマートフォンのことを「文鎮」（英語では brick〔煉瓦〕）と呼ぶことがありますが，ソフトウェアが入っていないスマートフォンも文鎮と同じです。重さを持った高価な金属とプラスチックの塊であり，せいぜい紙が風で飛ばされないようにすることぐらいの機能しか持ちません。

図13-1　ジョン・テューキー
出所：Brillinger（2009：2）.

　そこで，何の役にも立たないハードウェアに対して，人間の役に立つ機能を与えることが「ソフトウェア」の役割になります。ソフトウェアは，人間の目では見ることもできませんし，触ることもできませんが，ハードウェアを上手に動かすことができます。たとえば，ソフトウェアがスマートフォンの画面に映像を表示したり，スピーカーから音を出したりすることで，電話やゲームなどの様々なアプリを実現することができるのです。

　スマートフォンのゲームや，パソコンのWEB ブラウザなどのアプリはソフトウェアで

図13- 2　ハードウェアとソフトウェアの関係
出所：筆者作成。

すが，Windows や Mac などの OS（オペレーティング・システム）もソフトウェアです。OS の機能はアプリより単純ですが，ハードウェアにとって重要な役割を持ちます。たとえば，スマートフォンの充電時間を管理して電池の過充電を防いだり，パソコンのファンを回してハードウェアの排熱をしたりする機能は，ソフトウェアである OS がハードウェアを制御することで実現されています。また，OS はコンピュータ以外にも搭載されています。現在の冷蔵庫や炊飯器などの家電製品でも，OS によるハードウェアの制御が欠かせません。

　ハードウェアとソフトウェアの関係は，人間の身体と脳の関係によく似ています。人間が脳の指令で身体を動かすように，ソフトウェアが指令を出すことによってハードウェアが動作するのです（図13- 2）。ところで，人間の脳は身体の一部として最初から備わっていますが，ハードウェアには最初からソフトウェアが備わっていません。人間がソフトウェアをつくってあとからハードウェアに追加（インストール）する必要があるのですが，一体，ソフトウェアはどのようにして作られているのでしょうか？

2　ソフトウェアのプログラミング

　人間がソフトウェアをつくることを「プログラミング」と呼びます。具体的には，ソフトウェアにさせる仕事の手順を人間が順番に書くことを意味します。たとえば，スマートフォンの電話アプリを実現するには，以下の内容をプログ

ラミングしていきます。

- 着信時に，着信音を「スピーカー」から出力する
- 着信時に，「バイブレーションモーター」を振動する
- 着信時に，相手の電話番号を「ディスプレイ」に表示する
- 相手の発声時に，相手の音声を「スピーカー」から出力する
- 自分の発声時に，「マイク」から入力された自分の音声を相手に届ける
  （実際には他の機能も必要ですが，説明のために省略しています。）

　このようにプログラミングされたソフトウェアは，書かれた仕事を次々と実行していきます。それぞれの仕事は単純なものが多いですが，複数の仕事を組み合わせることで電話アプリが実現されています。仕事の内容に着目すると，どのような状況の時に，どのハードウェアを，どのように動作させるかということが書かれていることが分かります。仕事の内容を変更すれば，電話以外のアプリを作ることも可能です。

　人間がソフトウェアを「プログラミング」することは，先生が学生に「授業」することにとてもよく似ています。学生は先生から新しい物事を教えてもらうことで，新しい能力を習得していきます。同様に，ソフトウェアは人間にプログラミングしてもらうことで，新しい能力を習得するのです。ただし，新しい能力を身につけるまでの時間は，人間よりもソフトウェアの方が優れています。たとえば，日本語しか話せない日本人が，英語の授業に1回参加したとしても，流暢な英語を話せるようになるのはほぼ不可能です。一方，ソフトウェアは，正しく授業（プログラミング）されたものであれば，日英翻訳などの難しい能力であっても1回で習得することができます。

　コンピュータの歴史上，世界初のプログラミングが行われたのは1946年のことです。この時，世界初のコンピュータ「ENIAC」が誕生したのですが，ENIACのハードウェアを動かすためにはソフトウェアが必要であり，ENIACのソフトウェアをプログラミングする方法として「パッチパネル」が採用され

ました（図13-3）。パッチパ
ネルとは，ハードウェアの前
面に多数配置されたジャック
（穴）に，ケーブル（電線）の
プラグ側を手で差し込む方式
のことです。ENIACのソフ
トウェアは，ジャック同士を
ケーブルでどのように接続す
るかによってプログラミング
されていたのです。ちなみに，

図13-3　パッチパネルによるプログラミング
出所：Tête（2013）.

プログラミングを行う人のことを「プログラマ」と呼びますが，世界初のプロ
グラマはENIACのパッチパネルの操作を担当した6人の女性だと言われてい
ます。

　ところが，ENIACのパッチパネル方式は，プログラミングに時間がかかり，
ケーブルの本数が増えてくるとプログラミングが難しくなるという問題があり
ました。そこで，この問題を解決するためにフォン・ノイマンによって「プロ
グラム内蔵方式」のコンピュータが考案されました。パッチパネルによってハ
ードウェアの外側をプログラミングするのではなく，ハードウェアの内側にソ
フトウェアを記憶するための領域（メモリ領域）を用意し，メモリ領域を書き
換えることでプログラミングを行うという方式です。現在のコンピュータは全
て，このプログラム内蔵方式となっています。

　プログラム内蔵方式のコンピュータのメモリ領域を書き換える手法として，
「プログラミング言語」が生み出されました。プログラミング言語は，ソフト
ウェアを記述するための形式言語であり，構文規則（どのように書くか）と，意
味規則（何を意味するか）で定義されるものです。プログラマはプログラミング
言語を用いてソフトウェアの機能に関する文章（ソースコード）を作成し，ソ
ースコードをコンピュータのメモリ領域に読み込ませることで，コンピュータ
上で様々な機能を実現することができます。

```
#include <stdio.h>
int main()
{
    printf("Hello, world!");
    return 0;
}
```

図13-4　C言語によって記述されたソフトウェア
出所：筆者作成。

図13-4はC言語というプログラミング言語で書かれたソースコードの一例です。1行目の「#include<stdio.h>」は，ソフトウェアを作るために必要な部品を読み込む命令です。2行目以降はmain関数と呼ばれ，ソフトウェアの具体的な動作内容を中括弧｛｝の中に記述します。中括弧｛｝には「printf（"Hello, world!"）;」と書かれていますので，図13-4のソフトウェアを実行するとコンピュータの画面に「Hello, world!」という文字列が表示されます。このように，C言語のソースコードの各行はそれぞれ意味を持っており，それらをどこにどのように書くべきかということも厳密に決められています。プログラミング言語は，C言語以外にも200種類以上が存在しており，どのようなソフトウェアを作るかによって使用するプログラミング言語も変わってきます。優秀なプログラマのなかには，複数のプログラミング言語を使いこなす人もいます。

3　工業製品としてのソフトウェア

　ソフトウェアは，プログラミング言語を用いて作成される抽象的な工業製品です。自動車などの具体的な工業製品とは異なり，ソフトウェアを見ることも触ることもできませんが，現代社会を支える必須の存在となっています。工業製品としてのソフトウェアが持つ本質的な役割は，社会の複雑さを吸収することです。社会のなかで，人間は様々な作業を行いますが，そのなかには単純な繰り返し作業も多く含まれています。ソフトウェアは，人間が手書きと算盤で行っていた伝票処理などの単純作業を自動化することはとても得意です。そして，一度ソフトウェアが動き出せば，24時間365日，間違えることなく，同じ

作業を続けることができます。こうして人間は，ソフトウェアの助けを借りることで目の前の単純作業から解放され，さらに複雑な作業に注力できるようになりました。その後も，人間は複雑な作業を次々とソフトウェアに封じ込めていき，それを足がかりに社会をより高度で複雑にしていきます。これまでの社会の発展は，ソフトウェアが人間の複雑さを上手に吸収してくれたことによる恩恵とも言えるわけです。

　ところで，実際に世の中で使われているソフトウェアは，何行くらいのソースコードで作られていると思いますか？　例えば，アポロ11号は人類が初めて月に着陸した時の宇宙船ですが，宇宙船という巨大なハードウェアを動かすために必要なソフトウェアのソースコードは約6万行で構成されています。また，現在のGoogleの全てのサービスを実現するために必要なソフトウェアのソースコードは20億行を超えるそうです。ソフトウェアの開発費用は，ソースコード1行あたり数千円と言われていることからも，世の中で使われているソフトウェアが巨大で複雑な工業製品であることが分かります。

　このような大規模なソフトウェアを，プログラマが1人で作り上げることは現実的ではありません。そこで，実際のソフトウェアの開発現場では，異なる役割を持つ複数の人間が互いに協力しながら1つのソフトウェアを作りあげています。ソフトウェアの開発現場における人間の役割には，ソースコードを実際に書く「プログラマ」だけでなく，ソフトウェアの全体設計を担当する「アナリスト」，開発現場のチームをまとめあげる「プロジェクトマネージャ」などがあります。1人の人間が複数の役割を担当することもありますが，複数の人間がそれぞれ異なる役割を担当することのほうが一般的です。

　しかし，複数の人間が連携してソフトウェアを作ることは簡単なことではありません。図13-5は，役割が異なる複数の人間が連携してソフトウェアを作ることの難しさを，ブランコの開発に例えた風刺絵です。この風刺絵が流行したのは1973年のことですが，ソフトウェアの開発現場のことをよく表しているため，現在まで語り継がれています。ブランコの形態はソフトウェアの機能や使い勝手などを比喩したものです。開発現場において，役割ごとの勝手な思い

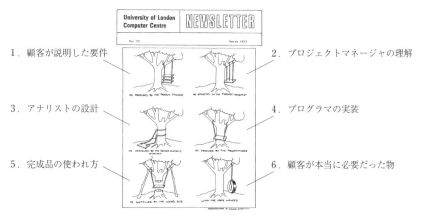

図13-5　複数人が協力してソフトウェアを開発することの難しさを表す風刺絵
出所：University of London Computer Center：1.

込みや都合の押しつけ合いが発生すると，顧客が期待した通りのブランコを作ることは難しくなっていきます。さらに，顧客が最初に説明したブランコの要件（図13-5の左上）が，顧客が本当に必要だった物（図13-5の右下）と異なるという事態が発生しています。顧客自身が自分の欲しい物を最初にきちんと説明できず，完成した物を使ってみて初めて自分の欲しいものが何であるかに気づくということは，ソフトウェアの開発現場ではたびたび起こりうるのです。そこで，失敗しないソフトウェアの開発方法を追求する学問として「ソフトウェア工学」が誕生しました。ソフトウェア工学が進歩すると開発可能なソフトウェアは増加しますが，顧客の要求もさらに高度になります。そのため，IT業界のエンジニアは最新のソフトウェア工学を常に学び続けることが重要です。

4　ソフトウェアのアルゴリズム

　工業製品には「機能」以外にもう１つ重要な観点があります。それは，工業製品の「性能」です。たとえば，自動車を購入する時は，道路を走るという機能だけでなく，最高速度や燃費といった性能を考慮することが一般的です。ソ

フトウェアも同様に，機能だけでなく性能のことを考慮する必要があります。
ソフトウェアの性能とは，ソフトウェアが処理結果を返すための力のことで，
代表的な指標として以下の 3 種類があります。

- スループット：単位時間あたりに処理結果を返した件数
- レスポンスタイム：処理結果を返すまでにかかった時間
- リソース：処理結果を返すために必要な資源（CPU，メモリなど）

　高いスループットと短いレスポンスタイムを，より少ないリソースで達成で
きるソフトウェアは「優れたソフトウェア」と言えるのですが，鉄道の路線案
内アプリを例としてもう少し具体的に見ていきましょう。路線案内アプリとは，
出発駅から到着駅までの経路を調べて，運賃が最も安い経路や，移動時間が最
も短い経路を表示する機能を持つアプリのことです。路線案内アプリが経路を
調べるためには，とても複雑な計算処理が必要となります。例えば，2019年 7
月時点で，首都圏の JR 東日本の鉄道駅は521駅ありますので，JR 東日本の出
発駅と到着駅の組み合わせ数は $521 \times 520 = $ 約27万通りとなります。さらに，
指定された出発駅と到着駅に対して，運行状況や経由駅などの様々な条件を考
慮すると，何億通りもの経路が存在します。これらの全ての経路を順番に調べ
て最適な経路を得るためには，最新のコンピュータを利用しても数時間が必要
です。しかし，今から乗る電車の経路を調べたい時に，その結果が数時間後に
返ってくるような路線案内アプリは，レスポンスタイムが悪いためほとんど使
い物になりません。
　路線案内アプリの性能を向上するにはどうすればよいでしょうか？　一番簡
単なやり方は，大量のコンピュータを用意して路線案内アプリの経路計算を行
い，スループットやレスポンスタイムを向上する方法です。しかし，この方法
では莫大な予算がかかりますので，路線案内アプリの利用者の増加に合わせて
コンピュータを増やし続けるやり方には限界があります。ハードウェアの力だ
けに頼るのではなく，ソフトウェア単体で性能を向上する工夫が必要なのです。

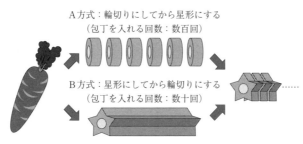

図13-6　人参の飾り切りアルゴリズム

出所：宇野（2012）。

　そこで，世の中に存在する問題をソフトウェアで効率的に解くための手法を探求する学問として「アルゴリズム工学」が誕生しました。アルゴリズムとは，特定の問題を解く手順を単純な計算や操作の組み合わせとして定義したもののことです。アルゴリズムを工夫することで，より少ないハードウェアのリソースを用いて，ソフトウェアのスループットやレスポンスタイムを何百倍にも速くすることができます。アルゴリズムはしばしば「人参の飾り切り」に例えられます（図13-6）。星形の人参を作りたいときに，人参を輪切りにしてから星形にするA方式と，人参を星形にしてから輪切りにするB方式があります。A方式の場合は包丁を数百回入れないといけませんが，B方式の場合は包丁を数十回入れるだけで星型の人参を作ることができます。どちらの方式も，最終的な結果は同じになりますが，最終的な結果に行き着くまでの手間が異なるのです。先ほどの路線案内アプリの場合も「ダイクストラ法」という最短経路を求めるアルゴリズムを用いれば，数時間かかっていた計算を1秒以内に短縮することが可能になります。

5　ソフトウェアの将来

　ソフトウェアは今後どのように進化していくのでしょうか。ここで，ハードウェアとソフトウェアにまつわる2つの法則を紹介します（図13-7）。1965年にゴードン・ムーアが残したハードウェアに関する有名な法則として「集積回

ムーアの法則（Moore's law）
集積回路におけるトランジスタの集積密度は
約18カ月ごとに倍になる

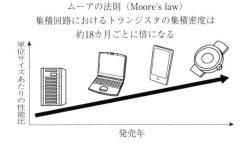

発売年

ヴィルトの法則（Wirth's law）
ソフトウェアはハードウェアが高速化するより
急速に低速化する

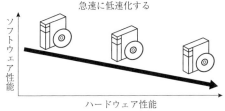

ハードウェア性能

図13-7　ムーアの法則とヴィルトの法則
出所：筆者作成。

路におけるトランジスタの集積密度は約18カ月ごとに倍になる」というものが
あります。つまり，コンピュータのハードウェアの性能は18カ月ごとに倍にな
っていくので，同じ性能を持つコンピュータは18カ月後には半分のサイズにで
きるということです。ハードウェアの進化の歴史を辿っていくと，ムーアの法
則は非常によく当たっていることが分かります。現在のスマートフォンは30年
前のスーパーコンピュータと同じくらいの性能を持っていますが，単位サイズ
当たりの性能比はムーアの法則とよく合致しています。一方，米国半導体工業
会は，ムーアの法則は2021年で終焉を迎えることを予想しています。現在のハ
ードウェアの集積回路は，10 nm（ナノメートル，10億分の1）という精密さで
作られており，このペースで小型化していくと2021年には物理的な限界に達す
るという予想です。

　一方，ソフトウェアに関しては，1995年にニクラウス・ヴィルトが残した法
則として「ソフトウェアはハードウェアが高速化するより急速に低速化する」

というものがあります。ハードウェアは18カ月ごとに倍の性能になっているのに，ソフトウェアはそれ以上に遅くなっているため，コンピュータはこれまでとほぼ同じ仕事しかできていないという問題提起です。複雑な機能を持つソフトウェアを高性能に作り上げることは非常に難しく，莫大な費用と時間が必要です。そこで，ソフトウェア開発の現場では，ハードウェアの進化に合わせてソフトウェアをあまり作りこまないことで，ソフトウェアの開発コストを削減することが多くなりました。ソフトウェアをあまり作りこまなくても，ハードウェアが進化してくれるおかげで，顧客の要件を満たすことができていたからです。しかし，そう遠くない未来にムーアの法則は終焉を迎えます。量子コンピュータが実用化されない限り，現行のコンピュータのハードウェア性能はほとんど高速化しなくなるでしょう。そのため，今後はソフトウェアを短時間にいかにつくりこめるかが重要になってきます。ソフトウェアを効率よく作るためのソフトウェア工学と，ソフトウェアを高性能にするためのアルゴリズム工学の両方に精通した人材が，これからの情報社会で求められているのです。

【参考文献】

宇野毅明『アルゴリズムってなんでしょか』国立情報学研究所，2012年（http://research.nii.ac.jp/~uno/algo_3.htm）。

玉井哲雄『ソフトウェア工学の基礎』岩波書店，2016年。

結城浩『プログラマの数学第2版』ソフトバンククリエイティブ，2018年。

Brillinger, David R. (2009) *John Wilder Turkey*, National Academy of Sciences.

Tête, Annie (2013) *70th Anniversary: ENIAC Contract Signed*, The National WWII Museum.

University of London Computer Center (1973) *Tree Swing Cartoon Parodies*, University of London Computer Center Newsletter.

第14章

情報システムと人間

　本章では，情報システムと人間の関わり方について学びます。情報システムの概念をまず理解し，それを人間がどう活用すべきかを考えます。さらに，情報システムと人間の接点であるインターフェースのありかたについて，人間がコンピュータとどう対峙してきたか，そして，これから情報システムと人間はどう関わっていくべきなのかを学んでいきましょう。

1　情報システムとは

まず情報システムとは何かを考えましょう。システムとは，系，しくみのことです。情報を扱うしくみ，それが情報システムです。

情報システムの概念

図14-1は情報システム利用の概念図です。情報システムには，何らかの情報を入力します。入力された情報はシステムにより適切に処理され，その結果が出力されます。

図の下にある逆向きの矢印と「フィードバック」とは何でしょうか？

通常，情報システムの利用が「入力→処理→出力」の1回で終わることはあまりありません。たとえば，代表的な情報システムの例としてインターネットの検索を考えてみましょう。Google や Yahoo! といったインターネット検索エンジンを考えます。

みなさんはこれらのツールを使うときに，どのような使い方をするでしょうか？　まず，検索窓にキーワードを入力するところから始めるでしょう。検索窓に入力されたキーワード，それが，情報システムに対する「入力」にあたります。エンターキー（リターンキー）を押す，あるいは「検索ボタン」をクリックすることで，情報が入力されたことをシステムに指示します。すると，システムでは検索の「処理」が行われ，検索結果が画面に「出力」されるでしょう。

さて，このとき，出てきた検索結果のリストをみて，みなさんは，その1回で満足して終了しますか？　山のように検索結果が出てきたり，あるいは，欲しい情報とは全く見当違いの検索結果が出てきてしまったりと，期待通りの結果が得られないことも多いでしょう。そのとき，みなさんはどうしますか？

検索キーワードを変えて，再度，試してみる，という対応をとることが多いのではないでしょうか。検索結果が多すぎるときは，絞り込みのためのキーワ

ードを追加して再検索するという方
法が効果的です。また，見当違いの
結果が出てきてしまったときは，キ
ーワードを変えて試してみるとよい
でしょう。いずれにしても，出力を
みて，その結果から判断して再度入

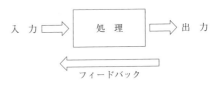

図14-1　情報システムの概念図
出所：筆者作成。

力をやりなおす，それが「フィードバック」です。

　入力，処理，出力，そしてフィードバック，このループを最適な解が求まる
まで繰り返し，目的を達成する，それが情報システムのモデルです。

機械の役割と人の役割

　さてここで，「機械的機構」と「人的機構」というものを考えます。前者は
コンピュータなど機械が担当する部分のしくみ，後者は人がかかわる部分のし
くみのことです。機械的機構はコンピュータそのものや通信のネットワーク，
データを蓄積するためのデータベースなどから構成されます。一方の後者は，
コンピュータを操作する人間だけでなく，それらをとりまく社会のあり方やル
ール，法律など，組織や社会のしくみまで含む場合もあります。

　多くの情報システムでは，機械的機構と人的機構が上手に協調して目的を達
成します。先の例，インターネット検索の例では，機械的機構を担うのは皆さ
んのコンピュータやスマートフォンに実装されているウェブブラウザと，イン
ターネットへの通信ネットワーク，そして検索システムのバックエンドにある
巨大な検索サーバ群です。人的機構に相当する部分は，インターネット検索を
実施しているみなさんそのものです。

　情報システムのモデル（図14-1）において，入力された情報を処理する部分
が機械的機構の担当する部分であると考えることができます。図14-2にそれ
を明示しました。点線で囲んだ部分が機械的機構の担当する部分です。また，
出力をみてフィードバックし，入力する情報を変えて再び処理を指示する部分，
点線の外側部分が人的機構の担当する部分です。

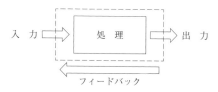

図14-2　情報システムの概念における人的機構
　　　　　と機械的機構

　　出所：筆者作成。

機械によらない情報システム

　なお，情報システム学会の定義に
よれば機械的機構はコンピュータを
中心とするものとされていますが，
図14-2において点線で囲んだ部分
は，必ずしもコンピュータを使わな
ければならないというものでもあり
ません。

　例として，江戸時代の飛脚を挙げてみましょう。江戸（東京）から上方（大
坂）に，飛脚が手紙を届けるシーンを想像してください。江戸時代の話なので，
コンピュータなんてものはありません（コンピュータは20世紀の半ばに発明された
ものであり，300年前の江戸時代には，コンピュータなど影も形もありませんでした）。

　情報システム学会が紹介している情報システムの定義（佐藤 2003）には，情
報システムは「情報の収集・蓄積・処理・伝達・利用にかかわる仕組み」であ
る，とあります。手紙には何らかの情報が記されているはずです。飛脚が手紙
を届けることは，「情報の伝達」に相当します。飛脚が手紙を届けることも，
立派な情報システムであるといえるでしょう。このように，情報システムその
ものは，必ずしも機械を利用しなければならないというものではありません。

2　機械と人の接点

　情報を処理する部分は必ずしも機械でなくともよいと説明しましたが，現代
的な話をするうえでは，機械的機構はコンピュータが主役だと言い切ってよさ
そうです。江戸時代から現代に戻り，とりあえずは，情報処理の部分をコンピ
ュータにまかせてしまうことにしましょう。以降では，情報処理をする部分は，
コンピュータや通信ネットワーク，データベースなどからなる機械的機構と考
えます。

コンピュータとのインターフェース

図14-3　人的機構と機械的機構の接点：入出力
インターフェース
出所：筆者作成。

さきほど，情報システムの中心を
なす処理を実行する部分は機械的機
構が担当し，その外側を人的機構が
囲むと説明しました。ここで，問題
となるのが人的機構と機械的機構の接点です（図14-3）。

　この界面部分を「インターフェース」といいます。人間と機械のインターフェースなら，マンマシンインターフェース，あるいは，ヒューマンマシンインターフェースなどと呼びます。あるいは，システムを使用するユーザ（使用者）であることをとくに意識して，ユーザインターフェースとも呼ばれます。

　情報システムを利用するときは，機械的機構を操作する人間が，インターフェースを介して情報を入力します。入力された情報を処理した結果は，やはりインターフェースを介して出力されます。さきに示したインターネット検索の例で説明すれば，入力インターフェースはブラウザの検索キーワード入力画面であり，出力インターフェースは検索結果のリストを提示する画面であるといえるでしょう。

インターフェースの変遷（専門家による操作の時代）

　コンピュータが発明されてからというもの，コンピュータとのインターフェースは，飛躍的な発展を遂げてきました。そもそも，コンピュータの黎明期に遡ると，コンピュータは専門家（オペレータ）が操作するものであり，われわれのような一般人，消費者が直接操作するようなものではありませんでした。

　しかし，現在はどうでしょうか。以前ならスーパーコンピュータに匹敵するような計算能力を有するスマートフォンをポケットに入れて持ち歩き，生活のいたるところで操作する毎日です。デジタルネイティブと呼ばれる子どもたちは，物心ついたころからコンピュータに囲まれて成長してきています。もはや，彼らには「コンピュータを操作する」という意識すらないかもしれません。

　デジタルネイティブ世代はともかくとして，コンピュータの黎明期はオペレータに処理を依頼し，オペレータは紙テープやパンチカードといった専用のメ

ディアを使ってコンピュータに情報を入力していました。

　その後，電動式のタイプライタであるテレタイプ装置が進化し，コンピュータはキーボードとディスプレイを備えるようになりました。キーボードから文字を打鍵することで，言葉によって情報を入力することが可能になったのです。ディスプレイ装置も当初は文字を表示することができるだけのシンプルなものでした。文字で情報をやりとりするこの段階のインターフェースのことを，CUI（Character User Interface，キャラクタ・ユーザインターフェース），あるいはCLI（Command Line Interface，コマンドライン・インターフェース）と呼びます。後者は，コンピュータに命令（コマンド）を入力して処理を指示するという操作方法からきています。

インターフェースの変遷（消費者による活用の時代）

　当初は専門家が扱うものであったコンピュータも，技術開発が進むにつれて，マイコン（マイクロコンピュータ）やパソコン（パーソナルコンピュータ）といった，一般消費者向けの簡易なシステムが提供されるようになってきました。1995年に発売されたWindows95の普及と，同時期に進んだインターネットの商用利用が，日常生活にコンピュータが浸透してきた要因であり，1つのターニングポイントになったといわれています。コンピュータのコモディティ化（日常用品化）という言葉も用いられるようになりました。

　このころになると，出力装置であるディスプレイも，フルカラー化し，その解像度も緻密なものになってきました。画面には，文字だけでなく，様々な図形や画像，写真，映像を表示することができるようになったのです。そのようなインターフェースのことを，GUI（Graphical User Interface，グラフィカル・ユーザインターフェース）と呼びます。

　さらに，近年では，ディスプレイ装置が液晶（LCD）画面に取って代わられただけでなく，画面自体に入力機能を持たせるようにも進化しました。スマートフォンの画面は，情報を表示するだけでなく，なでたり押したりすることで情報を入力するためにも使われます。タッチ操作が可能なディスプレイは，ノ

ートパソコンなどでも利用されるようになりつつあります。

CUI と GUI

CUI から GUI へとインターフェースが進化したことに伴い，コンピュータの操作はより直感的になりました。GUI では，いわゆる「WIMP」（Window, Icon, Menu, Pointer〔または，Pointing device〕でコンピュータを操作すること）と呼ばれる操作方法が一般的です。GUI の発展は，マウスやタッチパッド，トラックボールと呼ばれる画面上の位置情報を入力するためのデバイスが開発されたことも重要な役割を担いました。

なお，マウスの操作を考えてみると，大きな移動は肘を中心としてマウスを持つ手全体で移動させ，一方で細かな移動は手首の操作で行うなど，操作する量の幅（ダイナミックレンジ）にあわせてごく自然な操作で実現できていることがわかります。人間工学的にも，非常によくデザインされている操作装置であるといえ，マウスという装置が GUI の発展に寄与したのも，さもありなんということがわかるでしょう。

いずれにしても，アイコンをドラッグ・アンド・ドロップしたり，メニューからコマンドを選んだりするだけで操作できる GUI は，コンピュータに対する操作の抵抗感を減らしました。いちいちコマンドを覚えなくてもよいという簡便性も，普及にはずみをつけた要因の１つとなりました。

しかし，CUI から GUI になって失われたものもあります。CUI はコマンドでコンピュータを操作していました。これは，ある種の言語による抽象化を実現していたといえます。コマンドによる操作を複雑にしたものが，まさにプログラミングそのものに他なりません。

具体的でわかりやすい GUI は，抽象的に操作できるメリットを犠牲にしています。繰り返し似たような操作をしたければ，CUI では簡単なコマンドを繰り返せば実現できる一方で，GUI で同じようなことをしたければ，専用のツールを用意しなければならないでしょう。

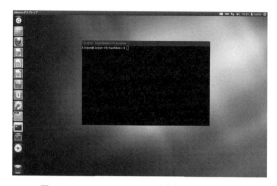

図14-4　GUI のなかの CUI（端末エミュレータ）
出所：筆者作成。

適材適所のインターフェース利用

　現代では，CUI と GUI はそれぞれが適材適所で活用されています。図14-4 は GUI 画面のなかで，端末エミュレータと呼ばれるソフトウェアを使って CUI 環境を実現している様子です。

　端末エミュレータのなかでは，「REP ループ」（Read-Eval-Print ループ）と呼ばれるコンピュータとの対話機構を使って情報の入出力を行います。現在では，文字しか出力できないようなディスプレイをみることは，さすがにほぼなくなりました。しかし，ネットワーク経由でサーバ機器を管理するというようなシーンでは，CUI による操作がまだ十分に活用されています。

3　これからのインターフェース

　スマートフォンの普及は，情報システムにおける人間と機械のインターフェースに革新的な変化をもたらしました。それは，音声で人工知能に話しかけ，処理結果を音声で知らされるというインターフェースです。

人工知能とのインターフェース

　スマートフォンの小さい画面では，GUI といっても，そもそもの操作が困

難です。文字による情報を入力するために，グラフィティと呼ばれる記号的操作やフリック操作など，あるいは入力の選択肢が自動で提示されるなどの手法が考案されました。しかし，いずれも限界があります。人間工学的に考えれば，両手の指10本を効率的に使ってキーボードを操作するタッチタイピングと，親指ひとつで操作する入力方法では，前者のほうが効率的であろうことは想像に難くありません。

　そこで，新たなインターフェースとして進化を遂げたインターフェースが，音声入力によるインターフェースです。音声認識によるインターフェース自体は，かなり古くから研究され，また，製品としても提案されてきたものがありました。しかし，認識精度が高くなかったり，個人の発声に合わせてチューニング作業（エンロール作業）が必要になったりと，あまり，使い勝手のよいものではありませんでした。ところが，ここへきて各社がこぞって開発を進めた結果，実用に資するレベルの音声入力インターフェースが次々と提供されるようになったのです。

　高速な広域通信ネットワークが普及したことと，クラウドコンピューティングによる大規模サーバ群が使えるようになったこと，その上でビッグデータ解析による自然言語処理技術が進化したことも，音声インターフェースの普及にはずみをつけました。実際に，スマートフォンの音声入力は，データ通信がオフになっていると使用できません。なぜならば，入力された情報の解釈はバックエンドにある高性能なコンピュータが実施しているからです。

　スマートフォン用の音声入力が進化したことにより，「AIスピーカー」という新しい製品も現れるようになりました。デジタルネイティブ世代の子どもたちにとって，AIスピーカーは家族の一員のように扱われているという話もききます。技術の進化が生活様式を変えていく例として，たいへん興味深い事例だといえるでしょう。

チューリングテスト

デジタルネイティブの子どもがAIスピーカーに人格を見出すのは，もはや

図14-5　チューリングテスト
出所：筆者作成。

現代の人工知能（Artificial Intelligence, AI）はチューリングテストに合格しているといってよいのかもしれません。

　チューリングテストとは，計算機科学者のアラン・チューリング（Alan Mathieson Turing, 1912-1954）が考案したもので，「なにができれば人工知能と言ってよいか」を判定するためのテストです。

　チューリングテストでは，テストされる人工知能は壁を挟んで隣の部屋に置かれます。こちらからは，壁の向こうを見ることができません。ただし，言語でやりとりすることは可能です。

　テストでは，こちらから何でも好きなように質問をすることができます。図14-5では「あなたは人間ですか？」と質問し，壁の向こうにいる人工知能（らしきもの）と本物の人間が，それぞれ「人間です」と答えています。確信を得るまで，自由に質問をして構いません。もし，人工知能の回答に対して「この答えは本物の人間によるものに違いない」と信じることができれば，それをもって壁の向こうにあるものは（人間でないとしたら）「人工知能」だと決めてよいだろうという判定方法が，チューリングテストの本質です。

中国語の部屋

　ところが，これに異を唱えたのが哲学者のジョン・サール（John Rogers Searle, 1932-）です。彼は，チューリングテストに対する反論として「中国語の部屋」（Chinese room）と呼ぶ問題を考えました（図14-6）。

　「中国語の部屋」で考える状況は，チューリングテストと全く同様です。すなわち，壁でしきられた状況で，こちらからは見えない壁の向こうとコミュニケーションを行うことで何かを判定しようという，同じ状況を考えます。チュ

ーリングテスト同様，こちらから中国語で何らかの質問をします。そして，自然な中国語で返答が戻ってきたならば，壁の向こうには中国人（中国語を理解する人）が居るのだろうと判定する，というのが「中国語の部屋」で考える判定です。

図14-6　中国語の部屋

出所：筆者作成。

　図14-6で示された状況には，壁の向こうに中国人らしき人が立っており，また，日本人らしき人も椅子に座っています。こちらから「あなたは中国人ですか？」と中国語で質問し，それに対してやはり中国語で「私は中国人です」と答えています。これだけ見れば，中国語の部屋においてもチューリングテストと同様に，壁の向こうにいるのは中国人だろうと考えることが自然でしょう。

　ところが，実はこの日本人らしき人は，完璧な中国語の辞書と発音装置を持っているのです。どのような中国語の質問であっても，このマシンを使えば中国語ネイティブと同様の返答ができるのです。しかし，彼は質問と答えの内容を全く理解することができません。さて，このような状況で，この人を中国人（中国語を理解する人）と判定してよいでしょうか？

　このような問題設定が，チューリングテストへの反論になっているのがおわかりでしょうか？　哲学者とはおかしなことを考えるものですね。

4　人が情報システムを使うということ

　さて，ここまで，情報システムと人間の関わりについて，主に人的機構と機械的機構の接点，インターフェースの観点からその変遷をみてきました。ここまでを，整理してみましょう。

①　人が，人（専門家，オペレータ）に処理を依頼する。

②　人が，コンピュータに，コマンドを入力することで処理を依頼する。

③　人が，コンピュータを自分でグラフィカルに操作して処理を依頼する。

④　人が，自然言語（音声）によって，コンピュータ（人工知能）に処理を依頼する。

コンピュータを操作できるのが専門家だけだった時代は，人間が人間に処理を依頼するというものでした。それが，自身がコマンドを入力するようになり，さらにはグラフィカルなインターフェースを介して操作するようになりました。

現在は，人間が人間に処理を依頼する状況と同じインターフェースを介して，人工知能に直接対峙することができるようになってきています。この先，情報システムとの対話は，いったいどのような形態になっていくのでしょう？SF 映画のようになっていくのでしょうか？（Nathan 2014）

ところで，機械を使わない情報システムはあり得るという話をしました。一方で，機械からのみ構成され人間が関与しない情報システムというものは，現在のところ，あり得ません。なぜならば，いくら人工知能が進化しようとも，人間の判断を全て置き換えてしまうような人工知能はまだ開発されていないからです。

人間の生活を良くするための情報システム，生活の質（Quality of Life, QoL）を向上させるための情報システムは，いまや百花繚乱の時代ですが，人間を排除した情報システムというものには意味がないのです。

【参考文献】

石井健一郎他『コミュニケーションを科学する——チューリングテストを超えて』NTT 出版，2002年。

佐藤敬他『情報社会を理解するためのキーワード：2』培風館，2003年。

Nathan Shedroff 他（安藤幸史監訳）『SF 映画で学ぶインタフェースデザイン アイデアと想像力を鍛え上げるための141のレッスン』丸善出版，2014年。

第15章

情報セキュリティ

サイバー空間は，日常生活の一部でありながら，第5
の戦場とも呼ばれています。サイバー空間では，国際社
会での規範づくりを進めている段階で，拘束力のある法
規制で高い情報セキュリティに至ることはすぐには期待
できません。これからの社会では，人手不足を補うため
に生産性を高める必要があり，より一層情報技術に頼る
必要があります。そのような背景から個人にもセキュリ
ティに対するバランス感覚が求められています。

1　情報セキュリティとは

インターネットを流れるものは何か？

インターネットに普段何が飛び交っているか考えたことはありますか。テキストメッセージ，動画，音声などが行き交うというイメージでしょうか。実際には，普通には必要のないはずの通信がかなりの頻度で飛び交っています（図

図15-1　インターネット上の異常な通信

出所：Kaspersky Cyberthreat real-time map
　　　（https://cybermap.kaspersky.com/）.

図15-2　日本に向かう異常な通信

出所：NICTERWEB 2.0（https://www.nicter.jp/atlas）.

図15-3 ①　偽のお客さんであふれかえらせる

図15-3 ②　DoS 攻撃

図15-3 ③　身代金を払うまで妨害

図15-3 ④　ランサムウェア（身代金要求）

出所：What would a cyber attack look like in the real world?-YouTube（https://www.youtube.com/watch?v=WgbWBRfNLdc）.

15-1）。これほどまでに来ているのか，というくらい日本宛のデータも多いです（図15-2）。では，どのようなデータが来ているのでしょうか。これには，路面店への妨害行為で説明する例があります（図15-3）。

　まず，お店に大量の偽の客を送りこみ，本当のお客さんへの接客ができなくなってしまうという例です。これは，サービス不能攻撃（DoS 攻撃）を大量のデータで引き起こすことのアナロジーです。

　また，お店のショーウィンドウ前に巨大な立て看板を設置して，「どかして欲しければお金を払え」と貼り出す，という別の例もあります。これは，システムをロック（暗号化）してしまい，お金を払わないとシステムのロックを解除しない，というランサム（身代金）ウェアのアナロジーです。こうしたロックしやすい対象を探して回るデータも多数飛び交っています。

　なお，この路面店の例は英国の保険会社が作成しています。情報セキュリティも専用の保険の適用対象になっています。保険を掛けておかないと万一の際

にビジネスへの影響が大きいという認識が浸透してきている例でもあります。

情報セキュリティの3要素

では，情報セキュリティとは何を指しているのでしょうか。情報セキュリティには3つの要素があります（JIS Q 27001：2014）。インターネットのホームページの場合で見てみましょう。

- 機密性：関係ない人には見られないようにする。Webサイトから登録した顧客情報が流出した，というのは機密性を失う事例です。
- 完全性：勝手に書き換えられないようにする。Webサイトの改ざんは完全性を失う事例です。
- 可用性：見たいときに見られるようにする。サービス不能攻撃や，ランサムウェアによる被害を受けている時は，可用性を失う例です。

インターネットからアクセスできる情報は，常に攻撃の脅威にさらされています。新聞やテレビのニュースでも，情報漏えいを起こしたり，システムの弱点を突かれて悪い人にお金を取られてしまったりして，経営者たちがカメラの前で頭を下げているシーンを見たことのある人もいるでしょう。

攻撃をする人は，攻撃目標に至るまで様々な手段で，時にはかなりの時間をかけて攻撃を仕掛けてきます。たとえば攻撃目標のある組織で働いている人をだますようなメールを送って，その人のPCを攻撃の足場に変えるようなこともやってきます。真の攻撃目標の組織があった時に，その取引先をまず攻撃して足場にすることも今では増えています。

攻撃範囲の拡大

それでも，「戦場」と言うのは大げさだと思うかもしれません。では，たとえば危険物を扱う化学プラントの場合を考えてみましょう。

- 機密性：製法を知られないようにする
- 完全性：化学物質の配合や速度が異常にならないようにする
- 可用性：プラントが稼働し続けるようにする

　例えば化学物質を異常な配合にされた場合，化学的に不安定になって，生産を止めざるを得なくなるでしょう。万一設備に損傷を与えるようなことになれば，周辺の健康，安全，環境にも影響を及ぼしかねません。

　こうした攻撃範囲の拡大に世の中が気づいたのは，2010年の Stuxnet というマルウェアによるイランの核関連設備への攻撃でした。インターネットから切り離されたシステムでも攻撃されうるということが，実際に起きたということで衝撃をもって受け止められました。

　また，電力供給網を狙ったサイバー攻撃が仕掛けられたらどうでしょうか。これは，実際に2015年にウクライナで起こり，停電に至りました。悪意を持ったソフトウェア（マルウェア）を故意に送り込む攻撃が行われました。

　日常生活を支えるインフラで情報技術の活用が進む今，情報セキュリティが，ライフラインにも影響を及ぼしうるため，どう対策するかは国際的な問題となっています。

2　規範づくり

規範づくり（ルッカ宣言，パリコール）

　こうした状況に対して，国際社会は規範を作っていく段階にあります。規範とは，こうした方がいいよね，という考え方のより所です。

　国家が，国際の平和及び安全のために，同調することを期待されている行動や判断の基準としてサイバー国際規範が示されています。これは，国連の政府専門家会合（GGE: Group of Governmental Experts）で議論され2015年に報告書にまとめられた内容をもとにしています。拘束力はないものの，国家はこういうことはやめましょうよ，ということが整理されています。

　たとえば，「国家は，その領域が ICT を利用した国際違法行為に利用される
ことを了知しながら許すべきではない。」「国家は，ICT の脆弱性について責
任ある報告を行うことを奨励するとともに，当該脆弱性を制限し，ICT 及び
ICT に依存したインフラに対する潜在的な脅威を根絶するために取り得る救
済手段に関する関連の情報を共有すべきである。」というような，それはそう
ですよね，という項目が並びます。

　2018年11月に出された「サイバー空間の信頼性と安全性のためのパリ・コー
ル」も規範づくりの１つです。フランスのマクロン大統領が主導し，ほとんど
の EU 加盟国に加え，Facebook や Google 等の大手企業が参加しています。
しかし，米国や中国が署名していないことからこちらも全世界が合意というわ
けではありません。

規範づくりと同時進行する攻撃

　規範づくりは着実に進んでいます。やがては国際法の適用についての議論も
進むと考えられます。しかし，国の支援がなければできないような規模や技術
レベルの強大なサイバー攻撃グループの活動がいまだに継続しています。アジ
アを狙って活動するグループが実は一番多いという報告もなされています。
（表15-1）

　グループ名のリストに挙がるような国は規範には批准せず，より技術のある
グループは水面下での活動を続けているでしょう。規範づくりでさえ国際社会
の足並みがそろわないという現状があります。

　なぜ攻撃が止まないのでしょうか。その理由として，サイバー攻撃が安上が
りに外貨を獲得できるから，サイバー戦争に負けられないから，抑止力が必要
だから，などいろいろ考えられると思います。情報セキュリティが産業として
成立しており，雇用や産業保護・育成につながっている現実もあります。対策
予算や求人も増え，イスラエルやオランダのようにサイバーセキュリティを積
極的に海外へ売りに出す国もあります。求人や人材育成のマーケットもできて
おり，下手に動いて潰せないということもあるでしょう。

表15-1　アジアを狙うサイバー攻撃グループ

DarkHotel ― North Korea
Lazarus ― North Korea
Thrip ― China
APT32 ― Vietnam
Andariel ― North Korea
Mustang Panda ― China
APT37 ― North Korea
Slingshot ― USA
Kimsuky ― North Korea
Tick ― China
BlackEnergy ― Russia
Charming Kitten ― Iran
APT28 ― Russia
MuddyWater ― Iran
Sidewinder ― India
Chafer ― Iran
TEMP.Periscope ― China
APT17 ― China
Orangeworm
Rancor

出所：Group-IB presented latest cybercrime trends in Asia ― Global Cyber Security Company ― Group-IB（https://www. group-ib.com/media/2018-trends-asia/）

責任ある情報開示

　規範づくりから，より実効性のある取組を進めるべきだという有識者の声もあります。その一例として，脆弱性（ぜいじゃくせい）情報の開示という意見があります。脆弱性とは，情報を扱うシステム（ハードウェア，ソフトウェア，人）の弱点にあたるものです。特にソフトウェアの弱点を指すことが多いです。システムが作られた当時は脆弱性がなくても，脆弱性を徐々に含むようになります。システムは汎用ソフトウェアを用いてつくることがほとんどですし，攻撃者やセキュリティ研究者は汎用ソフトウェアの脆弱性を見つけることにより対価を得ることができるためです。

　特に，システムの基幹となるソフトウェアに脆弱性がある場合はその影響も大きくなります。たとえば飛行機や船にも基幹となるソフトウェアは入ってお

り，安全な航行に重要な役割を担います。有識者が指摘をするのは，こうした基幹となるソフトウェアの脆弱性情報を国家レベルで秘匿していることです。国家にとっては有事の際に取っておきたいため，容易に開示されないと予想されます。また，億単位のお金で秘密裏に取引される脆弱性情報もあると言われています。

US-CERT などの機関で脆弱性情報が開示されていますが，これは脆弱性情報の取り扱いで，対策がきちんとできた状態になってから開示することなど，考慮がなされています。

日本でも，脆弱性情報の届出制度は経済産業省の告示（https://www.meti.go.jp/policy/netsecurity/vul_notification.pdf）で出されています。脆弱性情報を見つけた場合には，窓口に届け出て，製造者に対策を考えてもらう仕組みです。

脆弱性情報の取り扱いもまた規範づくりの対象になっています。規範づくりのなかでも継続して議論される話題となるでしょう。

3　私たちは何をすればいいのか？

日常のなかでどのようなことが求められているのでしょうか。一度でも情報セキュリティのトラブルに巻き込まれたことがあればセキュリティの意識も高いでしょう。他方，「ウィルス対策ソフトを入れれば良いのでしょう？」というような認識の人もいるかもしれません。何をしておけば私たちは困らずに済むのでしょうか。

組織の脆弱性にならない

システムにおける一番の脆弱性は「人」とよく言われます。攻撃の足がかりとして，まずは人を攻略するところから入ることも多いです。日本人の場合，これまで日本語に守られているところはありますが，最近では流ちょうな日本語やよりリアルな内容でだまそうとするメールも増えています。自分のせいで，組織の評判に傷がついたり，サイバー攻撃を受けたり，対策が不十分であると

して裁判に負けたりするのは避けたいということは共通認識としてあるでしょう。

何を知るべきなのか

では，私たちは何を知っておくべきなのでしょうか。そもそもコンピュータに距離を感じている人にとって，情報セキュリティはできれば近寄りたくない存在かもしれません。書籍を手に取ってパラパラとめくってみても，英語とカタカナが多くて頭に入ってこないという人も多いでしょう。

国際社会が共通認識としている防御と攻撃の枠組みについては常識として知ることが重要です。たとえば，新しい職場で，セキュリティに関する依頼をあれやこれや言われた時に，言葉の意味がわからなくてパニックになることは避けられるでしょう。

では，防御と攻撃の枠組とは何でしょうか。防御の枠組みは，米国NISTのサイバーセキュリティフレームワークが広く浸透しています。オバマ大統領（当時）が作成を命じたもので，歴史は意外と浅いですが，どの段階でどういう対策をするべきで，その理由づけとなる出典も整理されています。

攻撃の枠組みは，米国MITREのATT&CK（アタック）というフレームワークが公表され，注目を集めています。攻撃の各段階で，どのような手法をとりうるかをこれまでにない粒度で網羅しています。ATT&CKを使って攻撃の枠組みを知り，言い換えると敵を知り，防御に生かすということができます（図15-4）。

バランス感覚の涵養

情報セキュリティの対策は重要ですが，対策を厳しくしすぎると，組織が疲弊するという副作用があります。セキュリティ対策を盛りこみ過ぎて，使いづらくなったシステムは人々から敬遠されます。また，局所的な対策ではなく，組織全体でのセキュリティ対策の優先度を正しくつけられるようにする必要があります。ただし，組織が大きくなると，セキュリティ所掌部署の人だけでは

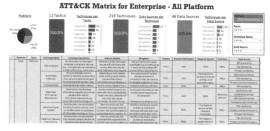

図15-4　MITRE の ATT&CK

出所：MITRE ATT&CK Matrix for Enterprise V2-Cy-b3rPanda | Tableau Public（https://public.tableau.com/profile/cyb3rpanda#!/vizhome/MITREATTCK MatrixforEnterpriseV2/ATTCK?publish=yes）.

対処できなくなります。

　攻撃者にとって楽に稼げるところがどこか？　この意識を組織内で共有することが重要になります。攻撃者の志向は，クリプトマイニングだったり，産業スパイだったり，ランサムウェアだったり，時勢を反映して変わっていきます。

　今後の日本では就労人口が減りゆくなかで，イノベーションによる生産性向上が求められています。こうした稼ぐ力を削ぐようなサイバー攻撃をかわしていかなければいけない時代になっています。国際社会がサイバー規範を作っているような段階では，組織のなかの個人にもセキュリティのバランス感覚が求められています。

【参考文献】

MITRE『ATT&CK™』（https://attack.mitre.org/）.
NIST『Cybersecurity Framework』邦訳版（IPA 独立行政法人情報処理推進機構）（https://www.ipa.go.jp/security/publications/nist/）.

第16章

法律 AI ── IT による立法と司法の支援

　　法律分野へ人工知能（AI）を導入する研究は古くから
あり，初期には論理に基づく法的推論機能を持つ「法律
エキスパートシステム」と呼ばれる AI ソフトウェアの
プロトタイプが提案・開発され，その後，法的な論争を
支援するシステムや理論化の研究が盛んになり，現在で
は，様々な法的な文書に対する処理を行う AI の開発が
主流となっています。また，裁判のような司法の分野以
外にも，法律を作る立法の分野においても，法律を工学
的に作ろうとする取り組みが始まっています。本章では
これらについて歴史的経緯とともに概観します。

　現在では，様々な分野に IT が浸透しており，特に近年，AI 技術が広まりつつあるのは周知のことでしょう。法律に関わる分野でも，他の分野と同じく，ワープロや表計算でできる事務作業には IT が使われています。本章では，日常的な事務作業ではなく，司法や立法の中心的な作業について，IT や AI がどのように支援してきたか，あるいはどのような試みがあったのか，それらの経緯をたどりながら，現在の支援技術についてもその一部を紹介します。なお，文中では，法律分野における AI のことを単に「法律 AI」と呼ぶことにします。

1　司法分野への IT による支援

　「司法」とは，裁判のような，法を司る活動のことを言います。この分野では，裁判官，弁護士，検察官が主に活躍します。このような人々のことを「法曹」と言います。法曹の作業の IT 化はコンピュータの歴史と同じくらい古くから試みられてきました。本節では法曹を支援する法律 AI の歴史と近年の法律 AI の一例について概観します。

黎明期〜1980年代：論理推論が主流の時代

　IT による法曹に向けた業務支援が始まったのは，1970年代の米国において，判例データを検索するデータベースの分野でした。ここで言う「判例」とは裁判の判決文のことです。司法の制度は国によって大きく 2 つに分かれていて，米国や英国は「判例法」の国家と言われており，他の欧州や日本などは「成文法」の国家と言われています。簡単に言うと，裁判の最終的な決め手が，過去の判決を基にするのか，文字で書かれた法律の条文を基にするのか，という違いです。このような事情から，米国では，裁判の決め手は，どれだけ有利な過去の判決（判例）を見つけてくることができるかにかかっているので，昔から判例データ検索のニーズはとても高かったのです。そこで，まだパソコンも存在しなかった時代に，大型汎用機と呼ばれるタイプの大規模なコンピュータを

使って，専用回線で結ばれたオンラインで判例検索をするシステムが開発され，使われ始めたのです。80年代に入るころには，すでに米国のロースクール（法科大学院）では，新入生は，まず判例データベース・システムを使って，いかにうまく判例を検索するかを学んだと言われています。

これに対して，「成文法」の裁判の決め手になる法律の条文に基づくソフトウェアについては，80年代は原理的な実験段階でした。それらは法律 AI として研究されていました。1976年に米国で Taxman という税法の「エキスパートシステム」が開発され，その後も改良が加えられていきました。「エキスパートシステム」とは専門家の知識をルールのようなデータとして与えておき，それらを用いてコンピュータが推論し，専門家のような判断やプランニングを行うシステムです。たとえば，当時，特定分野の医療診断，原子力プラントの故障解析，航空機運行スケジュールの作成など，様々な分野でエキスパートシステムが開発されました。実用化されたものもありましたが，法律分野での実用化には至りませんでした。

この時期にサーゴットという学者は，実用からは遠かったですが，英国の国籍法を論理式によって記述して，論理推論で法律の適用を行う試みを示しました。この時期は，論理推論を基本とする AI については，日本が先端を担っていました。日本では，当時世界的に最先端の AI の国家プロジェクトである「第5世代コンピュータ」プロジェクトが1982年より10年計画で始まったからです。そのなかで「法律エキスパートシステム」として，いくつか実験的なシステムも開発されました。たとえば，吉野一らによる売買契約を題材にした LES2，LES3 や，新田克己らによる刑法分野を扱ったり，論争機能を備えたりした Heric-II などの法律エキスパートシステムが開発されました。LES3 のプログラミングは本章担当の筆者が行いました。これらの日本の法律エキスパートシステムは，論理式を用いて論理推論を行うものでした。

このような論理推論の原理を説明します。論理推論は論理式を使った「演繹推論」というもので実現されますが，直観的には三段論法とほぼ同じです。論理式のイメージは，真偽がはっきり判定できる文（「命題」と言います）を主部

と述部から成ると考え，たとえば，「太郎は人である」なら，次のように書いて表現できます。

　　　人（太郎）　　　　　　　　　　　　　　　……論理式(1)

ここでさらに「人であるならば生物である」「生物であるならば呼吸する」という文を論理式にすると，

　　　生物（X）←人（X）　　　　　　　　　……論理式(2)
　　　呼吸（X）←生物（X）　　　　　　　　　……論理式(3)

と書くことができます。この「X」は変数と言って，任意の単語を入れることができますが，「←」の右辺のXに何か単語を入れた時は，必ず，左辺のXにも同じ単語を入れる，という決まりがあります。この時，三段論法を2回連続して適用すると，論理式(2)の「人（X）」のXに「太郎」を入れることができて，左辺も「生物（太郎）」となり，論理式(3)の「生物（X）」のXにも「太郎」を入れることができて，その左辺が「呼吸（太郎）」となるので，「太郎が呼吸する」という命題を導くことができます。実際には，もう少し複雑なことも書ける規則になっていますので，いろいろなことが表現できます。そして，このような論理式を使った推論がコンピュータ上で比較的容易に実現できることも昔から分かっていました。

　この原理に基づいた論理推論を行うエキスパートシステムでは，論理式データを蓄えたり，検索したりする部分を「知識ベース」，論理推論をする部分を「推論エンジン」と呼んでいました。実は，論理式さえ準備しておけば，コンピュータが論理推論をしてくれるシステムは1970年代から存在します。このような論理式によるプログラミングが可能な代表的なシステムはPrologと呼ばれるシステムです。「program」（プログラム）と「logic」（論理）に由来して命名されました。たとえば，今でも，SWISHというWebサイトでは，Webサ

ーバの内部で SWI-Prolog というシステムが動いていて，スマートフォンなど
からもフリーで簡単に利用できます。

　なお，知識ベースに蓄える知識についての学問分野は「知識工学」と呼ばれ
ています。そして，そのような知識記述のための要素となる概念・性質の記法
や仕様について研究する「オントロジ工学」と呼ばれる分野も生まれました。
現在では，多方面へのオントロジ工学の応用が取り組まれていて，実用化され
ている分野もありますが，まだ法律分野では標準化は進んでいません。

　こうした，論理式のようなルールに基づく推論技法（RBR: Rule Based Rea-
soning）を用いた法律エキスパートシステムに対して，1980年代の終わり頃に，
アシュレイという学者が事例に基づく推論技法（CBR: Case Based Reasoning）
を用いて，米国のトレードシークレット法に関する HYPO というエキスパー
トシステムを開発しました。これは，判例データを分析して，各判例が持つ
様々な属性情報を判例ごとに付してデータとして登録しておき，システムはそ
の属性の類似度を比較して，対象の事件に最適な過去の判例を見つけて法的論
争を進めてくれるというものです。前述のように，米国は判例法の国家なので，
類似した判例を見つけるという，この方式が特に有効でした。そして，HYPO
には，AI 技術的な特徴以外にも，その後の法律 AI 分野の先駆けとなる「法
的論争」システムのモデル案を初めて提唱していたという先見の明がありまし
た。

1990年代：法的論争システムが主流の時代

　1990年代に入ると，法律 AI の分野は，論理的な演繹推論によって，裁判官
や弁護士のように法令を適用する推論の研究よりも，HYPO のように，法廷
での弁論のような「法的論争」を扱った研究が盛んになり，以後，主流となり
ます。ただし，コンピュータ同士が自動で論争するわけではなく，あくまでも
ユーザが主張を入力してコンピュータがその状況を客観的に把握したり，あら
かじめ登録されている基準で判定結果を計算したりするものです。なお，論争
システムでも内部で論理式が使われることはしばしばありました。

　このような法的論争を論理的に扱おうとすると，通常の論理の場合なら，矛盾は許されませんが，たとえば民事裁判の場合，原告と被告は必ず対立する主張をするため，それらの命題はほとんどの場合矛盾します。もし，単純な論理推論のシステムに矛盾する命題を入れてしまうと，無意味な推論になってしまいます（すべてが真になります）。そこで，矛盾が生じたら，一部に例外を認めて，必要な訂正を認めていくことができる論理学的な枠組みとして「非単調論理」というものがあり，法律 AI の学者達はその理論に着目しました。これは多くの法的論争システムにおいて理論上の拠り所になっています。たとえば「鳥は飛ぶ」「ペンギンは鳥である」と言う命題だけですと，「ペンギンは飛ぶ」が真となりますが，これを例外として登録して，その部分だけは「鳥は飛ぶ」を使わないような仕掛けを数学的に理論化したものです。

　1990年代には，ダンという学者が論理式の内容ではなく，論理式間の支持（賛成）関係や攻撃（反対）関係に着目して，数学的な理論を打ち立てました。現在でも盛んに研究されており，最近では日本でも「数理議論学」として紹介されています。数理議論学というのは，主張が対立する双方の主張や関係者の証言がどのような構造になっているのか，その状況を数学やコンピュータで扱えるくらい明確にしてくれる学問分野です。

2000年代：AI 冬の時代

　2000年代に入ると，「AI 冬の時代」と呼ばれる時期に入っており，法律 AI 分野でも，AI 的な色彩よりも，高度な IT 化や，拡張した論理を用いた基礎理論や，議論の論理構造などの研究に主流が移ります。すでに議論の構造分析やその知見を用いた論争システムも多数開発されていましたが，まだまだ実験的な提案やシステムばかりでした。日本では，裁判外紛争解決（ADR）に向けた支援システムとして，新田克己らがネット上で議論ができたり，弁論者の表情などを捉えて，議論の優性度合を予測できたりするシステムを開発しました。また，海外では，「信用できない人の言うことは信用できない」のようなよくある議論のテンプレートのようなものを沢山整理して研究していたウォルトン

の「議論スキーム」を応用した研究も注目されました。この他，法廷での弁論は，ある主張を証明する側の負担が大きく，主張する側が負けてしまうケースも多くなるため，どちらの側が証明すべきか，という「立証責任」の負担が決め手となります。その負担度合を計算するための様々な研究も行われました。

　日本では，この時期に大学の授業に ICT を導入することが盛んになり，法学教育の支援についても IT 化は進行しました。本章の筆者もこの時期に訴訟のロールプレイを Web 上で繰り広げられる法学教育支援システムを開発し，現在でも大阪大学や鹿児島大学の法学系の授業で使われています。学生がネット上で仮想の弁護士事務所の弁護士なって証拠・証言集めから訴訟までをロールプレイするシステムです。ただ，これは ICT 化ではありますが，AI は使われていません。今後の法律 AI の基盤となるように，弁論データを他の論争システムと共有できるような XML 形式のデータとして保存・蓄積したり，ロールプレイの登場人物を AI に演じさせるための機械学習用のデータ収集をしている段階です。「機械学習」とは，大量のデータから統計的傾向として，自動的に答を推定してくれる AI のことです。

2010年代：テキスト処理が主流の時代

　2010年代には，機械学習などを使った自然言語処理技術を取り入れたテキスト処理を中心にした法律分野での AI 技術が盛んになりました。まだまだ実用的ではない研究も多いですが，AI による法律概念の学習や法的な議論構造の抽出など，興味深い研究事例はたくさん報告されています。実用的に使われ出しているのは，高度なテキスト検索技術です。法律実務上重要な，新たな着想やヒントを見つけ出すことも可能なので，「テキストマイニング」技術の一種とも言えます。今日の LegalTech と呼ばれる分野の主流のソフトウェアとも言えるでしょう。著名なソフトウェアは米国の Ross です。IBM の AI 製品である Watson を用いたテキスト処理によって，法律事務所の実務を支援するシステムです。

2　立法分野への IT による支援

　法曹の活動が「司法」の分野であれば，法を作って制定する活動は「立法」の分野で行われます。立法分野での法律 AI のソフトウェア開発や研究は数少ないですが，IT による支援は1990年代から各国で徐々に行われています。

　この分野に関して覚えておいて欲しいことは，法律や条例は国会や議会を経て制定されますし，国会のことを「立法府」と言うこともあるので，国会議員や地方議会の議員が立法作業を行っていると思われるかも知れませんが，議員が作るのは「議員立法」の法案と呼ばれるものだけで，それ以外の圧倒的に多くの法案や下位の法令は，行政府の職員（中央省庁職員や自治体職員）によって作成されています。そのような職員の人々は，中央省庁の場合は法学部出身者も多いですが，自治体の場合は，大学時代に法律学を勉強したことのない職員も沢山います。そして，そのように法に対して不慣れな状態からスタートする自治体職員や法令の文言作成に不慣れな議員のために，本章の筆者は，そのような人々の立法作業の支援ができるシステムの研究や開発を始めました。

　まず，全国の多くの自治体を回り，現地調査をして，例規（条例や規則）作成のための立法作業について，ニーズ調査をしました。すると，自治体で例規を作成する時には，類似の例規を検索して，整理して表にまとめるというニーズがとても多いことがわかりました。さらに，実際の立法作業では，まず全国の自治体はそれぞれが自らの自治体のホームページを持っていて，その一角に例規集のページがありますので，それらを確かめる必要があります。これらは自治体ごとにバラバラですので，自治体を横断するような検索はできません。もちろん，類似例規を集めるとか，表を作ることも手作業で行う必要がありました。そこで，本章の筆者らは2012年に『eLen 条例データベース』システムを開発しました。全国のバラバラになっている自治体例規の９割以上を集め，整理・統合したうえで，高度な検索機能や類似例規の自動収集機能，さらに例規比較表の自動作成の機能も備えていて，今でも毎日 Web を通じて全国の自

治体で使われ続けています。一部にクラスタリングという AI 技術も使っています。

　この他，日本では2003年頃から「法令工学」と呼ばれる分野が提唱されています。これは，「法は社会のソフトウェア」と言えるので，ソフトウェア工学の知見を導入して，法令作成や法令検証を行おうとする技術の学問分野です。まだ基礎研究の段階ですが，様々な形に発展する可能性があります。本章の筆者も，法令工学の一環として，法令をプログラミング言語で書いて，プログラムとして動かすことで，制度をシミュレートする研究を進めています。

　この他にも，やはり，本章の筆者が中心となって，先の『eLen 条例データベース』で収集した大量の例規のビッグデータを使って，AI によって例規のテンプレートを自動作成する開発を進めていて，これは2020年度から実用化段階です。こうして，立法分野でも少しずつ IT 化や AI 導入が始まっています。

3　法律 AI の課題

　法律 AI は，長い年月をかけてゆっくり前進していますが，そもそも法律分野の様々な課題をコンピュータで扱うには，いくつかの基本的な問題があります。世の中では，AI が発展すると，弁護士がいらなくなる，といった噂が流布されましたが，まだしばらくはそのようなことは起こらないでしょう。その根拠は，言語理解の仕組みが思ったほど簡単に開発できない，ということです。話を合わせる程度まではすでに開発されているかもしれませんが，それは，人間で言えば，法律家でない素人が雰囲気や道徳観で法律の議論をすることはできても司法試験に合格できないのと同じで，そもそも言語に対する高度な意味の理解が困難だからです。さらに，法律分野における，たとえば，次のような基本的な問題もあって，AI 化や IT 化を難しくしています。

オープンテクスチャ

　法律の条文では，使われている言葉の多くが未定義語です。すると，意味づ

けが解釈者に委ねられていることが多くなり，「オープン」になっている点を
問題点として指摘したものです。著名な法哲学者（法理学者）のハートが最初
に言い始めたと言われています。

例　外

　法律の条文には例外規定が多く，その例外規定の条文が元の条文の近くに記
されていなかったり，そもそも他の法令によって結果としての例外が設けられ
ていることもあったりするため，専門家でも気がつかないような例外がしばし
ば存在し，基本的に法則性を扱う IT の世界では扱うのが困難なのです。

1 つの事実に複数解釈の可能性

　法廷で争われている主張の根拠となる事実は，通常は，事実なのですから，
世界中の誰もが同じものだと考えるでしょう。しかしながら，法廷で争ってい
る訳ですから，少なくとも 2 つの解釈があります。どちらかが虚偽の場合もあ
りますが，多くは解釈の違いが生じることから争いになっています。法哲学者
は，自然科学の分野の事実とは違って，法学や社会科学の分野で扱う事実は，
「社会的事実」や「制度的事実」と言って，人間社会のルールを前提とした事
実であると言います。たとえば，ある人の持ち物を他の人が持つことになった
場合，貸したのか，譲渡したのか，盗んだのか，見かけの動作だけからは分か
りません。それまでの言動や社会通念などの行為の文脈のようなものが存在す
ることでようやく解釈ができるのです。客観的に分析できないことや例外が含
まれる場合も多いので，自然科学的な事実とは異なり，必ず解釈の余地が生じ
てしまいます。さらに，このような事実の取り扱いには，そのような文脈の判
断の材料として，どこまでの関連情報を AI やコンピュータに与えるべきかと
いう「フレーム問題」と呼ばれる，著名な AI の基本問題に直結した難しさも
あります。

　最後に，法律 AI の今後についてやや哲学的な論点ですが，AI やロボット
が本当に人格を持つようになったり，シンギュラリティが訪れて人間を支配す

るようになるのでしょうか。この点は多くの学者が議論を重ねていますが，AI 専門家の意見の傾向としては，少なくもこの数十年については，否定的な見解が多いようです。特に，本節で挙げたような基本的な問題がある法律分野では，人格を持つような高度な AI の活躍という話はまだまだ困難でしょう。本章の筆者も哲学的な議論を含みますが，身体性や言語活動という観点から，このような高度な AI 実現の困難性を指摘しています。興味のある人は拙著「ロボット・AI と人間性」（『法律時報』2018年11月号）を参照してください。

【参考文献】

角田篤泰「ロボット・AI と人間性」『法律時報』第1131号，2018年，38-41。

沢田允茂『考え方の論理』講談社，1976年。

中島秀之・丸山宏『人工知能』小学館，2018年。

法制執務用語研究会『条文の読み方』有斐閣，2012年。

吉野一（編）『法律人工知能』創成社，2003年。

若木利子・新田克己『数理議論学』東京電機大学出版局，2017年。

第Ⅳ部

情報と社会

　第Ⅳ部「情報と社会」では，情報と社会のかかわりについて学びます。情報は社会によって作られ流通し，社会もまた情報によって規定され構造が形づくられます。ある種の共犯関係にあると言ってもよいでしょう。この分野について，様々な切り口で知見を深めましょう。

　第17章「AI 社会原則と ICT イノベーション」では，これからの社会では，巨大コンピューティング群とセンサーネットワークを基盤にした CPS（サイバー・物理システム）が普及し，その中心では集められたデータを高度に処理する AI（人工知能）がフル回転することになり，AI はまさにグローバルな規模で地球社会に大転換をもたらすだろうことを説明します。「人間中心の AI 社会原則」の概要について学び，AI の社会的インパクトとこれからの人間の在り方をについて考えましょう。

　第18章「メディア・リテラシー」では，様々なメディアに媒介された情報を一方的に受容するのではなく，読み解いて発信するスキルを獲得するうえで，まず日常を意識的に再検討する姿勢が必要であることを示します。

　第19章「デジタル時代の社会現象」では，一般的に公平で透明だと考えられているインターネット上での情報流通が，意外に偏りやすい事例を示し，その理由について考えていきます。インターネットが持つ構造について理解を深めましょう。

　第Ⅳ部の最後は，第20章「デジタル時代のマスメディアとジャーナリズム」です。デジタル時代に入り，メディアは大激変時代を迎えています。ネット上には，信頼できる情報とともに，フェイクニュースなどの信頼できない情報が溢れています。こうした状況のなかで，ジャーナリズムはどういう役割を果たせるのかを考えます。

第17章

AI 社会原則と
ICT イノベーション

現在，AI（人工知能，Artificial Intelligence）がもたらす社会的インパクトについて，活発な議論がなされ，グローバルな規模で AI に関する将来展望と課題に関する議論が深められてきました。AI はまさにグローバルな規模で大きな影響力を有し，地球社会に大転換をもたらしつつあります。本章では，「人間中心の AI 社会原則」の概要について述べ，AI を核にした ICT イノベーションの社会的インパクトについて考えてみましょう。

1　AI の社会的インパクト

2014年，ジェフリー・ヒントン（Geoffery E. Hinton）のディープラーニング（Deep Learning）に関する研究成果の発表が大きな契機になり（Hinton, G. E. 2014 を参照），第 3 次人工知能ブームが惹起され，現在，人工知能（Artificial Intelligence，以下では AI と略記します）がもたらす社会的インパクトについて，活発な議論がなされ，グローバルな規模で AI に関する将来展望と課題に関する議論が深められてきました。これまでの人工知能ブームとは異なり，演算能力が格段に進化したクラウド・コンピューティングの台頭，そしてインターネットを通じて大量のデータが入手可能になったことが背景としてあり，AI はまさにグローバルな規模で大きな影響力を有し，地球社会に大転換をもたらしつつあります。

AI の強烈な社会的インパクトを考慮し，2018年 5 月，内閣府は「人間中心の AI 社会原則検討会議」（議長・須藤修）を組織しました。技術的検討，法社会制度的検討などをはじめ，様々な観点から真摯な議論が行われ，2019年 3 月に「人間中心の AI 社会原則」が政府によって公表されました。なお，この原則は，規制や拘束力を持つものではありませんが，国内外で多くの関心を集め，OECD（経済協力開発機構，Organisation for Economic Co-operation and Development），UNESCO（国際連合教育科学文化機関，United Nations Educational, Scientific and Cultural Organization），20 の国家と地域が結集する G20（Group of Twenty）など影響力のある国際機関，国際会議，アメリカ合衆国，多くのヨーロッパ諸国において高く評価されるものでした。[1]

そこで本章では，「人間中心の AI 社会原則」の概要について述べ，AI を核にした ICT イノベーションの社会的インパクトについて考えてみましょう。

「人間中心の AI 社会原則」が述べているように，AI は社会に多大なる便益をもたらす一方で，ネガティブな影響をもたらす可能性もあります。そこで AI を有効に活用して社会に便益もたらしつつ，ネガティブな側面を事前に回

避または低減するために，AI に関わる技術自体の研究開発を進めるとともに，人，社会システム，産業構造，イノベーションシステム，ガバナンスなど，あらゆる面で社会をリデザインし，AI を有効かつ安全に利用できる社会への変革を推進する必要があります（「人間中心の AI 社会原則」2019，1 頁参照）。なお，AI の定義は多くの研究者によって様々な定義がなされていますが，現時点では「AI」という用語について特定の技術を指すのではなく，広く「高度に複雑な情報システム一般」を指すものとして捉えると述べています（同上）。

2 「人間中心の AI 原則」の必要性

内閣府は，「人間中心の AI 社会原則検討会議」において，わが国の目指すべき社会である Society5.0，それを支える AI 社会原則について検討を行ってきました。Society5.0 とは，狩猟社会（Society1.0），農耕社会（Society2.0），工業社会（Society3.0），情報社会（Society4.0）に続く，わが国が目指すべき未来社会の姿であり，そこでは，CPS（Cyber-Physical System）の基盤を構築し，そのもとで AI，IoT（Internet of Things），ロボットなどの先端技術が社会に幅広く実装され，様々な人々がそれぞれの多様性と個性を尊重し合う，持続可能な社会を意味しています。そのための基本理念こそが「人間中心の AI 社会原則」なのです。

そこで，その原則の概要について述べることにします。

人間中心の AI 社会原則

人間中心の AI 社会原則は，7 つの原則から構成されています。

第一の原則は「人間中心の原則」です。AI の利用は，基本的人権を侵すものであってはなりません。

AI はあくまでも人間の道具であり，社会の主体になるものではない旨を強調しています。AI は，基本的には人々の能力を拡張し，多様な人々の多様な幸せの追求を可能とするために開発され，社会に展開され，活用されなければ

なりません。たしかに AI は，人間の労働の一部を代替するかもしれませんが，高度な道具として人間を補助することにより，人間の能力や創造性を拡大することができるのです（同上 8 頁参照）。

　第二の原則は「教育・リテラシーの原則」です。情報強者や情報弱者の発生を極力抑止するためには，AI に関する教育が重要になります。

　AI を前提とした社会において，人々の間に格差や分断が生じたり，弱者が生まれたりすることは極力避けなければなりません。したがって，AI に関わる政策決定者や経営者は，AI の正確な理解と，社会的に正しい利用ができる知識と倫理を持っていなければならないのです。AI の利用者側は，その概要を理解し，正しく利用できる素養を身につけていることが望まれます。一方，AI の開発者側は，AI 技術の基礎を習得していることに加えて，社会で役立つ AI の開発の観点から，AI が社会においてどのように使われるかに関するビジネスモデルおよび規範意識を含む社会科学や倫理など，人文科学に関する素養を習得していることが求められます（同上 9 頁参照）。

　誰でも AI，数理，データサイエンスの素養を身につけられる教育システムをできるだけ早く構築しなければなりません。全ての人が文・理の境界を超えて学ぶ必要があります。特にリテラシー教育では，データにバイアスが含まれること，使い方によってはバイアスを生じる可能性があるなどの AI・データの特性，AI・データの持つ公平性・公正性，プライバシー保護に関わる課題など，AI 技術の限界に関する内容も認識できる教育や社会人研修を展開しなければならないのです。

　第三の原則は「プライバシー確保の原則」です。「AI を前提とした社会においては，個人の行動などに関するデータから，政治的立場，経済状況，趣味・嗜好等が高精度で推定できることがある」（同上 9 頁）のです。

　AI の使用が個人に害を及ぼすリスクを高める可能性がある場合，そのような状況に対処するための技術的仕組みや非技術的枠組みをできるだけ早く整備すべきです。特に，パーソナルデータを利用する AI は，当該データのプライバシーにかかわる部分については，正確性・正当性の確保および本人が実質的

に関与できる仕組みを持つべきです。

　第四の原則は、「セキュリティ確保の原則」です。「社会は、AIの利用におけるリスクの正しい評価やそのリスクを低減するための研究等、AIに関わる層の厚い研究開発（当面の対策から、深い本質的な理解まで）を推進し、サイバーセキュリティの確保を含むリスク管理のための取組を進めなければならない」（同上10頁）というものです。

　第五の原則は、「公正競争確保の原則」です。AIの利用によって、富や社会に対する影響力が一部のステークホルダーに不当に偏る社会であってはなりません。

　特定の国にAIに関する資源が集中した場合においても、その支配的な地位を利用した不当なデータの収集や主権の侵害が行われるようなことがないよう配慮されなければならないのです。また、特定の企業にAIに関する資源が集中した場合においても、その支配的な地位を利用した不当なデータの収集や不公正な競争が行われてはなりません。第五の原則は、有形の資産のみならず、データという無形資産の影響力が競争力を左右することに注意を促し、そのあり方について熟考すべきものとしています。

　第六の原則は、「公平性、説明責任及び透明性の原則」です。「AIの利用によって、人々が、その人の持つ背景によって不当な差別を受けたり、人間の尊厳に照らして不当な扱いを受けたりすることがないように、公平性及び透明性のある意思決定とその結果に対する説明責任（アカウンタビリティ）が適切に確保されるとともに、技術に対する信頼性（Trust）が担保される必要がある」（同上）というものです。

　このような観点を担保し、AIを安心して社会で利活用するため、AIとそれを支えるデータないしアルゴリズムの信頼性（Trust）を確保する仕組みが構築されなければなりません。

　最後に「イノベーションの原則」が第七の原則として掲げられています。Society5.0を実現し、AIの発展によって、人もあわせて進化していくような継続的なイノベーションを目指すため、幅広い知識、視点、発想等に基づき、

人材・研究の両面から，徹底的な国際化・多様化と産学官民連携を推進しなければなりません（同上参照）。

　大学・研究機関・企業の間の対等な協業・連携や柔軟な人材の移動を促す必要があります。このことは理工系のみならず，倫理的側面，経済的側面など幅広い学問の確立および発展の推進にも注意を促しています。

新たな社会と人材育成

　AI技術の健全な発展のためには，プライバシーやセキュリティの確保を前提として，あらゆる分野のデータが独占されることなく，国境を越えて有効利用できる環境整備を必要とします。

　そして，これまで述べてきたように，AIの社会的活用には人権を尊重した「人間中心」という理念を国内のみならずグローバルに共有すべきであることを述べてきました。しかし，その人間もいままでのあり方のままではAIのもたらす社会的インパクトには対応できない危険性があります。人間中心という理念が実質的な内容を持つためにも人材育成のあり方を抜本的に考えなければならないでしょう。人は，いまAIの社会的活用とともに自らの人格と潜在的能力を進化さなければならない，大きな転換点に立っているといえます。

　では，潜在的能力を進化させるとはどのようなことを意味しているのでしょうか。そのことをより掘り下げて考えてみましょう。

3　技術パラダイムの転換とAIのインパクト

　2007年以降のクラウド・コンピューティングの社会的普及，とりわけクラウドを基盤にしたIoT，AIなどICTの発展には目覚しいものがあります。ICTの経済的利用，社会的利用は，人々の社会的行為に大きな影響を与えつつあります。そこで，未来社会を展望するうえできわめて影響力の大きなAIの発展とその利用の拡大，そしてそれによってもたらされるであろうネットワーク化，とりわけネットワークの相互作用，ネットワークの複合化を重視し，そこから

みえてくる社会と人間存在について考えてみます。ちなみにテクノロジーがもたらす社会への影響について考察する際，社会的関係のあり方がテクノロジーの発展のあり方に影響を与えるという相互作用的な関係につねに留意しておかなければなりません。

　その点，マイケル・J. ピオリとチャールズ・F. セーブルの考察（Piore, M. J. and Sabel, C. F. 1984＝2016：79-90）は興味深いものです。

　彼らの考察を踏まえて，技術発展と社会との関係について考えてみると，技術は多様な方向に発展する可能性をもっているのですが，支配的な技術への投資が増大し，資本装備およびノウハウに対する莫大な投資をともなう場合，経営者は代替的な技術への投資選択に対して消極的な姿勢を取る傾向があります。また，そのような技術が台頭しつつある時点では，ライバルの経営者も，新しい技術を開発して対抗するよりも，すでにある支配的な地位にある技術を模倣するという競争方法を選択し，新しい代替的技術の開発にともなう失敗のリスクを避ける傾向にあります。その結果技術発展には長期にわたって画一化傾向が生じることになります。しかし，市場構造，技術革新，政治的環境や社会制度などの変動によって，代替的技術の開発コストが無視できるようになれば，技術発展の画一化傾向は逆転し，様々な技術発展の可能性が顕在化します。

　このように技術は社会との複雑な相互作用的連関のなかでその発展方向を形成していくとみることができます。分岐点においては様々な技術パラダイムが併存しているのですが，技術と経済的，政治的，文化的環境などからなる社会的文脈全般との複雑な相互作用を通してある特定の技術パラダイムが突出し，その技術パラダイムは経済発展のみならず，社会発展のあり方にも多大な影響を及ぼすことになります。第 3 次 AI ブームは，情報ネットワークのグローバルな規模での拡充，データ流通の爆発的拡大，クラウド・コンピュータよる処理能力の拡充などの技術的条件，市場構造などが整って AI の研究開発とその利活用が飛躍的に伸長して起きたものといえます。

　このような相互作用的な関係性を認識することが，AI をめぐる状況について今後の変化を考えるうえできわめて重要になるでしょう。そこで，テクノロ

ジーと社会との相互作用的な関係に着目し，ネットワークの相互作用と複合化を活性化させることによってみえてくる新たな社会発展について論じることにします。

オープン・イノベーション

現在，情報ネットワークを基盤にしてイノベーションを推進しようとする動きが世界的に活性化しています。世界で急速に活性化しているのは，オープン・イノベーションです。オープン・イノベーションとは，自らの内部資源のみを活用したイノベーションとは異なり，ネットワークを基盤にして外部資源を有効活用し，複数の主体が協働して行うイノベーションです。換言すれば，1人の非凡なる才能によって価値を生み出すのではなく，潜在的な創造する力と協働する力を有する複数の主体の相互作用を活性化させ，それによって新たな価値を生み出すことを意味しています。したがって〈参加と相互作用のアーキテクチャ〉が重要になります。

そのようなオープン・イノベーションが活性化したとき，競争形態は，ネットワーク対ネットワークの競争（Network-versus-Network Competition）の様相を呈することになるでしょう。オープン・イノベーションの観点からすれば，市場や企業だけではなく，行政組織，医療機関，福祉機関など，あらゆる組織は，ネットワークのなかで相互依存性を高めながら，ビジネスモデルの大きな転換点に立っています。

その過程で，テクノロジーのあり方は，当然ながら労働だけではなく，人間の行為全般への影響も顕在化します。ディープラーニングの特徴は，最適化能力が非常に高いことです。長きにわたって労働の最も重要要素であった，最適化という能力に強く影響を与えることになります。

社会システムの自己組織性

AIの社会的インパクト，とりわけ人間のあり方の変化について考察してみたいと思うのですが，まず，考察のために用いる基礎的な概念について述べて

おきます。

　社会システムという概念ですが，一般的にいえば，社会システム論的なアプローチは，システムを構成する様々な要素の相互作用および構成要素と外部環境との相互作用を重視し，人々の行為の総体あるいは社会的諸関係を総合的に捉えようとするものです。とくに注目したいのは，社会システムの次のような特性です。すなわち，社会システムは，外部環境との相互作用，そして構成要素の相互作用・相互浸透をとおして自己の秩序を変化させ，新たな秩序を創出するという可能性をもっていることです。このような特性を自己組織性（self-organity）といいます。

　J. アタリは，社会システムの自己組織化にとって決定的に重要なファクターを「ノイズ」（bruit）という概念によって表現しています。アタリによれば，ノイズとは，既存のシステムの秩序を撹乱するすべての現象であり，機能分化した複数のサブシステムからなる複合的なシステムにおいては，ノイズは新しい組織形成要因になるとともに組織の機能を豊かにする要因になるといいます。さらにアタリは，「自己組織化は厳密な意味では閉鎖システムの内では行なわれません。システム内部の変化は外部への開口部から生ずる」（Attali, J. 1975, p. 138 = 167）と述べています。つまりシステムの開口部での何らかの変化がシステム内部に波及したとき，システムは変容を蒙るのです。そして新たな秩序形成に向うことになります。私がネットワークの可能性を考える際，このようなシステムとシステムの自己組織性に関する認識が前提になっています。新たなテクノロジーの導入は，社会システムの自己組織化を促し，イノベーションを惹起する有力なファクターなのです。

3つの社会的行為類型

　次に人々の行為に関してはどのように考えたらよいのでしょうか。人々の行為はきわめて多面的な影響を相互に与え合うものです。社会的諸関係はそのような人々の行為の複雑な連関によって構成されているのですが，同時に社会的な諸関係のあり方が人々の行為に特定の意味を与え，行為に枠を与えています。

ここではこのような社会的行為と社会的諸関係との相互規定的な連関があるという認識をふまえて，人々の社会的行為を合目的的行為，同調的行為，創造的行為という 3 つのレベルに分類してみます。

　まず合目的的行為とは，所与の諸手段を適切に用いて効率的に所与の目的を達成しようとする行為です。合目的的行為は計量化可能な行為であり，人の能力を測る際に非常に重視されてきた行為類型といえます。合目的的行為は最適化行為と呼んでもよいです。ディープラーニングは膨大なデータを分析するのに驚異的な威力を発揮します。その特徴は，与えられた目的を効率的に達成するという，最適化能力が非常に高いことです。その意味では，AI は，人間の最適化行為にとって代わる場面もあるでしょう。すでにチャットボットによる小売り販売や窓口業務の自動化，AI によって制御されたトラックやバスの自動走行，医療機関におけるレントゲン撮影や採血の自動化の実運用などが現実的に考えられています。

　他方，職場や学校における集団生活においては，仲間同士の集団規範に沿った協調的な行為が重視されます。集団規範に反して振る舞う者は，仲間の信頼を失い，仲間はずれになることがあります。このことは血縁・地縁という人間関係でもよくみられてきました。このような社会規範や仲間同士の間で形成される匿名的な集団規範に拘束された行為を同調的行為と呼ぶことにしましょう。同調的行為は，李開復（Lee Kai-Fu）が AI の最適化機能との対比で人間の行為として重視している「思いやり」や「情熱」を不可欠な要素として伴う行為，たとえば，教師，介護士，ソーシャル・ワーカーなどの仕事が該当するでしょう。現時点では思いやりや情熱は AI にとっては処理困難なフィールドですが，教師や介護士，ソーシャル・ワーカーなどの職務要素に含まれる最適化の要素は遂行可能です。したがって職務によっては機能的な側面は AI が行い，人間の同調的行為の側面が AI の最適化を補完することもあり得ます。AI の最適化機能と人間の同調的行為とは相互補完的な関係を構築することは可能なのです。[(2)]

　最後に，創造的行為とは，能動的に複数の異なった活動領域の情報を関係づ

け，さらには関係づける様式そのものを変化させる行為です。言い換えれば合目的的行為の前提である所与の目的—手段体系を問い返し，同調的行為の前提である匿名的な規範を問い返し，新たな目的—手段体系や新たな社会関係を創造しようとする行為です。

　人は，一般にそれぞれ異なった複数の活動領域を持ち，それらの活動領域の情報（要素）をそれぞれ特有の仕方で関係づけることによって統合しています。個性は，重複参加している複数の活動領域の特性に規定され，さらに複数の活動領域から得られる様々な情報（要素）を関係づける様式によって発現するといえます。しかしながら，一部の人を除いて，多くの人々にとって活動領域は一定の範囲に限定され，その活動領域から得られる情報（要素）も，その関係づけの様式も一定の枠内にあるといってよいでしょう。これまで，創造的行為は，限られた人々，そして限られた範囲でしか機能しなかったのです。しかし，AIと情報ネットワークをもっとも有効に利用すれば，人々は，様々な情報（要素）を関係づけるとともに，関係づける様式を変化させることによって，創造力を開発・発揮し，創造的行為を社会的行為の中枢機能にすることも不可能ではありません。AIは人間の構想力，創造力を発現しやすくするツールとして活用することもできます。社会システムの自己組織化が活性化する状況では人間の社会的行為も大きな変化がありうるのです。

4　創造的行為の活性化とネットワーク複合化

　システムと行為に関する認識からネットワークを眺めると，どのように見えるでしょうか。オープン・イノベーションのもとでは典型的ですが，ネットワークは，様々な主体が自律性を基礎にして自由に他者と交流し，個性と創造性の豊かなコミュニケーションを交わすことができる組織形態です。そこではネットワークは多様性の統合的な連結（coalition）を可能にする組織形態であるということができます。したがって，ネットワークは，人々が自由に交流し，自らの個性と創造的行為を開発・発展しながら，社会システムを新たな次元で

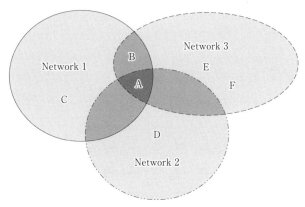

図17-1　複合的ネットワーク

出所：須藤（1995）。

の統合性の獲得に向けて創造的に変化させる可能性をもっています。

　しかしながら，ネットワークが閉鎖的なものになり，少数の主体に情報や権限が集中し，ピラミッド型の階層構造に変質してしまう危険性はたえず存在しています。ネットワークが閉鎖的になると参加主体の自律性は損なわれ，創造的行為の芽を摘み取ってしまうことになるのです。

　そこで参加主体の自律性を保障する構造が必要になります。わたしは，そのような構造がネットワークの複合化にあり，参加主体が複数のネットワークに重複して参加することによって自律性を保持することができるものと考えています。さらにいえば，そのような複合的な構造によってはじめて参加主体の個性も創造的行為も開発され，発揮できるのです。

　図17-1を参照してください。ＡとＢは，ともにネットワーク1に参加していますが，同時にそれぞれ異なったネットワークに重複して参加しています。ＡとＢは複数のネットワークに重複して参加することによって，異なった情報（要素）を交流させ，それらの情報（要素）を集積し，融合・編集することによって個性，そして創造力を獲得します。それとともにＡとＢがネットワーク1に他のネットワークの情報（要素）を持ち込むことによって異なった情報（要素）が交流し，ネットワーク1には活力が生じ，新たな秩序に向けて発

展することになります。他のネットワークでも同様の現象が生じます。ネットワークの閉鎖化・沈滞化が生じないようにするためには，ネットワーク間で，また諸主体の間で相互作用・相互浸透が起きやすい構造を形成することが必要です。その意味では，ディープラーニングは，多次元の関係性を同時的に情報処理しなければならない創造性や戦略性については不得手といえるでしょう。しかし，人々の創造性を発現するための情報処理ツールとしては道具的には有用性が高いものと考えられます。

　AIの展開は，社会経済システムに大きな転換点をもたらしつつあります。それとともに人間の在り方も抜本的な再検討が必要になっているといえるでしょう。

【注】

⑴　内閣府「人間中心のAI社会原則会議」（議長・須藤修）において検討された「人間中心のAI社会原則」は，政府より統合イノベーション戦略推進会議決定として2019年3月29日に公表されました（https://www.cas.go.jp/jp/seisaku/jinkouchinou/pdf/aigensoku.pdf を参照）。なお，本章は，とりわけ上記「人間中心のAI社会原則」と須藤修（1995, 2018, 2019）の考察を踏まえて執筆したものです。

⑵　Lee, Kai-Fu（2018）を参照。併せてOECD ed.（2019）も参照。

【参考文献】

須藤修『複合的ネットワーク社会』有斐閣，1995年。
――――「人工知能がもたらす社会的インパクトと人間の共進化」『情報通信政策研究』第2巻第1号，2018年，1-10。
――――「人間中心のAI社会原則とこれからの社会」『學士會会報』第939号，2019年，12-16。
長尾真『人工知能と人間』岩波書店，1992年。
Attali, J., 1975, *La parole et l'outil*, Paris.（平田清明・斉藤日出治訳『情報とエネルギーの人間科学』日本評論社，1983年）
Hinton, G. E., 2014, "Where do features come from ?" *Cognitive Science*, Vol. 38(6), 1078-1101.
Lee, Kai-Fu（2018）*AI Superpowers: China, Silicon Valley, and the New World Order*, Houghton Mifflin Harcourt, Boston Massachusetts.

OECD ed. 2019 *Artificial Intelligence in Society,* OECD publishing, Paris.

Piore, M. J. and Sabel, C. F., 1984, *The Second Industrial Divide: Possibilities for Prosperity,* Basic Books, New York.（山之内靖・永易浩・菅山あつみ訳『第二の産業分水嶺』筑摩書房，2016年）

第18章

メディア・リテラシー

　本章では，国際情報学の学びを深めるうえで，「メディア・リテラシー」の修得が重要な要素となることを示します。メディア社会においては，様々なメディアに媒介された情報を一方的に受容するのではなく，読み解いて発信するスキルの獲得が求められています。情報の単なる「受け手」にとどまらず，「読み手」を経て，情報メディアを活用して発信する「送り手」となるために，まずは日常を再検討することからはじめましょう。

1　メディア・リテラシーとは

メディアとの接触

　みなさんは，自分をとりまく環境について，どんなイメージを持っているで
しょうか。「自分はこんな世界に住んでいる」というイメージは，どんな要素
から構成されているのでしょうか。もちろん，実際に見たり聞いたり感じたり
した経験に基づく情報を素材にして，構成されているのかもしれません。しか
し，私たちは，対象のすべてを認識したり，経験したりすることはできません。
実際には，経験に基づく情報と，様々な「メディア」を通じて得た情報の断片
をつなぎ合わせて，脳内で「構成」することによって，世界を認識している，
と考えるほうが現実的でしょう。

　ところで，「メディア」とひとことで言っても，たくさんの定義があります。
情報の内容だけでなく，情報を伝達する人や機関やしくみ，情報を媒介する道
具や装置や手段などを含む非常に幅の広い概念なのですが，とりあえずは身近
なスマートフォンやパソコン，新聞やテレビなどを思い浮かべながら考えてみ
てください。

　さて，私たちは，毎日とても長い時間をメディアとの接触に費やしています。
スマートフォンの使用時間を表示する機能を使って，きのう何時間使っていた
か確認したら，びっくりする人もいるかもしれません。たくさんの人々と，メ
ディアを介してコミュニケーションすることが，人生の喜びとなっている人々
も多い一方で，逆に苦しみになってしまった人々もいるでしょう。現代の人々
は「メディアの海を泳いでいる」という表現をされることさえあります。しば
しば言われるように，自分が海のなかにいることを，魚は意識できません。い
わば「メディア漬け」の環境が「あたりまえ」すぎて，もはや誰も不思議に感
じることはないでしょう。

メディア・リテラシーの定義

　では，日常生活に大きな影響をもたらしており，不可欠な存在となっている「メディア」について，私たちは十分に知っているでしょうか。メディアの基本的な特性，つきあい方や楽しみ方や使いこなし方を，きちんと理解しないままで，膨大な接触時間を費やし続けているのではないでしょうか。このような問題意識から，メディアの特性を知り，「あたりまえ」の再検討を試みる学問領域として，「メディア・リテラシー」（あるいは「メディアリテラシー」）があります。「リテラシー」とは「読み書き能力」と訳されることが多いですが，定義をいくつか示してみましょう。

　「メディア・リテラシーとは，市民がメディアを社会的文脈でクリティカルに分析し，評価し，メディアにアクセスし，多様な形態でコミュニケーションをつくりだす力をさす。また，そのような力の獲得をめざす取り組みもメディア・リテラシーという」（鈴木 1997：8）。

　「メディア・リテラシーとは，ひと言で言えば，メディアが形作る『現実』を批判的（クリティカル）に読み取るとともに，メディアを使って表現していく能力のことである」（菅谷 2000：v）。

　「メディア・リテラシーとは，情報社会においてメディアを介したコミュニケーションを自律的に展開する営みのこと。またそのような営みを支える術や素養のことをいう」（水越 2009：162）。

　「メディア・リテラシーとは，メディアの意味と特性を理解した上で，受け手として情報を読み解き，送り手として情報を表現・発信するとともに，メディアのあり方を考え，行動していくことができる能力のことである」（中橋 2014：13）。

　読み解く，送り手として表現・発信する，コミュニケーションを展開する，
などを含む，多次元的で複合的な能力であり，「送り手（作り手）メディアにだ
まされない能力」のような単純な意味ではないことが，すぐにわかるでしょう。
また，ソーシャルメディアにおける情報発信を想定する度合いが，示された年
代によって異なることに，気づくかもしれません。

　この概念については，のちほどあらためて考えるとして，次節では，メディ
アの特性について考えることからはじめましょう。

2　メディアの特性

枠の外側への視点

　図18-1（いしい 2007：118-119）をご覧ください。

　2004年12月の「スマトラ島沖地震」では，巨大な津波による多数の犠牲者が
出ました。他のテレビ局が，都市住民や観光客がビデオカメラで撮影した映像
を流す一方で，PNN局が「衝撃の生々しい映像」として紹介したのは，何も
映っていない画面でした。

　映像が「出てくる」ということは，撮影可能な場所，あるいは倒壊を免れた
建物まで避難できた人々の存在を示します。当時は，みなさんが使っているス
マートフォンのように，撮影可能な携帯機器は，広く普及してはいませんでし
た。撮影機材を持っていた経済的に恵まれた人々は，被害を回避するための情
報や機会にも恵まれていたのかもしれません。

　逆に言うなら，甚大な被害を回避するための時間や機会，情報や施設のなか
った地域では，撮影データを報道メディアに渡す，動画投稿サイトにアップロ
ードするなどの以前に，撮影そのものが不可能であったのでしょう。衝撃性だ
けを追いかけがちなメディアの報道姿勢を皮肉っているようにも読めるこの作
品は，「津波に限らずほんとうの悲惨は　映像の出てこない地域にあります」
と語ることをとおして，様々な出来事で「映像が存在しない」ことが示す悲し
い意味を，強烈に伝えてくれるともいえるでしょう。

前節でも述べたように，私たちが「知っていると思っていること」の多くは，メディアによって伝えられた情報に基づいています。一方で，メディアを通じて届かない現実が確実に存在し，伝えられた情報は「現実」そのものではない，というあまりにも「あたりまえ」のことを，私たちは忘れてしまいがちです。テレビやスマートフォンなどの画面のなかに，何がどのように描かれているのかを理解するだけでなく，メディアの描いていない世界，いわば「枠の外側」に目を向ける姿勢が求められる，と言えます。

たとえば，2011年3月の「東日本大震災」について，テレビや新聞による報道や，投稿されたネット映像を見た人は多いでしょう。現場にいた人でさえ，被害の全てを理解することはできません。まして，メディアとの接触だけで，あの過酷な現実を何もかも「わかったつもり」になることなど，厳に戒めなければならないことは，容易に想像がつくでしょう。

メディアからは届かない現実が，必ず存在すること。にもかかわらず，届くことができた限られた情報を素材にして，私たちは世界のイメージを脳内に構成し，そのイメージに基づいて行動していること。「情報」について学ぶみなさんは，この前提で

図18-1　映像がないことの意味

考える謙虚な姿勢を忘れてはならない，と言えるでしょう。

基本的なプロセス

　メディアによって情報が伝えられるときには，現実は切り取られ，一定の価値観によって構成されます。メディアとは，もともとそういう性質を持っています。誤解されがちなのですが，このプロセスは，操作の意図や悪意など何も存在しなくても，またマスメディアに限らずパーソナルなメディアであっても生じます。

　では，情報は，どのような社会的・経済的条件のもとで，どのような倫理に基づき，どのような価値観で収集・解釈・選択・編集・構成されているのでしょうか。そして，様々なメディアは，他者，他の組織，他の種類のメディアに比べて，どのような傾向や偏りを持っており，それはどのような理由や経緯によるのでしょうか。もちろん，そういった問題意識を持つことが，次の重要なステップとして待っています。しかし，上のプロセスの介在という基本的性質を，まずは確認しておきましょう。

　ところで，私たち1人1人も，情報を発信する「送り手」メディアと考えることができます。かりに，対象となる出来事について，SNSなどで伝える場面を思い浮かべてください。相手に応じて，使用する機器やアプリケーションに応じて，書き込む内容の「量」と「質」を取捨選択して自分なりの構成を加え，ときには「盛って」伝えていないでしょうか。このプロセスは，「よい点のテストだけを親にみせるとき」のように，意識してなされるよりも，日常化し，無意識になされることも多いでしょう。

　デマの流通やネット炎上に直接に関与するような場合を除けば，マスメディアが発信する情報に比べて，私たちの発信する情報が与える影響は大きくないかもしれません。しかし，自分たちの発信にも同様のプロセスが介在することに気づかないまま，マスメディアの倫理や価値観，機能や役割，限界や可能性を十分に知ろうとせず，やみくもにメディア批判をするのは，生産的とはいえないでしょう。さらに，メディアから享受できる大きなメリットを失うことに

つながりかねません。まず，メディア一般について，基本的な知識を冷静に学ぶことが求められているのではないでしょうか。

発信者の責任

デジタル化の進行のなかで，情報発信に伴うハードルは，急激に低くなってきました。誰もが情報発信者になりうる，とも言える現在では，無責任なニセ情報や，引き写しが繰り返されてもはや出所があきらかでなくなった情報に出会うことも，めずらしくないかもしれません。多様な立場や背景の人々から発信された情報が大量に錯綜するなかで，めんどうな検証などしなくとも，自分だけは正しく，誤ったり偏ったりすることはありえない，と決めつけるのも現実的ではないでしょう。

メディア情報に接触する際に，「そのメディアが描いている現実」だけでなく，「別のメディアが描きうる現実」と，前々項で想定した「メディアが描かない現実」を「意識的に」総合的に見渡そうと努める「習慣」を持ち，情報を見極めようとする姿勢がなければ，誤った情報を安易に発信，拡散させて，自分が加害者メディア化する可能性があります。そのとき，自分もメディアにだまされた被害者だ，と弁解しても，傷つけられた人は納得できないでしょう。「だまされる被害者」にならないだけでなく，「悪意があろうとなかろうと結果的に人をだましたり傷つけたりする加害者」にならないためにも，メディア・リテラシーを学び，日常に意識的に適用する姿勢が必要なのではないでしょうか。

さて，この節で触れた特性は，メディアのごく限られた一面にすぎません。しかし，メディアについて知ろうとする姿勢が，「情報」について学ぶためにだけでなく，そもそもこのメディア社会を生きていくうえで，どうやらかなり必要なことらしい，ということは，おわかりいただけたでしょうか。

3　デジタル社会の新たなリテラシー

概念を拡張する必要

　現在のメディア環境は，デジタル化の波によって，大きく変わりつつあります。私たちは，かつてのように，マスメディアからの情報に依存するだけの存在ではありません。自ら情報を発信して，他者に影響を与えうる存在になっています。

　一方で，旧来のメディア・リテラシーの概念は，「送り手であるマスメディア」と「受け手または読み手である市民」という対立的な枠組みが前提で，個人がメディアとして日常的に情報を発信する現状を，十分に取り込めていないようにも見えます。この意味で，現代のデジタル社会やメディア空間に対応したメディア・リテラシーの概念を，新たに構築していく必要があるでしょう。

　時代に即した新たな概念枠組として，たとえば「ソーシャルメディア時代のメディア・リテラシーの構成要素」（中橋 2014：50）が提案されています（表18 - 1）。③と④は特に「受け手」となる際に必要な能力，⑤と⑥は特に「送り手」となる際に必要な能力，①と②は「送り手」と「受け手」の両方に必要な能力です。各能力は，すべて⑦に関連するように構造化されています。

　①から④までは，たとえば「情報内容の信憑性を判断することができる」などのように，従来の概念と同様の要素を想定しています。一方で，⑤から⑦までは，個人が「送り手」となり，双方向のコミュニケーションが成立する「ソーシャルメディア時代」を，より意識した項目といえるでしょう。

国際情報学との関連

　この本は「国際情報学」の入門書ですが，「メディア・リテラシー」を学ぶことは，みなさんが国際情報学を学ぶに際して，どのような意味があるのでしょうか。この問いについて，表18- 1の枠組をヒントにして考えてみましょう。

　国際情報学に求められる要素を，かりに「情報社会の技術の活用」「情報社

表18-1　ソーシャルメディア時代のメディア・リテラシーの構成要素

①　メディアを使いこなす能力 　a．情報装置の機能や特性を理解できる。 　b．情報装置を操作することができる。 　c．目的に応じた情報装置の使い分けや組み合わせができる。
②　メディアの特性を理解する能力 　a．社会・文化・政治・経済などとメディアとの関係を理解できる。 　b．情報内容が送り手の意図によって構成されることを理解できる。 　c．メディアが人の現実の認識や価値観を形成していることを理解できる。
③　メディアを読解，解釈，鑑賞する能力 　a．語彙・文法・表現技法などの記号体系を理解できる。 　b．記号体系を用いて情報内容を理解することができる。 　c．情報内容から背景にあることを読み取り，想像力を働かせて解釈，鑑賞できる。
④　メディアを批判的に捉える能力 　a．情報内容の信憑性を判断することができる。 　b．「現実」を伝えるメディアも作られた「イメージ」だと捉えることができる。 　c．自分の価値観に囚われず送り手の意図・思想・立場を捉えることができる。
⑤　考えをメディアで表現する能力 　a．相手や目的を意識し，情報手段・表現技法を駆使した表現ができる。 　b．他者の考えを受け入れつつ，自分の考えや新しい文化を創出できる。 　c．多様な価値観が存在する社会において送り手となる責任・倫理を理解できる。
⑥　メディアによる対話とコミュニケーション能力 　a．相手の解釈によって，自分の意図がそのまま伝わらないことを理解できる。 　b．相手の反応に応じた情報の発信ができる。 　c．相手との関係性を深めるコミュニケーションを図ることができる。
⑦　メディアのあり方を提案する能力 　a．新しい情報装置の使い方や情報装置そのものを生み出すことができる。 　b．コミュニティにおける取り決めやルールを提案することができる。 　c．メディアのあり方を評価し，調整していくことができる。

出所：中橋（2014）より作成。

会のルールの理解」「グローバルな教養と柔軟な思考力の展開」の三要素に分解して捉えたとします。そのうえで，表18-1の各項目（おもに⑤から⑦）との対応を，具体的に検討してみましょう。

　たとえば，「相手や目的を意識し，情報手段・表現技法を駆使した表現ができる」（⑤a）や「新しい情報装置の使い方や情報装置そのものを生み出すことができる」（⑦a）は，１つ目の要素である「情報社会の技術の活用」に，

「多様な価値観が存在する社会において送り手となる責任・倫理を理解できる」
（⑤c）や「コミュニティにおける取り決めやルールを提案することができる」
（⑦b）は，２つ目の要素である「情報社会のルールの理解」に，「他者の考え
を受け入れつつ，自分の考えや新しい文化を創出できる」（⑤b）や「相手と
の関係性を深めるコミュニケーションを図ることができる」（⑥c）は，３つ
目の要素である「グローバルな教養と柔軟な思考力の展開」に，それぞれ密接
に対応している，と考えることができるでしょう。

　すなわち，新しい時代を意識したメディア・リテラシーの構成要素は，国際
情報学における基本的な学びの要素と，相当に重なっています。これらの構成
要素を意識して学ぶことが，結果として国際情報学の学びを深めることに寄与
する，といえるでしょう。

4　日常の再検討に向けて

関心を持つ姿勢

　むずかしい話が続いたので，ちょっとだけ手を動かしてみましょう。

　まず，少しだけ縦長に，長方形を描いてみてください。そして，長方形の内
側に，区切った幅が同じになるように，横に３本，縦に２本の直線を引いて，
横に４行かける縦に３列で，計12個の四角形が並ぶようにします（図18-2）。
そこで，それぞれの四角形が，「電話」の数字キーやボタンに，１つ１つ対応
している，とみなしてみましょう。

　さて，ここで質問をさせてください。

　数字キーの「０」（ゼロ）は，12箇所のなかでどこにあるでしょうか。さらに，
「０」と同じ行（横）にある２つのキーは，もし空白でないとしたら，何が描か
れているでしょうか。筆記用具を持って，実際に書き込んでみてください。

　講義でこの質問をすると，相当数の人々が，わからなくて手が止まります。
自分が書き込んだ図と，スマートフォンの電話画面とを比べて苦笑いしている
人を，教室のあちこちに見ることができます。また，周囲の人の画面と比べて，

使う機種やアプリケーションによって，特
定のキーの記号や直線の角度が，厳密には
同じでないことを「発見」する人もいます。
なお，周囲に電話がなければ，次ページの
図18-3（公衆電話）を参照してください。

　なぜ，この再現が，意外にむずかしいの
でしょうか。簡単すぎる，何がむずかしい
のか全然わからない，という方は，ご家族
などに質問してみてください。きっと，わ
からない，あるいは間違える人がいると思
います。

図18-2　12箇所のキー配列枠の例

　これまでに電話をかけたことのない人は，
おそらくいないでしょう。キーやボタンの配列を「見る」機会は，無数にあっ
たはずです。しかし，電話をかける際には，キーを見ながら押せばよいのであ
って，特定のキーや配列そのものに関心を持つ必要はありません。関心を持た
なければ脳内には残りにくいので，結果として「見ていないのとほとんど同
じ」になってしまうのです。誰でもそうですから，みなさんがたまたま思い出
せなくても，記憶力の問題ではありません（安心してください！）。

　じつは，この作業をとおして理解していただきたいのは，人の記憶が意外に
あいまいである，ということではありません。そうではなく，関心を持たなく
て差し支えないものに対しても，日常的に関心を持って接すれば，いろいろな
ことが「見えて」きて，新たな発見があるかもしれない，ということ，そして
その経験は，すぐに役に立つかどうかは別として，意外に面白いかもしれない，
ということなのです。

　では，先ほどの12個の四角形の図をもう1つ準備して（あるいは書き込みを消
して），今度は「電話」ではなく，家庭用電卓や電卓アプリの数字キー，ある
いはパソコンキーボードのテンキーとみなしてください。さて，数字の「1」
と「9」は，12箇所のなかでどこにあるでしょうか。なお，「0」と「．」と

図18-3　公衆電話のキー配列
出所：市ヶ谷駅周辺にて筆者撮影。

「＝」はメーカーによって異なることがあります。

　横道にそれたついでに，もうちょっとだけ，たずねてみましょう。みなさんの家の近くや，通学路などを思い出してみてください。車両用信号機（横型）の3色の発光面で，「青色」の灯火は，右と左のどちらにあるでしょうか。また，人の形の記号を有する歩行者用信号機（縦型）で，2つの四角形の発光面のうち，「青色」の灯火は，上と下のどちらにあるでしょうか。

　もうおわかりと思いますが，知っている（思い出せる）かどうか，正解できるかどうかが問題なのではありません。大事なのは，合っていても間違っていても，知ったらもっと面白くなるかな，と期待して，連鎖的に関心を持つ積極的な姿勢なのです。

　（電話や信号機もメディアですが）「メディア」一般に話を戻してみましょう。メディアの特性に関心を持たなくても，私たちは「メディア漬け」の生活を継続することができます。何も困ることはないのかもしれません。一方で，日常のあり方を客観視して「意識的に」再検討する作業は，新たな発見をもたらすことでしょう。そして，その発見は次なる関心を生み，みなさんのより豊かなメディア・リテラシーにつながっていくでしょう。

次のステップへ

　この章を読んでみて，いかがでしたでしょうか。「情報」について，コンピュータの視点からだけでなく，メディアの視点からも学ぶことが，もしかしたら意外に面白いかもしれない，と感じていただけたら，うれしく思います。

　ところで，「マンガ」というメディアが，情報を伝達するうえでいかに効果的か，あらためて気づいた方もいるでしょう。いわゆる「学習マンガ」に限らず，どのようなマンガからでも，選択次第で効率的な学びを得られる可能性があります。なにげなく手に取ったマンガが，みなさんの構え方しだいで，社会について，そしてみなさん自身について，短時間に，きわめて深い理解を与えてくれるかもしれません。上手に活用することを，ぜひおすすめします。

　最後になりましたが，この章も，この本全体も，もちろん1つの「メディア」です。したがって，テレビ番組，雑誌記事，ネットの掲示板などと同様に，メディア・リテラシーの視点から，分析や検討の対象となります。この章をひととおり読んでいただけたなら，次のステップとして，この章やこの本において「どのような条件のもとで，どのような価値基準で，情報の収集・解釈・選択・編集・構成がなされているのか」を，検討してみてください。

【参考文献】

いしいひさいち『ユーアーマイ参議院 PNN』双葉社，2007年。

小宮一慶『ビジネスマンのための「発見力」養成講座』ディスカヴァー・トゥエンティワン，2007年。

菅谷明子『メディア・リテラシー』岩波書店，2000年。

鈴木みどり『メディア・リテラシーを学ぶ人のために』世界思想社，1997年。

中橋雄『メディア・リテラシー論——ソーシャルメディア時代のメディア教育』北樹出版，2014年。

中村聡史『失敗から学ぶユーザインタフェース』技術評論社，2015年。

水越伸「メディア・リテラシー：研究の方法13」伊藤守編著『よくわかるメディア・スタディーズ』ミネルヴァ書房，2009年。

村田雅之「メディアと社会」高木聖・村田雅之・大島武『はじめて学ぶ社会学　第2版』慶應義塾大学出版会，2016年。

第19章

デジタル時代の社会現象

インターネットは誰でも情報を発信できるメディアであり，その情報に至る経路はアルゴリズムによる制御なので，未熟ながらも公平なメディアであると考えられてきました。しかし，本当に人手が介入さえしなければ公平なのでしょうか。インターネットの構造に不公平や不平等を生むものがすでにビルトインされているかもしれません。ここでは，その実態について見ていきましょう。

1　インターネットの公平性

　インターネットが公平でオープンであるとされる根拠の1つに，双方向のメディアであることがあげられます。

　仮に間違った情報やうその情報がインターネット上の何らかのメディア，ウェブやSNSに掲げられても，その情報で被害を受けた人も同じようにウェブやSNSで正しい（と主観的に思われる）情報や反対意見を述べることができます。そのため，インターネットがマスメディアという巨大な権力の前に膝を屈するしかなかった個人の福音になるとされたのです。

　ほんとうでしょうか？　正しい，正しくないの別で言えば，インターネットのしくみそのものには，正しさを検証するプロセスは存在しません。

　たとえば，間違った情報がウィキペディアにあがれば，誰かがそれを指摘して修正してくれるので，それで正しさが担保されるとの指摘があります。しかし，それはあくまで結果としてそうなるのであって，インターネットの構造にビルトインされたものではありません。

　そもそも，インターネット上でほとんどの人が情報にたどり着くために使うツールは検索エンジンです。検索エンジンの信憑性や有意性がゆらぎ始めているのは多くの人が気づいているとおりですが，いまだ圧倒的多数の利用者が検索エンジンを水先案内人としてインターネットの海に乗り出しています。

　この検索エンジンすら正しさを検証するしくみを持ち合わせていないのです。Googleを例にあげると，検索結果に最も大きな影響を与えるパラメータは被リンク数です。ざっくりした言い方をすれば，人気投票です。そして，正しいものに人気があるとは限りません。

　正しい，正しくないとは少し視点が異なりますが，2013年に登場しブラウザゲーム界を支配した「艦隊これくしょん」を例に考えてみましょう。

　2013年に登場し，ブラウザゲーム界を支配した「艦隊これくしょん」です。旧帝国海軍の艦艇を擬人化，戦力などを数値化しカードに模したもので，ゲー

ムシステム自体はよくあるカードバトルとして設計されています。100年も前から女子とミリタリーの組み合わせは性的興味をかき立てるものとして意匠化されてきました。また，近年の萌え文化の興隆を鑑みればその文脈の延長線上で商品価値を突き詰めた佳品です。NHKのニュースで「つぶやきビッグデータ」といって，ネットメディア上で最もつぶやかれているフレーズを今の話題として紹介するコーナーがありましたが，このデータが「艦隊これくしょん」で埋め尽くされたことがありました。まるで世界には「艦隊これくしょん」とオバマ大統領しか存在しないかのような光景でした。

　問題は「艦隊これくしょん」が話題になって以降の検索のされ方です。帝国海軍が主役のゲームですから，当然話題になるほどに帝国海軍艦艇の名称での検索数が増えました。そして，帝国海軍のフネの名は実に雅なのです。

　歴史的な紆余曲折はあるものの，戦闘艦艇は概ね搭載している砲の口径と基準排水量によって大型艦から，戦艦，重巡洋艦（一等巡洋艦），軽巡洋艦（二等巡洋艦），駆逐艦に分類され，第一次大戦からは潜水艦が，第二次大戦からは航空母艦がここに加わります。

　帝国海軍の命名規則では，戦艦は国の名前（大和，武蔵，長門……，もともと巡洋戦艦だった金剛，榛名などは例外），重巡洋艦は山の名前（高雄，愛宕，妙高……），軽巡洋艦は川の名前（川内，天龍，阿賀野……），駆逐艦は天文現象，自然現象の名前（五月雨，夕立，不知火，夕雲，天津風，電……）が付されます。

2　インターネットをめぐる理想と現実

　オバマを超える言及数の「艦隊これくしょん」ですから，検索エンジン上での評価は高くなります。戦艦の名前をキーワードにして検索すれば，必ず上位に検索結果が表示されます。そして，インターネット上では，2ページ目以降の検索結果などなきに等しいものなのです。

　すると，「ちょっと夏休みの自由研究で雲の種類について調べよう。Google先生お願いします」とやったときに，愛らしい容姿と重厚な武装を備えた二次

表19-1　検索調査の結果

戦艦（国の名前）	1 位	2 位	3 位	4 位	5 位	6 位	7 位	8 位	9 位	10 位
陸　奥	1	2	1	1	4	2	2	2	1	5
長　門	1	2	5	1	5	4	1	5	3	1
伊　勢	5	2	5	2	5	5	5	5	5	5
日　向	1	1	2	1	5	1	5	3	2	5
山　城	1	1	2	4	1	1	5	5	5	5
扶　桑	1	2	4	1	1	1	5	5	5	—
金　剛	1	2	1	1	5	1	1	5	5	5
比　叡	1	1	2	1	1	1	1	5	1	5
榛　名	1	2	1	1	5	5	1	5	1	1
霧　島	1	5	5	2	5	5	5	1	5	—
大　和	2	1	5	1	5	5	5	5	1	1
武　蔵	1	2	5	5	5	1	1	2	5	5

空母（神話時代の生き物の名前）	1 位	2 位	3 位	4 位	5 位	6 位	7 位	8 位	9 位	10 位
赤　城	1	1	1	5	1	2	5	5	5	4
加　賀	1	2	1	1	4	4	4	5	5	4
大　鳳	1	2	1	4	2	2	1	1	1	4
天　城	1	1	2	2	1	1	1	1	4	4

重巡洋艦（山の名前）	1 位	2 位	3 位	4 位	5 位	6 位	7 位	8 位	9 位	10 位
愛　宕	1	1	1	1	1	1	4	5	5	5
高　雄	4	2	1	1	4	4	4	4	1	—
最　上	1	1	2	1	1	4	5	4	4	5
加　古	1	1	2	1	1	1	1	5	5	5
利　根	1	1	2	1	1	1	1	4	5	5
熊　野	1	2	4	1	1	1	4	4	4	—

軽巡洋艦（川の名前）	1 位	2 位	3 位	4 位	5 位	6 位	7 位	8 位	9 位	10 位
能　代	5	1	1	1	1	1	1	5	5	5
北　上	1	1	1	5	1	5	5	5	1	5
大　淀	1	1	1	1	1	1	1	5	5	1
夕　張	1	5	2	5	1	1	5	5	5	1
五十鈴	1	1	5	1	1	5	5	1	5	1
川　内	1	1	1	2	1	5	5	5	5	—

駆逐艦（天文現象の名前）	1 位	2 位	3 位	4 位	5 位	6 位	7 位	8 位	9 位	10 位
夕　立	4	2	1	1	1	1	1	1	4	—
時　雨	1	4	2	1	1	1	1	5	5	5
如　月	1	2	4	1	1	1	1	1	1	1
高　波	1	1	2	1	1	4	2	4	4	—
綾　波	1	1	2	1	1	1	1	1	3	—
潮	1	4	5	5	1	1	5	5	5	—
暁	5	1	3	4	1	1	3	3	1	—
初　霜	1	1	2	1	1	1	1	1	1	5
巻　雲	1	1	4	2	1	1	1	1	4	—
満　潮	1	4	4	1	4	2	1	1	1	—
雷	4	4	4	4	4	1	1	4	4	1
五月雨	1	4	2	2	1	1	4	4	4	—

注　(1)　調査結果は2015年7月時点のもの。

　　(2)　艦艇名称と一般名称が重複するキーワードを抽出してGoogle検索した結果，10位までに
　　　　どのような情報がランクされたかを示している。

　　(3)　1：艦これの情報，2：艦これ以外の艦艇に関する情報，3：艦これ以外のアニメ・ゲ
　　　　ームに関する情報，4：通常使われる用語としての情報，5：その他

出所：筆者研究室作成。

元女子の画像ばかりがヒットすることになります。ここでは，筆者が実際に行った調査の結果を示しましょう（表19-1）。

　ニーズに合致しているのであればまだよいのです。「雲の種類について調べようなどと考える人はすでに少数派で，現代日本で叢雲といえば，吹雪型駆逐艦の5番艦のことなのだ」が成立するならば，素晴らしい検索結果だということもできます。

　しかし，「艦隊これくしょん」が流行しているのは，あくまで局所的なコミュニティのなかであって，日本の，あるいは世界のマジョリティが「『電』といえば，ちょっと腹黒そうな駆逐艦のことだ」と考えているわけではありません。そんな状況下で「電」を検索すると，吹雪型駆逐艦24番艦が出てきてしまうのですから，これは「間違った検索結果」と言えるのではないでしょうか。多くの人が，天気のことを求めているのに，実際には艦艇の検索結果が導かれてしまいます。どうしてこのようなことが起こるのでしょうか。

　検索エンジンのランキングは，広告や詐欺目的でランキングを上下させようとする試み（SEO）に対抗するため，複雑な手順によって計算されています。それでも，最も力のあるパラメータは被リンク数です。そして，この被リンク数はその話題について発信している人が存在してこそ増加します。ウェブページとウェブページ，コンテンツとコンテンツの間にリンクが張られるので，リンクを張るべきコンテンツがなければどれだけ話題になっていても被リンク数は上昇しません。

　つまり，その話題に対して，ブログやTwitterで言及している人がいてこそランキングが上がります。

　そして，ブログやTwitterである話題について積極的に発信するのは，やはり情報感度が高いか意識が高いかオタクとしての業が深い人が多いのです。堅気の人はある話題について積極的に発言したいときに，その相手として手近なリアルな友人を選ぶでしょう。近年では友人とのコミュニケーションを取るためにSNSを使うケースが増加していますが，SNSでの話題は検索エンジンに収集されにくく，その実態との乖離が生じます。

3　現時点におけるインターネットの構造

　インターネットの構造もこの現象に拍車をかけます。よく言われるように，インターネットにはスケールフリー性とスモールワールド性が存在します。

　スケールフリー性というのは，ものすごく雑にいえば，極少数の要素はいくらでも大きくなるということです。

　たとえば，羽田空港はとても便利です。国際線に乗るときに羽田発着だったらいいなと思います。エアラインもそれはわかっていますから，成田発着便より強気の値段を設定してきます。うはうはです。それなら際限なく羽田便を増やしていけばよさそうな気がしますが，そうはなりません。羽田空港のランウェイもハンガーも枠が限られていて，事故を覚悟でラッシュ時の山手線並みに離発着させたとしても，１日に数百便しか飛ばせません。成田空港も生き残れる由縁です。

　しかし，ネット上のサービスにはこのような制限がありません。Amazonが混んでいるから今日は楽天で買い物しようか，とはなかなかならないのです。もし人気が出てアクセスが集中するならば，実用上は無限と言えるほど，コンピュータやネットワークの資源を増強することができます。

　もちろん，これらの資源も厳密には物理的機器の制約を受けますが（１兆台のサーバを有機的に接続しよう，というのは今の技術ではやはり無理です），空港や道路，商店に比べれば無限といって差し支えないほどの拡張性があります。

　だから，ある話題が提供され，流行したときにそこに張られるリンクに上限はありません（図19-1）。口コミのリアルコミュニケーションであれば，そこに参加できる人数には自ずと限界が生じますが，ネット上のコンテンツには無限に等しいリンクが張られ，特定の話題がバースト特性をともなってネット全体を覆い尽くすような現象が起こり得ます。

　スモールワールド性は，「世間は狭いな」という例のあれです。ちょっと身近な友人に話しただけの事実がアメリカ大統領の耳に入ってしまうような事態

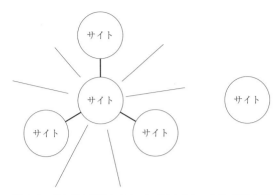

**図19-1　勝ち組に際限なくリンクが集中する一方で，ほとんど
の負け組にはリンクがない。**

出所：筆者作成。

を説明する概念です。

　有名なのはミルグラムの実験です。昔に行われた相当おおらかな実験なので
批判も多いですが，世間の狭さを定量化したのは大きな功績です。

　実験の概要はこうです。「この手紙を千反田さんに渡してね」と無作為に抽
出した人に渡します。渡された人はいい迷惑ですし，そもそも千反田さんなど
知るわけもないのですが，なんとか千反田さんに近しそうな人を見つけて託し
ます。その人もまた，より千反田さんに近しそうな人へ手紙を渡していくと，
6人ほどの手を経ればアメリカ中どこにいても，手紙が届いてしまうというの
です。

　確かになあ，と思います。私は友だちがいませんが，それは特殊な例で，た
いていの人には100人くらいは友だちがいるでしょう。その友だちにも100人の
友だちがいるとすれば，友だちの友だち……とやっていけばネズミ算ですぐに
膨大な数になります。

　　最初の1人
　　友だちの100人
　　友だちの友だちの10,000人

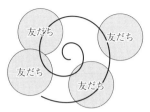

図19-2　たいていの「友だちの友だち」は、同じところをぐるぐるまわっているだけ。
出所：筆者作成。

友だちの友だちの友だちの1,000,000人
……100,000,000人
……10,000,000,000人

5ステップ目で地球の人口を突破してしまいました。これでいけば、友だちの友だちを5人辿れば、米露大統領にもアノニマスにも、有名声優さんにすら到達できる計算になります。ほんとうでしょうか？

ほんとうではありません。たいてい知り合いというのは、小さなトライブのなかでまわっているものです（図19-2）。

AさんにB、C、Dの友だちがいるとして、その友だちを辿ると、Bさんの友だちはCさんとDさん、Bさんの友だちはBさんとDさんという構成になります。みんな仲間内なのです。これでは、どれだけ友だちを辿っていこうとも、同じ地域や同じ学校、同じ趣味の仲間のなかでぐるぐるしているだけで、ちっとも人間関係は広がりません。

それでもミルグラムの実験が成功してしまうのは、極少数の確率でとんでもなく顔の広い人がいるからです。声優のことにも詳しいのに、なぜか量子力学の話もできて、女子会にも入っていけて、ボランティアを通しておじいちゃんネットワークにもつながっているような人のことです。

そういう人の人間関係は、1つ1つは希薄であることも多いですが、それはあまり関係がありません。リンクが伝われば成立します。リンクの伝達に深い人間関係はいりません。こうした結節点の役割を果たすもののことをハブ＆スポークになぞらえてハブと呼びます（図19-3）。羽田空港は多くの空港を結ぶハブ空港です。丘珠空港はちょっとハブとは言えません。

こうしたハブの存在によって、意外な場所と場所、意外なものともの、意外な人と人が結ばれ、「世間は狭く」なり、情報の流通速度が上がります。

現代インターネットにおいて、ハブの存在はとても大きなファクタです。た

とえば，いわゆるネット炎上もハブが介在
することで起こりやすくなります。SNS
とは小さな，本当に小さな極小のトライブ
を作る技術です。洗練された検索技術によ
って，自分と同質の利用者を抽出して閉鎖
コミュニティをつくり，居心地の良い空間
を提供します。

　気の合う友だちや，居心地の良い空間は
多くの場合，同質の人間によって構成され
ます。ただ，リアルな社会では同質の人間
はそうそう見つかるものではありません。
教室のなかで自分と同じ趣味の人間を見つ

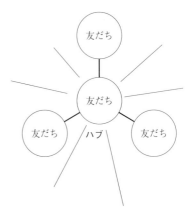

図19-3　ごく稀に「ハブ」になる人が現れ，
ネットワークの様相が変わる。
出所：筆者作成。

けることは，少なくとも私には，無理でした。二次元女子とF1と将棋とドガ
とショスタコーヴィチが好きな人はそうそういないのです。そこで，仕方がな
いから，少なくともF1が好きな人と友だちのふりをしておこう，くらいにノ
イズの入った人間関係が形成されます。このノイズが新しい出会いを導いたり，
人間関係を豊かにしたりもするのですが，ネットの圧倒的な利用者数と検索技
術は完璧に同質な人間を見つけてしまいます。

　そして安全な閉じられた環境のなかで同質の意見が交換され，同質の意見が
発信され続けることによる増幅効果（エコーチェンバー効果）によって自分の意
見が強固なものになります。その心地よい自己肯定感が導くままにアイスケー
スに寝っ転がったり，醤油瓶を鼻に刺したりすることになるわけですが，それ
だけであれば炎上は起こりません。

　その情報がやり取りされるトライブのなかでは，同じ価値観が共有されてい
るので，賞賛は起こっても批判は生じないのです。批判が生じ，それが炎上に
発展するのは，やり取りされる情報が別のトライブに流れたときです。

　別のトライブでは，当然別の価値観があるので，たとえばトライブAでは
当たり前だった醤油瓶を鼻に突っ込む行為が，トライブBでは許しがたい行

為に映ります。そして批判が巻き起こり炎上へと発展します。

　本来，SNSの構造によって強固に閉じられているはずのトライブ内で流通していた情報が，なぜ他のトライブに流出するのでしょうか。それを行うのがハブとなる利用者です。たとえば，ハブ利用者はゆでたまごにしか興味のないトライブにも，スーパー銭湯にしか興味のないトライブにも属していて，指先1つでゆでたまごトライブの情報をスーパー銭湯トライブに中継することができます。そこでは，たとえばスーパー銭湯愛好家にはまったく問題のない，「銭湯で温泉たまごをつくろう」といった話題が，ゆでたまご愛好家には許しがたい暴挙に映ることがあります。

　これは無意識に行われることも，意図して行われることもあり，意図して行われるほうは，近年いわゆる炎上商法として注目されました。あえて炎上を引き起こし，商品やサービスに対する認知を広め，売ってしまおうとする手法です。炎上商法を行うためには，まず炎上を起こさなければなりませんが，それにはハブになって異なるトライブを接続してしまえばよいのです。異なる価値感を持つトライブ同士がつながると，相手のやり方に許容できない部分が必ず出てきます。そして，自らの正当性，有意性，真正性を証明するための言説の交換が始まれば，炎上まではあと一歩です。

　功罪の両方があるにしろ，ハブが情報流通にきわめて大きな役割を果たしているのは事実です。

　そして，ネット上でハブになる人は，やはりネットに親和性が高い人が多いのです。ハブのアンテナに引っかかり，別のトライブへと拡散させたくなる情報は，たとえばITや，サブカルチャーに偏向します。

　ネットでの発言特性，すなわちネットでもリアルな社会と同様に，少数の極端な意見の人，大多数のバランス感覚の良い人が存在しますが，匿名と信じられている言説空間では場が荒れやすく，荒れると退出するのは多くを占めるバランス感覚の良い人たちです。そのため，最後まで発言し続けるのは，極端な意見の持ち主になってしまう傾向が強くなります。

　そもそも，トランスペアレントに流通する話題に偏向があり，さらにそのな

かでも極端な意見ほど生き残りやすいとなると，ネットで流通する情報は相当バイアスのかかったものになってしまいます。冒頭で見た，吹雪や電，山雲を調べようと検索すると，萌えキャラばかりが出ているというのは，その実例です。

　それだけならばまだネットの特性ということで笑い話で済みますが，近年はマスメディアがさかんに「ネット世論」としてネットでの意見やトレンドを紹介する傾向があります。これには注意しなければなりません。確信犯的にやっているのならば問題ですし，気づかずにやっているのであればもっと根が深いと考えられます。ネット世論を信じるのであれば，ネット利用者は二次元女子とソシャゲにしか興味がないことになってしまいます。それでは，ネットの実相を見誤ることになるでしょう。

　インターネットは汚染されやすいネットワークです。そのポストモダニズム的な構造も，オープン性もSNSもスモールワールドもスケールフリーも，それに荷担しています。もちろん，こうした特性がインターネットの巨大な利便性を生み，生活のインフラとして浸透させた原動力ですが，この特性を理解せずにインターネットを使い，インターネットのデータを語ることは，実は危険な行為です。

【参考文献】
井上直也ほか『マスタリングTCP/IP−入門編（第6版）』オーム社，2019年。
大澤真幸『サブカルの想像力は資本主義を超えるか』KADOKAWA，2018年。
北田暁大『社会にとって趣味とは何か』河出書房新社，2017年。
バラバシ，アルバート・ラズロ『新ネットワーク思考』NHK出版，2002年。
見田宗介『社会学入門』岩波書店，2006年。

第20章

デジタル時代の
マスメディアとジャーナリズム

　デジタル時代が到来して，メディアは大激変の時代を迎えていると言われています。若い世代は，新聞を読まず，テレビも見ないという割合が増加する一方，スマホへの接触時間は拡大しています。テレビや新聞といったマスメディアの衰退は明らかです。一方で，これまで情報の受け手であった大衆は，SNSなどを使って自ら情報発信ができるようになりました。一般市民が現場から投稿した写真，動画について，逆にマスメディア側が提供を受けるケースも多くなってきました。しかし，重大な問題も起きています。Web上には，確証のない情報，意図的なデマ，フェイクニュース，ヘイトスピーチなどが氾濫するようになり，これまで主たる情報の送り手であったマスコミに対しても，「マスゴミ」という批判が寄せられるようになりました。こうした混沌としたメディア大激変の時代において，改めてマスメディアあるいはジャーナリズムの役割について考えてみましょう。

1　デジタル時代とメディア大激変

マスコミ，マスメディア，ジャーナリズムとは

　一番最初に，言葉を定義しておきます。マスコミとは，マスコミュニケーション（mass communication）の略です。日本では，新聞社や放送局などのことを，一般的にマスコミと呼んでいますね。これは，新聞社は新聞紙，放送局は電波を使って，読者や視聴者という大衆に，大量の情報を伝達することに由来しています。

　メディア（media）は，媒体のことで，紙，のろし，DVD，USB，電波など，何がしかの情報やコンテンツを乗せて運ぶものです。マスメディア（mass media）というのは，大量の情報を伝達する媒体のことで，よく「マス4媒体」「ラテ新雑」と言われます。「ラテ新雑」とは，ラジオ，テレビ，新聞，雑誌の頭文字をつなげた言葉です。広告代理店では，「マス4媒体」「ラテ新雑」という言葉がよく使われます。今日では，この4つの媒体に加えて，インターネットが登場し，その地位と影響力は高まる一方です。

　最後にジャーナリズム（journalism）ですが，これは，機械やツールが行うのではなく，人間が行う活動のことです。その活動とは，取材をする，記録する，伝えるという活動のことですが，重要なポリシーがいくつかあります。それは，①文献を調べるだけでなく，現場を訪れ当事者に直接話を聞くということ，②取材をして，埋もれている事実や隠されている事実を掘り起こすということ，③「国民の知る権利」にこたえるということ，④権力を絶えずチェックするという姿勢を堅持すること，⑤何が重要であり争点なのかをわかりやすく伝える議題設定機能（agenda setting），⑥不偏不党，公正中立，両論併記という姿勢を保持すること，⑦社会で抹殺されている弱者の言葉を拾い上げ代弁すること，⑧そうした活動を通して，社会正義，ひいては平和で民主的な社会の建設に寄与すること，などをあげることができます。

メディア大激変の時代

　マスコミ，マスメディア，ジャーナリズムの定義を理解したところで，最近の私たちのメディア接触行動の大激変について，触れておきましょう。

　みなさんは，新聞を購読してますか？　それとも，スマホのYahoo! ニュースやLINE などに配信されるニュースを読んでますか？　テレビは見ますか？　そもそも，テレビが部屋に置いてありますか？　それとも，Netflix や Amazon プライムを，お金を払って見ていますか？

　デジタル時代が到来して，メディアの視聴行動は激変したと言われています。博報堂DY メディアパートナーズ　メディア環境研究所「メディア定点調査2019」[1]が，その激変ぶりを如実に示しています（15〜69歳の男女個人計2,507人が対象）。「メディア総接触時間の時系列推移（１日あたり・週平均）：東京地区」によれば，2019年のメディア総接触時間は411.6分で，2006年（335.2分）からの調査で最長となりました。メディア別では，新聞とテレビが減少していますが，携帯電話やスマホの接触時間は117.6分となり，著しい伸びを見せています。

　特に，メディア接触時間が，2006年時点では約5.6時間であったのに対し，2019年には6.86時間と約１時間半も長くなっています。現代人は，これまで経験したことがないぐらい長くメディア（特にスマホ）に接触しているわけです。

　メディアの理論のなかに，ガーブナーが提唱した培養理論というものがあります。これは，テレビを長く視聴する人は，テレビの内容の影響を強く受けるという理論です。この理論からすると，スマホへの接触時間が長くなった現在，他のメディアに比べて，スマホから得る情報の影響を人々は強く受けていると言えます。

　図20-１は，メディア総接触時間を100とした場合の構成比ですが，「マス４媒体」のテレビ，ラジオ，新聞，雑誌が大幅に減少してきている一方で，携帯電話とスマホが，年を追うごとに増加していることがわかります。

　年代別の接触時間の比較では，男女とも，年齢が高くなるほど，新聞やテレビなどのオールドメディアへの接触時間が長くなる一方，若い世代は，新聞や

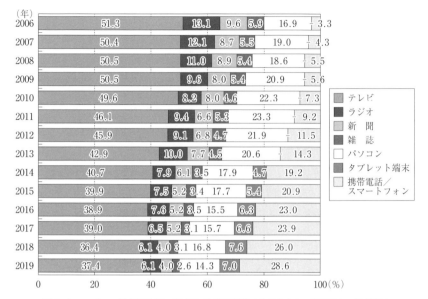

図20-1　メディア総接触時間の構成比 時系列推移（1日あたり・週平均）：東京地区

注(1)　メディア総接触時間は，各メディアの接触時間の合計値。各メディアの接触時間は不明を
　　　除く有効回答から算出。
　(2)　2014年より「パソコンからのインターネット」を「パソコン」に，「携帯電話（スマート
　　　フォン含む）からのインターネット」を「携帯電話・スマートフォン」に表記を変更。
　(3)　タブレット端末は，2014年より調査。
出所：博報堂 DY メディアパートナーズ メディア環境研究所（メディア定点調査2019）。

テレビへの接触時間が短く，携帯電話やスマホへの接触時間が多くなっている
ことが明確になっています。「若い人たちは，新聞（紙）を買わないし，テレ
ビも以前より見ない」という時代が来ていることは，もはや明確です。

2　デジタル時代におけるマスメディアの役割

オールドメディアの衰退

　4媒体である「ラテ新雑」ですが，インターネット時代に入り，今までの繁
栄から少しずつ衰退していることが，以上のデータから読み取れます。新聞紙
やテレビが，完全になくなることはないと思われますが，これまで以上に，パ

ソコン，タブレット端末，スマホというメディアを利用する時間が増加することは確実だと思われます。私たちが接触するメディアがオールドメディアからインターネットに変化するにともない，広告費も大きく移動し始めています。インターネット広告費は，ラジオ，雑誌，新聞をすでに追い抜き，テレビを抜くのも時間の問題と言われています。新聞や民放にとって大きな収入源である広告費が，インターネットに移っている以上，旧態依然としたビジネスモデルのままでは衰退を余儀なくされるでしょう。

　いよいよ本格化してきたメディア大激変の時代に，マスメディアにとって，何が重要になってくるのでしょうか。あるいは，何が期待されているのでしょうか。それは，2つあると考えます。1つは，コンテンツ制作能力。そして，もう1つは，真のジャーナリズム活動です。

　マスメディアにとって，「ラテ新雑」というのは，コンテンツを発信する媒体に他なりません。デジタル時代には，4媒体に「インターネット」が加わったということで，コンテンツを発信する媒体が増えたということです。

　ドラマ，バラエティ，報道番組，ドキュメンタリー，スポーツ番組などの制作能力は，テレビ局が長年培ってきたもので，そう簡単に真似できるものではありません。また，新聞社も，取材源，取材力や調査報道能力，情報の分析能力や解説能力などは豊富であり，これからもジャーナリズムの中心的存在であり続けることは間違いないでしょう。

　マスメディアにとって重要なことは，これまで安泰だった経営基盤，ビジネスモデルなどを，デジタル時代にふさわしい形に，再構築できるかどうかにかかっています。ある意味では，マスメディアの存亡の危機と言えるかもしれません。

　ノースカロライナ大学チャペルヒル校（UNC）のメディア＆ジャーナリズムスクールでは，新聞社が消滅した地域をまとめた「ニュース砂漠」という報告書を公開しています。[(2)]

　それによると，2004年から15年間で廃刊，他紙との合併などで消滅したアメリカの新聞の数は約1,800。この間，新聞の廃刊がなかった州はなく，「ニュー

おいふざけんな、地震のせいで
うちの近くの動物園からライオン放たれたんだ
が
熊本

図20-2　熊本地震で流されたフェイクのツ
　　　　　イート。結果的に，南アフリカ共
　　　　　和国での CM のロケ風景の写真で
　　　　　あることが判明。よく見ると，信
　　　　　号やネオンサイン，車などから日
　　　　　本国内ではないとわかる。
　注　写真の出典は，英国のオンライン新聞
　　　記事 daily mail online（2016年4月15
　　　日 GMT 12：16 に配信）。

ス砂漠化」にさらされているコミュニティ
は数百という数に上るとしています。そ
れまで地域ジャーナリズムを担ってきた
新聞がなくなったコミュニティでは，議
会や政治権力者などへのチェックが機能
しなくなったという指摘もあります。

打ち消し報道

　デジタル化の進展によって，テキスト，
画像，映像といったあらゆる媒体がデジ
タイズされることで，インターネット上
の時間と空間のなかに様々な情報がアッ
プされる時代が来ており，玉石混淆の時
代とも言われています。つまり，ちゃん
とウラを取った「ファクト」である情報
と，ウラが取れてないツイートや特定の
人のフェイクニュースが，WEB 上には
混在しているのです。

　こうした状況のなかで，マスメディアの強みや役割について，福永（2018）
は，①打ち消し報道，②ファクトチェック，の2つの重要性を強調しています。
　2016年4月14日夜および4月16日未明に発生した熊本地震の際に，Twitter
上に，「おいふざけんな，地震のせいで　うちの近くの動物園からライオン放
たれたんだが　熊本」という投稿があり（図20-2），熊本市動植物園に問い合
わせが殺到しました。ツイートした人物が偽計業務妨害の疑いで逮捕されると
いう事件に発展しました（最終的に不起訴処分）。
　さらに，2018年6月18日7時58分ごろに発生した大阪府北部地震の際には，
「大阪府北部で震度6弱でシマウマ脱走って ＃地震速報」「阪急電車脱線」と
いうツイートが拡散しました（図20-3）。

図20- 3　「シマウマ脱走」などのデマを打ち消す NHK 生活・防災の
　　　　　Twitter

　この時には，NHK がテレビで「このような事実はありません」と繰り返し
打ち消し報道を行うと同時に，Twitter 上でも同じ内容の打ち消し報道を行い
ました。

　こうした事例からすると，マスメディアの役割の 1 つは，フェイクニュース
やデマを，取材によって得た正確な情報をもって打ち消すことであることがわ
かります。取材活動による打ち消し報道は，マスメディアのなかで日常的にト
レーニングされたジャーナリストだけができる役割と言えます。

ファクトチェック

　マスメディアのもう 1 つの重要な役割は，真実かどうか不確かであっても
人々の感情に強く訴えるため真実のように思わせる蓄積された WEB 上の情報
「ポスト真実」（post-truth）に対し，実際に取材をすることで真実かどうか確か
める「ファクトチェック」を行うことができるということです。たとえば「沖
縄の辺野古で運動している人は，実は東京とか大阪から来た過激派の人ばかり
である」といったネット上の噂は，一般人からすれば確かめようがありません。
だから，いつの間にか，真実のように皆が思ってしまいます。

　こうした「ポスト真実」に対して，単なる打ち消し報道をおこなったり，コ
ラムで異議を唱えると，「ポスト真実」を信じたり支持している人たちからは
逆襲されネットで炎上しかねません。それで，重要になるのが，「ファクトチ
ェック」です。ジャーナリストが実際に現場に行って取材し，「辺野古で運動
している人たちは，実は東京や大阪から来た過激派の人ばかり」という噂は虚
偽で，「座り込んでいる人の大半は地元の人たちである」ということが分かっ
たとします。そして，その事実を淡々と報道するのであれば，何も問題ありま

せん。調べた確かな事実だけであれば，批判されても「事実です」と回答できます。

　ネット上にできあがってしまった「ポスト真実」を溶かし，改めて真実を紹介するためには，「ファクトチェック」という作業がきわめて重要になってきています。このため，「ファクトチェック」という作業は，ジャーナリストにとって，きわめて重要な役割なのです。

ジャーナリストに必要なもの

　すべての情報がデジタル化される現代において，ジャーナリストが利用できる情報は格段に増えています。多様な情報がネット空間に存在しているため，どうすれば自分の知りたい情報が手に入るのかを学ばなければなりません。また AI や Web マーケティング，さらには，ビッグデータの扱い方や得られた分析結果をどう報道に活用するのか，デジタル時代のジャーナリストには，新しい情報通信技術の知識とスキルも必要になっています。

　火事，事件，事故などの情報は，現在では，SNS の方が早いですね。写真や動画も，一般のユーザーがどんどんアップしています。それを，AI で即座にキャッチして，マッピングする技術も開発されています。警察や消防などからの情報と組み合わせることで，事件，事故などの正確で詳細な情報を読み解いていく能力も，記者には必要になってくると思います。

　デジタル化の流れが加速したとしても，取材する記者という職種がなくなることはありません。取材やニュースの価値判断などは，人間しかできない仕事だと思います。一方，省略されていくのは流通の分野です。ニュースを取材し供給するマスメディア側と読者をつなぐ媒介（メディア）は，凄まじいスピードで進化し変化しています。新聞紙よりも，今はスマートフォンでニュースを見る時代です。新聞社も，取材した情報をデジタル化し，テキスト，写真，動画という複数の媒体で配信していく時代になりました。今後は，ある意味では，「通信社」化されていくと思います。

　私が繰り返し言いたいのは，ジャーナリストの仕事は，AI が行うことはほ

ぼ不可能であり，人間にしかできないということです。様々な人脈を活用して
ニュース素材を集めたり，多くのニュースを整理し構成して報道番組を制作し
たり，感動的なドキュメンタリーやドラマを制作したり，書籍を出版する仕事
は，人間にしかできません。AIやデータサイエンスの技術は，制作のための
ツールであり，それを使うのは，やはり人間です。

　私は，新聞記者だけでなく，テレビ局の番組制作ディレクターも経験しまし
ましたので，ついでに，新聞とテレビの違いについても，触れておきたいと思
います。

　新聞は，100％の労力のうち90％の労力を「取材」，残り10％はライティング
などの「表現」に注ぎ込みます。一方で，テレビ番組は100％のうち50％の労
力を「取材」，残り50％は映像編集，音声，スタジオ演出，CGなどの「表現」
に注がなければなりません。つまり，新聞の方が「取材」に集中できるのに対
し，テレビ番組では「表現」にも力を注ぐ必要があるのです。

　取材のしやすさにおいては，新聞の方がテレビよりも勝ると言えるでしょう。
しかし，テレビは，映像をメディアとして使いますので，喜怒哀楽や感動を伝
えるには，新聞よりもはるかにインパクトと影響力があります。

　しかし，インターネット時代に入って，新聞記者であっても，現場に行った
時に，同時に動画も取っておくことが必要とされるようになりました。イン
ターネットというメディアは，テキスト，写真，動画という3媒体を使って発信
できます。このため，デジタル時代の記者には，3媒体に対応したトレーニン
グが必要かつ重要だと思います。

マスコミは「マスゴミ」なのか？

　昨今，ネット上で「マスゴミ」なる言葉が使われています。記者が事件事故
の被害者宅を頻繁に訪れたり，記者会見で記者やカメラマンの横柄な質問や態
度があったりすると，ネット上で炎上します。

　しかし，マスコミ各社が取材相手に押しかける現象はメディアスクラムと呼
ばれ，昔からありました。記者会見で記者が厳しく追及することも，昔からあ

りました。これらが，炎上し始めたのは，インターネットが普及してからです。

　このため，「マスゴミ」という言葉の普及も，デジタル時代の到来とおおいに関係していると思います。最大の理由は，これまで感想や意見発表の方法を持たなかった一般の読者や視聴者が，インターネットの登場で発信できるようになったことです。それまでは，マスメディアという情報生産者が，読者や視聴者という情報消費者に情報を流すという一方向コミュニケーションのパラダイムでした。感想や意見は，電話やFAXで，マスメディア側に送り届けるという形でした。それらの反響が，そのままの状態で，広く公開されることはありませんでした。

　しかし，インターネット時代に入り，読者や視聴者が，様々な感想や反発，意見などをネット上で展開できるようになったため，それらの言葉はストレートに拡散されるようになりました。このため，テレビなどで出演者の失言など不適切な言動があると，簡単に炎上してしまうようになりました。

　また，マスコミの取材方法についても，ネットで批判されることがあります。被害者報道を巡って，マスコミがマスゴミと言われる場面があります。事件が起きると，記者は現場に向かうわけですが，そこで被害者本人や家族から話を聞かなければなりません。

　あまり知られていませんが，記者自身も現場でジレンマに陥るのです。「被害者家族から生の声を聞かなければ。しかし，被害者家族に対して，そんなひどいことしていいのか。いや，インタビューを取らなければ上司から怒られる。しかし，家族はかわいそうじゃないか」，などとジレンマに陥り現場で悩むのです。記者自身が自問自答，自己嫌悪，サラリーマンの悲哀，倫理観の葛藤のなかでもがくわけです。しかし，他社との競争もあるので，そこから退くわけにはいかない。「特オチ」（一社だけ落すこと）は避けなければという意識も働きます。結果的に，被害者家族に，「今のお気持ちは？」とマイクを向けることになる。

　そういう場面を，第三者から見ていると，とんでもないという風に見える。被害者や遺族の気持ちも考えるべきじゃないか，と言いたくなるわけです。だ

から，マスゴミと言われる。

　私自身の取材経験から言うと，被害者家族の反応は様々です。「自分の家族が被害に遭ったこと。そして，まじめに生きてきた事実を記録しておいてほしい」と積極的に取材に応じる方もいらっしゃいます。

　一方で，「気が動転しているので，そっとしておいてほしい」と言われる方は，もっとたくさんいらっしゃいます。

　私は，10人の被害者がいる場合，インタビューの了解が得られた1，2人の方の話だけで十分だと思います。被害者本人や遺族の許諾が得られない状況で，それ以上の無理な取材はやめるべきだと思います。記者にとって大事なのは，被害者や遺族との信頼関係だと思います。信頼関係を築くことが大事で，数カ月後に話をじっくり聞かせていただいてもよいのではないかと思います。実際に，数カ月，数年経って，被害者家族から「今なら，話をしてもよいですよ」「ぜひ記事にしてください」と連絡をもらったことは何度もあります。

　「人は2度死ぬ」という言葉があります。1度目は生命がなくなった時。2度目は人々の記憶から消えてしまった時。記者にとって大事なことは，一過性の取材ではなくて，事件事故の教訓を残し生かす記事を書くこと，被害者の言葉をつむいでいくことだと思います。

　さらに重要なことは，なぜ，そういう事件事故が発生したのかという原因の究明，どうしたら同様の事件事故を起こさないようにできるのかという再発防止策です。そして，行政やわれわれ市民は何ができるのか，を報道することだと思います。事件事故が発生した時だけ押しかけるという「ヒット　アンド　ラン」では，まさしく「マスゴミ」です。ジャーナリストにとって重要なことは，被害者の立場に立って考えるということ，原因究明と再発防止策，行政や市民になにができるのか，という視点ではないでしょうか。

　また，情報番組などは，視聴率が取れる場合は，同じ事件事故を何度も取り上げるパターンに陥ります。視聴率が取れる過激な映像は，何度でも使用されます（これを「VTRをこする」と言います）。その事件の背景には何があるのかといった根本的な問題を深堀りしていかなければ，その番組は被害者家族を傷つ

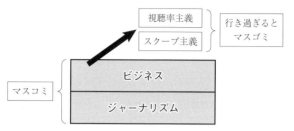

図20-4　マスコミという複合体と「マスゴミ」と呼ばれる原因
出所：筆者作成。

けるだけで，いずれマスゴミとして愛想をつかされるでしょう。

　アメリカのジャーナリズムでは「原因究明」「再発防止の対策」だけでなく，「自分たち市民に何ができるかまできちんと考える」という報道姿勢を基本として持っています。日本のマスメディアもそろそろ，事件事故報道のあり方について，検討しなおす必要があると思います。

　マスコミという組織は，「ジャーナリズム」（普遍的な公的部分）と「ビジネス」（各社固有の私的部分）が複合化されたものです。隠された問題と真実を掘り起こして可視化させ，「国民の知る権利」にこたえ，社会正義の実現，権力の監視，自由で平和な社会の建設に寄与するというジャーナリズム精神が機能している場合はよいのですが，スクープ主義や視聴率主義などのビジネス主義が大きくなると，「マスゴミ」と指摘される現象が引き起こされてしまいます。

　マスコミという企業体で働くジャーナリストは，図20-4の構図を絶えず考慮に入れながら，「真のジャーナリズム」とは何かを意識し続けて欲しいと思います。

3　デジタル時代の情報発信

「つぶやく」「話す」「食べる」がコンテンツに

　ユーザーがつぶやいたり，写真や動画をアップすると自然にコンテンツになり，それが集合体としてメディア化していく。こういうものは，CGM（Consumer Generated Media)，UGM（User Generated Media）と言われます。さらに，最近では，個人で動画配信する YouTuber が出現し，中国では bilibili（ビリビリ，哔哩哔哩）などの動画配信サイトで，100万人以上のフォロワーを抱える網紅（ワンホン）と呼ばれる人たちが登場してきました。

そのなかには，高度な編集，加工技術が使われているコンテンツもあり，そのアクセス数は，マスメディアのサイトを超えるものもあります。個人で制作したコンテンツが多くの人気を集め，そこからメジャーデビューした人も出てきました。

ただ，そのほとんどが，トーク，化粧，ダンス，旅行，料理，大食いなどのコンテンツです。念入りな取材をして作られたドキュメンタリーや地域密着コンテンツなどのジャンル作品は，全体の比率のなかでは，まだまだ数が少ないです。

そこで，最後に，大学生でも制作できる地域密着型ドキュメンタリーの方法論について，紹介しておきたいと思います。学生でもドキュメンタリー映画の監督にもなれる方法です。

映像コンテンツ制作の方法論

私の研究室では，地域に密着した番組『多摩探検隊』（10分）を制作し，東京多摩地域および首都圏で月1本を放送するという試みを2004年から行ってきました。2013年には，首都圏，九州地区のケーブルテレビ計19局までに放送エリアが拡大し，視聴可能世帯数は300万世帯を超えました。しかし，2019年から，放送はイッツコム（東急沿線，30分枠，随時納品）だけに絞り込み，インターネットでの配信に切り替えました。その理由は，学生が制作する映像コンテンツが10分に収まらなくなったこと，一般の映画館での公開や国内外の映像祭への出品を前提とした本格的なドキュメンタリー映画制作にシフトしたためです。

さて，それでは，どうやって映像作品を制作するのか，簡潔に説明しておきます。映像作品は，すべては企画書を書くことから始まります。企画書の基礎

図20-5　多摩地区で新選組について取材中の風景（東京都日野市で）
　　　　出所：松野ゼミ撮影。

図20-6　ドローンを使って撮影することも（鹿児島県南九州市知覧
　　　　町で）
　　　　出所：松野ゼミ撮影。

になるものは，新聞の地方版の記事，ミニコミ誌，郷土誌，チラシ，あるいは，ネット上の話題，市町村役場の広報紙やサイトなどです。時々，口コミもあります。それを基にして事前取材を行い，丹念に企画書を作成します。ちなみに，

図20-7　スタジオ部分の撮影風景
出所：筆者撮影。

NHK では企画書のことを「提案」と呼んでいます。

この企画書を，ゼミの制作会議で議論・吟味し，承諾された企画だけが，撮影に入れます。撮影クルーは，数人で構成し作業を分担します（図20-5）。インタビューする人，撮影する人，現場で安全管理を行う人などです。

時には，ドローンを使って撮影します（図20-6）。ドローンを使用するには，様々な関係部署の協力を得ます。警察，市町村役場，私有地関係者，建造物関係者などです。ドローンでの撮影には細かい規制があるため，十分に注意します。

次に，撮影された素材をラッシュして，本構成表を作成します。これをさらに制作会議で吟味し修正を加えたうえで，いよいよ編集作業に入ります。

編集が終わった作品は，制作会議でプレビュー（試写）されます。そして，様々な指摘を受けて，修正を行います。

そういう工程を経て，放送用，配信用の VTR が完成します。完全にパッケージ化された映像作品は，民放では「完パケ」，NHK では「完プロ」と呼びます。

さらに，VTR を紹介するためのスタジオ部分が必要な場合は，キャスターのトーク部分を撮影します（図20-7）。これは，スタジオで撮ります。スタジオ部分の撮影が終わると，番組全体としての構成，編集を行います。つまり，

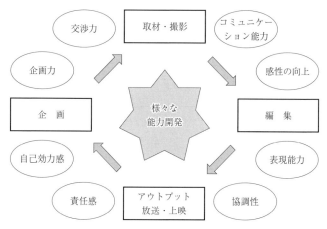

図20-8　映像制作による多様な能力開発モデル

出所：松野（2013）。

「オープニング─スタジオ─VTR─スタジオ─エンディング」という構成になります。

　こうして完成した映像作品は，ケーブルテレビ局で最終チェックを受けた後に放送されます。同時に，インターネットで配信するとともに，各種コンテストにも出品します。

映像制作による多様な能力の開発

　地域でドキュメンタリーなどの映像制作を行うことの教育的効果とは何でしょうか。私は，最大の教育的効果は，コミュニケーション能力の向上だと考えます。それは，「取材」という行為を伴うからです。大学内だけにとどまるのではなく，現場に行って当事者にインタビューすることになります。必然的に大学の外部の方と交渉したり会話したりします。これを繰り返すことによって，自然とコミュニケーション能力は向上していきます。

　その他にも，多様な能力が開発されることが，これまでの研究でわかってきました。図20-8のように，映像制作は，「企画」─「取材・撮影」─「編集」─「アウトプット」というプロセスを含んでいます。4つの段階のそれぞれで，

各能力が開発されていくというモデルです。

　コミュニケーション能力の次に重要なものは，自己効力感だと考えます。これは，「自分が企画し作品を完成させたんだ！」という自信のようなもので，やればできるという自己肯定感につながっていきます。大学時代に制作した完成度の高い作品は，まさに一生の宝であり崩れない自信となります。

　結果的に，就職活動の際にも，これらの映像作品制作の実績と，それによって向上した多様な能力はプラスに働きます。映像作品を作るという作業工程サイクルのなかに，能力開発のプログラムが自然と内蔵されているのだと思います。

【注】

(1)　https://mekanken.com/mediasurveys/

(2)　http://www.usnewsdeserts.com/reports/expanding-news-desert/

(3)　https://www.dailymail.co.uk/news/article-3541594/

【参考文献】

大坪寛子「培養理論に関する一考察」『哲学』三田哲学会，2003年。

福長秀彦「流言・デマ・フェイクニュースとマスメディアの打ち消し報道──「大阪府北部の地震」の事例などから」NHK放送文化研究所『放送研究と調査』2018年。

松野良一他『映像制作で人間力を育てる』田研出版，2013年。

あとがき

——1期生は国際情報学部をどう見たか——

国際情報学部の学びと1期生の思い

　中央大学国際情報学部（以下，iTL）は，2019年4月から市ヶ谷田町キャンパス（東京都新宿区）でスタートしました。「軸となる学びの領域として，ICT，情報関連法，国際教養の3つを掲げています。①世界標準を視野に入れた国際的な視点から，AIやインターネット，プログラミングなどの情報やサービスの仕組みに関する知識と理解を身につけます，②憲法・民法・刑法などの基礎法学の修得に加えて，国際的に通用する情報法，個人情報保護法，著作権法，AI・ロボット法など，情報を取り巻く法律と法学的思考力を身につけます，③国境の概念を超えて，人間としてのあるべき姿を問い，国際的な価値観や文化などの教養を学び，国際社会でも通用するグローバル人材としての素養を身につけます。

　来るべきAIやロボット，IoT，5Gの時代を生き抜いていくために，IT & Lawを組み合わせたカリキュラムが，受験生だけでなく父母の注目も集めたようで，初年度入試の競争率は60倍を超えました（指定校と付属の高校を除く）。

　では，1期生たちは実際のところ，入学して学び始めてから，この新しい学部をどう見たのか，大変気になるところです。そこで，私のゼミでは，1期生の思いを調べてみようということになりました。

　iTLでは，1年生は最初に「基礎演習」というゼミを履修します。私が指導を担当した8名の学生に，データ収集，分析，考察，レポート執筆をお願いしました。使ったソフトは，データマイニングのKH Coderです。

目的と方法

　目的は，2つ設定しました。1つ目は，iTLに入学して良かったことを明ら

かにすること（研究Ⅰ）。2つ目は，iTL に改善して欲しい点を明らかにすること（研究Ⅱ）。

2019年7月1日に，科目「基礎情報学」の授業中に質問用紙を配布し，記入してもらって回収しました。研究Ⅰの回答者数111人（有効回答率98.2％），研究Ⅱの回答者数108人（有効回答率95.5％）でした。得られたデータを Excel に入力し，KH Coder の共起ネットワークを使って分析しました。

結果と考察

①研究Ⅰ–iTL に入学して良かったこと

大きく分けると2つのカテゴリーが明らかになりました（図1）。1つ目は，「学ぶ」「分野」「情報」「プログラミング」「興味」「法学」が1つのカテゴリーであることがわかります。つまり，1期生は，プログラミングと法学を中心とした学びができる点が良いと思っていることが読み取れます。文系学部でも理系科目が学べる点，情報と法学の複合領域という点が，1期生に高く評価されたことがわかりました。

2つ目はキャンパスの立地，建物が綺麗など大学の学習環境に関するカテゴリーです。中央大学の文系学部は1978年に多摩に全面移転しました。それ以降では，iTL は約40年ぶりに都心にできた文系学部となりました。市ヶ谷という4路線が使える立地の良さ，イタリア製のソファーなどが入り，照明やデザインも IT 企業のオフィス空間をイメージしたものになっており，それが1期生には好印象を与えたものと思われます。

3つ目は，意識が高い学生がたくさんいるというカテゴリーでした。真面目な学生が多く，語学レベルも予想以上に高いことは，授業をしていても実感します。

ただ，それ以外のカテゴリーは，入学後3カ月の時点ということもあり，明確には読み取れません。まだ「良さ」の認識が十分になされていないのだろうと思われます。今後，年次を経るごとに，カテゴリーもより明確になってくると思われます。

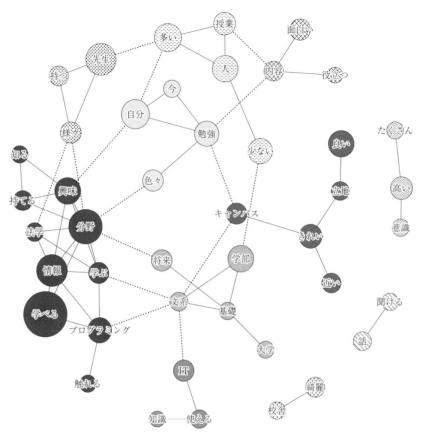

Subgraph： ■01 ▨02 ■03 ■04 □05 ▨06 ▨07 ▨08 ▨09 ▨10 ▨11

Frequency： ○ 10 ○ 20 ○ 30

図1 「iTLに入学して良かったこと」に関する共起ネットワーク

②研究Ⅱ-改善してほしい点

　改善点については，いくつかの点が明らかになりました（図2）。まず目立つのは「学食」に関するものです。「欲しい」と強くつながっています。このため，昼食時に，弁当などを販売するなどの方式を検討することになりました。

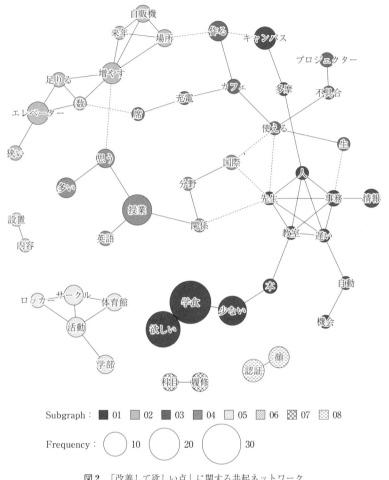

Subgraph： ■ 01 ■ 02 ■ 03 ■ 04 □ 05 ▨ 06 ▨ 07 ▨ 08

Frequency： ○ 10 ○ 20 ○ 30

図2 「改善して欲しい点」に関する共起ネットワーク

　次に「授業」についてもカテゴリーができています。「英語」「国際」「授業」がカテゴリーとしてまとまっており，英語の授業のレベルアップ，国際関連の授業科目の設置などが望まれています。これは，１期生の英語のレベルが，予想以上に高かったために生じた結果だと思われます。帰国子女，インターナショナルスクール出身者が多く，TOEIC の平均スコアも約670点（指定校と付属

の高校を除く）であったことが背景にあります。

その他にも，「エレベーター」「狭い」「数」「自販機」などのカテゴリーから，居住空間，移動手段に関する改善点が明らかになりました。また，「顔」「認証」のカテゴリーから入口の顔認証システムの精度が当初低かったこと（改善済），「ロッカー」「サークル」「体育館」のカテゴリーから運動やサークル活動のスペースに対するニーズがうかがえます。

これらについては，今後，徐々に改善策が講じられていくと思います。

結　論

データマイニングの結果だけでなく，自由記述内容も考慮に入れて考察し結論としてまとめおきます。

まず，iTLの「良さ」については，情報と法律，文系だが理系科目も学べる，文系だがプログラミングも学べるというコンセプトが，1期生には評価されたことがわかりました。また，意識が高い学生が多いこと，ITの知識が有用であることなどを認識していることもうかがえました。

さらに，学部の立地の良さや，IT企業のオフィス並みに照明やデザインに配慮した点，改装工事が行われて校舎全体がきれいである点も高い評価を受けたことがわかりました。

一方，「改善点」については，学食やカフェに関するものが最大でした。必修科目が詰まった1年次の学生にとっては，昼食や間食，また夕食などはキャンパス内で済ませたいという希望が多いことがわかりました。

また，入学時に英語のレベルが高い学生が多く，英語の授業レベルを上げて欲しい，国際関連の授業を増やしてほしいという要望もありました。国際情報学部の「国際」をもっと充実させ売り出してほしいという意見もありました。

最後は，ある学生の「考察」の言葉で締めくくりたいと思います。

「iTLは開設されたばかりで，完全に安定している学部ではない。しかし，iTLの哲学を維持し多彩に発展させながら，改善できる部分は改善していけ

ば，現在在籍している学生だけでなく今後入学してくる学生にとっても，充実した学生生活が送れる素晴らしい学部に発展していくだろう」

索　引

(＊は人名)

執筆者紹介 （執筆順）

平野　　晋（ひらの・すすむ）　　　はじめに，第10章

保坂俊司（ほさか・しゅんじ）　　　第 1 章

矢島壮平（やじま・そうへい）　　　第 2 章

西村篤子（にしむら・あつこ）　　　第 3 章

橋本健広（はしもと・たけひろ）　　第 4 章

斎藤裕紀恵（さいとう・ゆきえ）　　第 5 章

小向太郎（こむかい・たろう）　　　第 6 章

岩隈道洋（いわくま・みちひろ）　　第 7 章

石井夏生利（いしい・かおり）　　　第 8 章

中島美香（なかしま・みか）　　　　第 8 章

中村真利子（なかむら・まりこ）　　第 9 章

景山忠史（かげやま・ただし）　　　第11章

小花聖輝（こはな・まさき）　　　　第12章

吉田雅裕（よしだ・まさひろ）　　　第13章

飯尾　　淳（いいお・じゅん）　　　第14章

松崎和賢（まつざき・かずたか）　　第15章

角田篤泰（かくた・とくやす）　　　第16章

須藤　　修（すどう・おさむ）　　　第17章

村田雅之（むらた・まさゆき）　　　第18章

岡嶋裕史（おかじま・ゆうし）　　　第19章

松野良一（まつの・りょういち）　　第20章，おわりに

国際情報学入門

2020年5月31日　初版第1刷発行　　　　　　　〈検印省略〉

定価はカバーに
表示しています

編　　者　　中央大学国際情報学部
発 行 者　　杉　田　啓　三
印 刷 者　　江　戸　孝　典

発行所　　株式会社　ミネルヴァ書房
607-8494　京都市山科区日ノ岡堤谷町1
電話代表（075）581-5191
振替口座　01020-0-8076

ISBN978-4-623-08978-9
Printed in Japan

情報教育・情報モラル教育 A 5 判・216頁
稲垣　忠／中橋　雄 編著 本　体 2700円

よくわかるメディア・スタディーズ〔第2版〕 B 5 判・248頁
伊藤　守 編著 本　体 2500円

よくわかる社会情報学 B 5 判・232頁
西垣　通／伊藤　守 編著 本　体 2500円

インターネットはなぜ人権侵害の温床になるのか 四六判・144頁
吉冨康成 編著 本　体 1600円

マンガ・アニメで論文・レポートを書く A 5 判・288頁
山田奨治 編著 本　体 3500円

インテリジェンス・ジャーナリズム A 5 判・376頁
ビル・コヴァッチ／トム・ローゼンスティール 著　奥村信幸 訳 本　体 5500円

ミネルヴァ書房
https://www.minervashobo.co.jp/